水深流静

——我的教育实践与感悟

夏静 著

江苏凤凰教育出版社
Phoenix Education Publishing, Ltd

图书在版编目(CIP)数据

水深流静：我的教育感悟/夏静著. —南京：
江苏凤凰教育出版社，2016.11
ISBN 978-7-5499-6187-0

Ⅰ.①水… Ⅱ.①夏… Ⅲ.①小学教育—文集 Ⅳ.
①G62-53

中国版本图书馆 CIP 数据核字(2016)第 294204 号

书　　名	**水深流静——我的教育感悟**
作　　者	夏　静
责任编辑	俞　婷
装帧设计	许　畅
出版发行	凤凰出版传媒股份有限公司 江苏凤凰教育出版社(南京市湖南路1号A楼　邮编210009)
苏教网址	http：//www.1088.com.cn
照　　排	南京前锦排版服务有限公司
印　　刷	南京斯马特数码印务有限公司（电话025-52211771）
厂　　址	南京市栖霞区马群街33号紫金工坊科技文化创意产业园12幢（邮编210049）
开　　本	787mm×1092mm　1/16
印　　张	16.75
版　　次	2016年11月第1版 2016年11月第1次印刷
书　　号	ISBN 978-7-5499-6187-0
定　　价	28.00元
网店地址	http：//jsfhjycbs.tmall.com
公 众 号	江苏凤凰教育出版社(微信号:jsfhjy)
邮购电话	025-85406265,025-85400774,短信 02585420909
盗版举报	025-83658579

序

初心留痕　花开有声

一本原创著作，沉甸甸，似果实，读之心生感佩，很不容易。

想起龙应台的话，什么叫历史？历史就是告诉你任何事物都不是孤立存在的。一本书，二十三年教育生涯。从站稳课堂到写好文章，从实践探索到理论升华，变教师岗位为校长角色……

初心留痕，花开有声。夏静的初心，就是仁爱之心；夏静心中的花儿就是理想之花。

当年师范毕业，怀揣教育理想，外表温婉的夏静内心澎湃着浓烈的教育之情。爱学校，爱课堂，爱学生。夏静坚信有爱才有教育。

《孩子，我应该怎样爱你》，这是该书第四章节中的一篇短文。这样的直抒胸臆，是关爱学生的宣言书，是爱教育的播种机。对孩子的爱就是在孩子的心中种植爱的阳光。正如夏静的学生对老师的点赞："春风般的话语，会说话的眼神。"

三年前夏静就任苏州太湖旅游度假区中心小学校长是她教育人生的新起点、新挑战。

新起点新挑战也就意味着新目标、新愿景。

苏霍姆林斯基说，校长的领导首先是思想的领导。思想就是善于从现实中发现可能，又可适时将可能转变为现实。如何把相对薄弱的乡村小学发展为能跟上苏州现代化步伐的优质学校，夏静以课程为引领，以课堂为主阵地，以课题为支撑的"三课"并举措施，有力地提升了学校的办学形象。特别是"弹性课程"

的开发与设置，这一创意成了夏静“为孩子提供自由发展天地”教育理想的最好实现平台与载体。

教育理想在哲学家的眼中就是教育的希望。有理想有希望的教育会使教育工作者的人生更有意义，也会使教育的目标更有可能实现。诗人说有了理想之花才能结出现实之果。超凡脱俗的理想与追根究底的现实在夏静的教育生涯中有机结合，相得益彰，多么地美好！这不仅仅是因为这本书的出版，更是夏静无论是做语文教师，还是任校长职责的工作实绩的证明。

至此，自然让人想起习近平总书记看望北师大教师时，对一个好教师的定义与要求：一是理想信念，二是道德情操，三是扎实学识，四是仁爱之心。夏静校长不会说她已全部做到，但她一直都心向往之。

姚卫伟

2016年3月21日于南京

目录 contents

序

站稳课堂——沐浴杏坛春晖

|践行课改——悟读教育智慧|

|回望课题——升华教学实践|

|课内课外——向幸福教育出发|

附录

站稳课堂——沐浴杏坛春晖

课堂，是我教师生涯的起点。

至今犹记得第一次进入课堂的紧张与忙乱，而今我的讲台经历已二十余载。是课堂给了我最好的人生砥砺。没有课堂，就没有我的成长与进步。我一直把“站稳课堂”作为自己做一个好教师的基本要求和努力目标。

浅谈小学语文中年级语文学法指导

一、直接给予

在教学中，教师为主导学生为主体的认识已得到了普遍的认可，无论哪一项课程，在教学中我们都必须树立正确的教师观和学生观。小学三年级的学生已有两年学习实践活动的经验，在这两年中他们都学会了看拼音识字，读通课文，对课文已有了最基本的阅读能力。根据学生的语文知识和能力水平，在学习简单的课文时，我便先将学习方法告诉他们，以个体为单位，进行学习，遇到问题，则又以小组为单位，互相探讨，解决问题。

如在指导学习课文《我家还缺啥》的第一课时，由于课文比较长，但没有特别难理解的字词，为在单位时间内得到相对较好的教学效果，就直接把学习课文的方法出示于黑板之上：1. 读课文，读准每个字的字音。2. 逐节读课文。看一看，每一自然段中有没有陌生的字词，如果不理解，借助词典查阅明白。想一想，每一个自然段都讲了什么内容，即每一自然段主要写什么内容。3. 再读一读课文。一节扣一节，学生在学习中有如走台阶，一步一步地达到学习的目的和要求。用这样的方法指导学习，有利于在教学中充分发挥每个学生的学习特点，促进个性发展。而在学习检查时，又可互相补充，相互启发。一方面，使学生以后遇到此种课文会触类旁通；另一方面，又训练了学生积极思维的方法。

以上的学法指导，具有一定的针对性，在教学中，要严密思考，特别是学习步骤的设计要有一定的坡度和深度，这样才能放手让学生利用课堂中的大部分时间进行自由学习活动，才能使教学指导有较大收效。还有一种比较直接的学习方法的指导，则是在一开始就告诉学生，学习时应采取的某种策略，如“一边读一边想”“联系上下文”“抓住主要词句”等等，然后由师生在教学活动中根据这种学习的方法对课文内容解剖，以共同活动的方式完成学习任务。这种学法指导较上一种来说，针对性相对减弱，但适用范围较广，也可以让学生具有举一反三的学习课文的能力，例如课文《李时珍》《春蚕》等有共同单位训练重点的课文均可采用这种方法。

二、间接引导

在上海——江苏两省市教育交流研讨会上，常州市教委副主任陈天中指出：一个人能不能发展，有多大的发展，很大程度上取决于他离开学校后是不是能够继续学习，因此要让学生学会学习，学会终身学习。所以，在教学中指导学生学习已成了不容忽视的重要问题。就小学三年级学生来说，他们虽然有了一些基础知识和基本技能，有了一些学习能力，但他们的知识水平和能力还处于低级阶段，无法驾驭教材的主旨，也不能独立运用较复杂的方法进行学习。于是我在教学中注重运用引导式教学，让学生循着教师指的路学习，以此获得间接的经验，从中熟悉和掌握学习的方法。

1. 总结法。这种引导的方法是在具体的教学过程中，教师有意识地引导学生进行分步学习，然后归纳出学习方法的一种引导方法。例如在《海底世界》一文的教学中，我就利用了这种方法成功地进行了第三、第四自然段的教学。在教学第三自然段时，我先让学生读这一段，找出这一段共有几句，然后引导学生逐句学习，根据训练要求进行语言文字的训练，让学生理解每句句子的内容，再让学生想一想句与句之间有什么联系，最后让学生小结第三自然段的主要内容，且根据句句相联的关系进行背诵。在学生出色地完成了以上教学内容后，我又让学生回想学习过程，再现学习步骤，总结出刚才的学习方法的掌握情况，让学生用这种方法学习与第三自然段相似的第四自然段，取得事半功倍的效果。

2. 渗透法。在学习中有时我们会用比较简单也容易表达、易于理解的方法，而有时我们用的方法具有较强的综合性，不易于表达清楚。此时，我们在教学中运用渗透的方式，这样日积月累，也能水滴石穿。例如在教学《飞机遇险的时候》时，向学生介绍伟人周恩来光辉的一生，在教《千里跃进大别山》时，浓墨重彩地讲当时的战略背景，讲刘邓大军的英勇、威猛。在教《亲人》时就讲各民族团结亲如一家。越是离学生实际生活较远的课文，越是要把与课文中所发生的事情相关联的内容讲清楚讲透。久而久之，学生便有了这样的认识：与生活距离较远的时代中的人物事件，在学习之前应了解一些与其有关的内容。这样有利于激发学生的求知欲，构成学生学习的新需要。

3. 类比法。《南京长江大桥》和《参观人民大会堂》在写作顺序上十分相似，都是以作者为立足点展开，描写在参观过程中听到、看到和感受到的内容。于是，在教学中，有意识地让学生找出作者的立足点，在此基础上，再让学生找出作者所写的事物，以及从词句中归纳事物的特点，最后挖掘出作者的思想感情。在学习了《南京长江大桥》之后，再学《参观人民大会堂》，稍事点拨，学生便驾轻就熟了。相似课文可以用类比的方法进行学习指导，结构相似的段落用这种方法也是效果赫然。对小学三年级的学生来说，自然段的训练是语文教学训练中的重中之重，而许多段落都采用了总——分——总的结构，这样，就可通过类比的方式对学生进行学习指导，使学生增加自信和成就感。

叶圣陶老先生说：教师当然须教，而尤宜效力于“导”。导者，多方设法，使学生逐渐自求得之，卒底不得教师教授之谓也。感怀于此，愿与大家共勉。

（本文发表于《江苏教育研究》1998 年增刊）

实践·回归·发展

——口语交际《借铅笔》教学谈

苏教版国标本一年级(上册)练习二中的口语交际内容:借铅笔由两幅插图和两段文字提示组成。教材的内容贴近学生生活,插图中小猴和小熊猫的形象也十分惹人喜爱,易于激发学生的学习兴趣,这都给教学带来了便利。着眼于学生是学习的主体,本着"用教材教"的理念,促进学生发展的目标,我在教学设计中注重创设情境,激发学生的学习兴趣,努力创造实践机会,使课堂回归学生生活。

一、创设情境,诱发情感

兴趣是学生学习的第一动力,能够激活学生的学习自主性,所以在教学中我创设了多种多样的情境,激发学生想学、乐学的情感。如在导入初练的部分,我设计了请学生看无声动画并作配乐练习的过程,一方面以动画片吸引学生的注意力,另一方面又使学生对没有声音的动画产生好奇,从而引导学生想出解决的办法:给动画片配音,并顺势请学生扮演角色,练习说话。整个过程,都是不断激发学生兴趣,唤起学生表现欲望的过程,使学生在内在情感的支配下自觉地投入到借铅笔交际的练习中。

如果说利用动画激发了学生感官对教学内容的兴趣,那么创设小猫和小兔遇到困难、寻求帮助的情境则是激发了学生内在的表现欲和助人为乐的成功体验的需求。教学中,我以"小猫借剪刀时该怎么说"和"小兔还尺时该怎么说"为引子,请学生帮助小猫和小兔解决"说"的困难,充分激活了学生,使学生练得认真,说得合理,参与十分积极。

二、回归生活,充分实践

语文本身是一门实践性很强的课程,学生的口语交际能力是在口语交际的实践中形成的。课标中也指出应着重培养学生的语文实践能力,口语交际也必须在实践中才能得到能力锻炼。所以在教学中,我把舞台让给学生,给学生实践的时间和空间。如一开始的配音练习借铅笔、还铅笔的交际语,请小朋友上讲台演一演小猴和小熊猫,以实打实的表演和评价使小朋友学会借铅笔、还铅笔时如何把话说明白，同时注意说话礼貌。如帮助小兔和小猫的交际练习，请同学们分别演一演小猫和小兔，与同学、老师在情境中演练，强化了学生对借物、还物及道歉交际语的使用。最后的借物练习不仅使学生得到了口语交际的训练机会，学生得到图片后更激发了他们的自信心，满足了他们的成就感。

课标中强调以贴近生活的话题或情境展开口语交际活动，重视日常生活中口语交际能力的培养。所以在教学设计中，我还考虑到了教学内容与学生生活的联系。教材中的借铅笔是贴近学生生活的，而口语交际教学本身又是从生活中来、运用到生活中去的，因此，我积极创设情境，设计了小猫借剪刀及小兔归还不小心弄坏了尺时道歉的交际练习，这样的交际练习源于生活更能运用于生活。最后，我又引导学生把视线投向生活，说说自己曾经借过的一件小东西，再次请学生来借，这样，课堂这本小书和生活这本大书就自然衔接，充分融合在一起。由此，教学内容就更生动，更鲜活，而口语交际也更具生命力。

三、关注长远，着眼当前

口语交际能力是现代公民的必备能力，课标中明确提出了义务教育阶段“口语交际”的总目标：使学生“具有日常口语交际的基本能力，在各种交际活动中，学会倾听、表达与交流，初步学会文明地进行人际沟通和社会交往，发展合作精神”。考虑学生长远的发展目标，着眼于借铅笔这一节口语交际的练习内容，我又生成了新的教学目标。如通过生生及师生评价，引导学生说话态度自然大方，声音响亮，与别人交流充满自信，敢于表达，在不断的练说实践中还能有礼貌地表达，通过教师的“设障”设计，把有关表达的方法和说话的技巧渗透给学生，同时充分利用小组交流、同桌互动等形式发展合作精神，利用替小猫借剪刀、为小兔还尺的情境引导学生努力用语言去打动人。把当前目标与长远目标贯穿起来，把长远目标分解后点滴渗入当前目标，充分为学生将来的发展着想。

总之，在进行教学设计时，我以新课标作为指路明灯，力求体现语文学科的工具性和人文性，并在教学方式上做了一些改革，在教学内容上做了一些扩充，注重激发学生的学习情感，重视引导学生充分实践，使语文课反映生活内容，生活中处处体现语文。

（本文发表于《吴中教学》2003 年第 2 期）

努力建构“语言积累”的绿色通道

新课标将语文课程的基本任务具体表述为：“语文课程应培育学生热爱祖国语文的思想感情，指导学生正确地理解和运用祖国语文，丰富语言积累，培养语感，发展思维，使他们具有适应实际需要的识字写字能力、阅读能力、写作能力、口语交际能力……”笔者认为，“丰富语言积累”与“正确地理解和运用祖国语文”等语文素养间是相互依存相互促进的关系。故而，在语文教学中丰富学生的语言积累应是语文教育者不遗余力的工作。

一、以教科书为轴，适时引导，促成积累

现行的小学语文教材是专家们根据课标为学生学习语文而编写的文本，其中有精彩绝妙的美文佳篇，也有富含时代特征的上品，更有情趣盎然、适合相关年段学生阅读的文段。它无论是作为一种“典范”，还是作为一个“借鉴”，都对学生的语言积累有着举足轻重的作用。教师要充分地理解教材，把握教材，运用教材，巧妙地以各种教学方式引导学生，促成学生对教材文本的语言积累。

1. 入情入境，感悟积累

汉语有时是只可意会而不能言传的。只有“入其境”，才能“体其情”。教师在教学时，应竭力为学生创设相关情境，让学生、语言、情境融为一体，使学生对课文中的语言有所感悟，继而再加以引导，然后达到吸收、积累的目的。如在教学《蚂蚁和蝈蝈》一文时，读到“他们有的背，有的拉，个个满头大汗”时，教师就可以运用媒体，播放蚂蚁“背”“拉”粮食，个个“满头大汗”的画面，使学生感受到蚂蚁劳动时的辛苦，在与下文中的蝈蝈作比较时，学生的体会就直观具体了，而对“背”“拉”“满头大汗”等词句的体会也更深了。

2. 读读议议，品味积累

课标指出：“各个学段的阅读教学都要重视朗读和默读。加强对阅读方法的指导，让学生逐步学会精读、略读和浏览。”读是语文教学中最重要的方法之一。教师要引导学生在读中思，在读中悟，在读中品，在读后议一议，说一说，评

一评。在边读边议的过程中，充分品味，达到积累语言的目的。

有一位教师在教学《圆明园的毁灭》时，先请学生朗读描写圆明园盛况的句段，并把自己在朗读中认识和了解的情况与小组同学交流。然后全班读课文，领略圆明园从前的宏伟和辉煌，体会被毁后的悲凉，讨论"为什么圆明园的毁灭是世界文化史上不可估量的损失"。不难看出，以上的教学中的读和议相互交叉相互促进，为学生积累课文的语言铺设了两条有效的途径。学生在"读"的过程中，感知课文的语言，从中体会圆明园建筑集各园之长的特色，而后又通过"议"释放在"读"时品味和吸取的语言、情感。如此读议结合，使得教学过程井然有序，也使学生语言积累的道路豁然开朗。

3. 背背演演，诵读积累

背诵是学生在积累语言时最常用和最有效的方法之一。在现行的教材中也有许多要求背诵的课文、段落和词句。课标中指出："有些诗文应要求学生诵读，以利于积累、体验、培养语感。"要求：一—六年级学生背诵古今优秀诗文160篇(段)，七—九年级学生背诵80篇(段)，合计240篇(段)。同时专门列出了120篇推荐背诵的优秀诗文。俗话说："熟读唐诗三百首，不会作诗也会吟。"语言是感性的，也是特别能感染人的，需要融会贯通然后厚积薄发。如果说背诵是积累语言的一个关键环节，那么请学生演一演，就是综合展示学生对语言的领悟及表达水平，这是一种更高层次的积累。如：课本剧的表演、对句段的即时演绎、表演读等都属此类。

4. 想想写写，内化积累

想象是创造的源泉，也是积累语言的重要方式。通过想象，文本的语言会更加生动，更加富有生活的气息，更加贴近学生的认知水平。《北大荒的秋天》所写的内容对于江南水乡的孩子来说遥远和陌生。教师就利用想象来引导学生体会，最终达到积累的目的。如课文第二自然段中有这样的语句："这些流云在落日的映照下，转眼间变成一道银灰，一道橘红，一道血红，一道绛紫，就像是美丽的仙女在空中抖动着五彩斑斓的锦缎。"这里的天空并非学生熟悉的天空，但文中的色彩学生熟悉并能够想象，教师就通过请学生想象天空中流云变幻出的各种色彩，想象这匹"锦缎"的斑斓五彩。文中的内容和学生的生活形成了链接，给学生留下了深刻的感性认识，对语言的积累就自然而然了。

在语言积累的过程中少不了写，这"写"可以是由外而内的，即摘抄文中的优美句段，欣赏、记忆；这“写”也可以是由内而外的，即运用已积累的语言，描绘、叙述，以巩固积累。由此，“写”就成为了一个语言积累的“中介”，学生则可以依靠这一桥梁，把教科书的语言进行内化，丰富积累。

教科书所展示的文字材料是精当的，教师只要善于把握教材，运用恰当的引导方式，真正做到以教科书为轴，用好教材，适时引导，就能为学生铺就积累语言的宽广大道。

二、以课外书为经，广泛阅读，形成积累

高尔基说：“书籍是人类进步的阶梯。”大千世界中有浩瀚的书的海洋，这其中不乏论述精辟，遣词精简，运文练达，文思巧妙之作，这些书或给人以思想的启迪，或给人以情操的陶冶，或引人深思，或赐人力量，这些都是学生积累语言的好教材。语文教师就要做有心人，激发学生读万家书的兴趣，并在学生需要时进行必要的指导。

1.“以一带一”导读书

教师可以在完成一篇课文的教学之后，再准备一篇文体相同，语言特色相似或思想内容相当的文章让学生阅读。学生在学习课文的余味中，再次品读同类文章，课文成为了有效的“范例”，也使学生能够利用刚刚生成的学习方法，驾驭篇章。例如在学习了《赵州桥》之后，可以请学生读一读富有浓郁地方特色的《苏州的桥》，让学生在字里行间领略江南桥的风韵，激起学生爱家乡的情感，同时吸收描绘桥的特色的语言。在学习了《全神贯注》之后，可以读一读《牛顿的午餐》，不仅能使学生感动于牛顿和罗丹的工作精神，还能让学生体会恰到好处的语言的表达魅力，从而乐读，乐背，进一步积累语言。

2. 抓住时机推荐书

在课堂中读的文章毕竟是有限的，教师要引领学生畅游书的海洋，就要懂得把握住时机。比如在教学《争吵》时，看到学生对课文所叙述的故事感兴趣，就可以推荐学生读一读《爱的教育》。在教学《悲壮的一幕》时，科马诺夫的生命仅有两个小时，却选择先向指挥官汇报航空探险的经过，而把自己的家人暂抛一边，学生被他崇高的事业精神所感动，这时，教师可不失时机地向学生推荐阅读《李四光》《竺可桢》等描写科学家躬耕事业、鞠躬尽瘁的作品，或推荐反映世界航空、航天事业中的人和事的书籍。

学生在学习中出现的每一次亢奋，都是情感与语言的碰撞；师、生与课文的每一次共鸣，都是各人的认识与语言的交融；学生的每一次感动，都是心灵与语言的互动。在这样的心理状态下，学生往往会生成一种渴望，渴望了解更多，体会更多，感动更多，共鸣更多。学生的每一次渴望则都是教师向学生推荐好书，丰富学生语言积累的好机会。

3. 表扬典型赞读书

小学段的学生有广泛的兴趣，但往往不能持久。根据学生这样的心理特征，教师就得想方设法保持学生的读书兴趣，使学生养成爱读书、多读书的习惯。而抓住读书的典型，进行大力的表扬应是可行之法。我在教学实践中发现：班中的学生大多爱看《奥特曼》《美少女战士》等动漫作品，一旦文字稍多，就会心生厌烦。针对此现象，一方面，我在班中仔细观察，只要发现有良好读书习惯的学生，就大力表扬，让他们在同学面前展示自己的读书所得，增加他们的自豪感，勉励他们多读好书，多积累；另一方面，我也注意在课堂上融课内、课外的知识于一体，给学生们创设发挥学习优势的时空，增强他们的自信心，激励他们乐读好书，乐于积累。积极利用典型，鞭策其他学生读书、积累。几个学期下来，原来好读书的学生更爱读书了，而原来见书就烦的学生，也愿意坐下来静心读书了。可见，在教师正确的引导和充分的表扬下，“榜样”发挥了无穷的作用，而学生有了读书的习惯，语言积累也就有了源头活水。

4. 师生同乐齐读书

“亲其师而信其道”，师生若有共同的语言和共同的性情，学生就愿意听从老师的教导。读书也是一个道理。由此再联想到孔子的“其身正，不令而行，其身不正，虽令不从”，从读书的角度来看，也是相通的。教师的读书态度和习惯对学生的影响是毋庸置疑的，所以教师如果能在稍有闲暇时坐下来与学生一起读书，对学生将是莫大的鼓舞。在共同阅读的过程中，师生间的讨论和交流能够沟通情感，分享读书的所得，共同体验读书的乐趣。这样不仅有利于形成浓郁的班级读书氛围，也有助于学生积累丰富的语言。

三、以生活为纬，开阔眼界，达成积累

生活是一本巨大的教科书，不管是什么语言，如果脱离了生活，就会缺乏鲜活的色彩。“生活处处皆语文”，打开生活这本书，灵动的语言、精彩的篇章无处

不在。而教学的外延应等同于生活的外延，本着这样的理念，教师只要有心，学生就能徜徉其中，不断丰富自己的语言积累。

1. 电视、网络等信息传递工具为学生展开了宽广的学习平台

信息技术的迅猛发展使生活更加缤纷烂漫，也增加了人们的阅读广度。这些充盈的信息中有千年文化的积淀，也有现代文明的注脚，还有异域文化的风情。从天到地，从古到今，可谓应有尽有。教师只要带领学生来到这信息的海洋，撷取其中的几朵浪花捧给学生，学生就有可能投身其中，乐此不疲。比如师生在课余时间的交谈中，可以讲一讲自己在电视中的所见所闻，从网上了解的新闻旧事，以及在报纸、广播中的所得。教师还可以以回家作业的形式，布置学生在家里看《大风车》《东方儿童》《智力快车》等喜欢的节目，并由此开始，适当延伸至《新闻联播》《东方时空》《读书》等专题节目及纪录片。教师还可引导学生上网查阅，获得充足的信息，积累丰富的语言。在这样一个信息的时代，各种信息扑面而来，在教师的指导下，它们将成为一个个素材，帮助学生增长见识，积累语汇，提高语文素养。

2. 生活交际为学生提供了巨大的表演舞台

语言只有在生活中得以运用，记忆的根才扎得深，运用自如，才是真正意义上的积累。因此教师应关注学生的生活交际，同时应教会学生与人进行交际，注意引导学生学会表达，学会倾听。鼓励学生多与他人进行交流，在交流中汲取生动的语汇，在交流中运用自己的积累，在生活的大舞台上尽情展示，不断吸取，达成积累语言的目标。

3. 自然世界为学生筑起了无形的供给仓库

自然世界无奇不有，又精彩纷呈。这里有高山流水，有绿树红花；有江南的小巧，有塞北的奔放；有富士山的雪，有多瑙河的波……所有的一切都是学生积累语言的素材。学生能够以眼睛、耳朵、鼻子、嘴巴等多种感官去感触自然，感知自然中的草木山川，红黄蓝绿，乃至一星微尘。自然世界有着无穷无尽的语言库存，依据自然的真实，即使面对相同的话题，学生也会有不同的表达。例如“我们一起说说家乡的秋天”这个话题，不同区域的学生就会说出不同的情形：我的家乡在农村，这里的秋天真迷人！田野里金黄满地，麦穗笑弯了腰；果园里芳香诱人，新鲜的果实让人垂涎欲滴；菜园里色彩缤纷，红的是西红柿，绿的是青椒，让人目不暇接……我的家乡在城市，秋天的景色非常美丽！街道两旁的

梧桐树挂满了可爱的刺球；公园里的菊花争奇斗艳，花展吸引着四方游人；校园里的枫叶红了，金色的落叶铺满小径……我的家乡在海边，我爱家乡的秋天！退潮了，我们在海边捉跳跳鱼；中午，我们在沙滩上晒日光浴，洗海水澡；傍晚，捕鱼船归来了，海天交接处的晚霞多美呀！朱红的、橘红的、暗红的和淡蓝、墨蓝的颜色相互交错，使天空、大海、海鸥、沙滩、渔船构成了一幅恒久的画……

自然如此奇妙，如此博大，教师只要有目的地引导学生仔细观察，用心“收藏”，学生就会积累得越来越多，用时就会滔滔不绝。

4. 社会存在为学生建成了无边的锤炼车间

语文是一门兼有工具性和人文性的学科。语言作为一种交流的工具和承载文明的载体，需要锤炼，才能日益完善。要掌握语言，需要运用，才能收放自如。社会充斥着语言，也形成了特定的语言文化，学生只要“走出去”，就有“用武之地”。教师如果有心，就可以开展各种有利于学生进行语言积累的实践活动。“啄木鸟行动”可以组织学生走上街道，为商店的宣传语和各种广告、招牌、价目表改错词、错句；“广告语集粹”可以请学生收集自己看到的、听到的广告语，并从中选择自己喜欢的，注上自己的想法，获取一举两得的功效。类似的活动还有许多，这些活动都以现实社会为背景，本着丰富学生语言积累的宗旨，立足学生的发展，使学生的锻炼无处不在，使学生的语言积累的质量悄然提升。

综上所述，学生积累语言的天地广阔无垠，教师只要充分发挥“导”的作用，形成课本、书籍、生活三位一体的学习网络，就能构建起学生积累丰富语言的绿色通道，使学生具有丰富的语言积累，进而达到学生语文素养的形成与发展的目标。

（本文发表于《江苏教育研究》2008 年 5 月）

点点滴滴　循序渐进

——指导一年级学生写话的几点做法

一年级的学生虽然识字有限，生活经验不足，但这并不影响他们进行书面交流的愿望。在教室里，我们不难发现同学之间传纸条的现象。尽管纸条上有些句子并不通顺，尽管句子中夹杂着许多拼音，存在着很多错别字，文笔也稚嫩得让人发笑，但这说明他们有一种强烈愿望：要用文字来表达心中的所想、所感。这些简短的句子表达了孩子的心里话，充满了童趣。毫无疑问，一年级学生也是可以进行写话练习的，关键在于教师如何引导。本文就此问题谈谈自己指导学生写话的尝试，以抛砖引玉。

一、要求低一点，空间大一点

一年级学生有其自身的年龄特征。他们的写话状况受到自身认知水平和语言表达能力的限制。如果过多地强调文体和语法，学生写话就举步维艰，这样的做法无异于揠苗助长。为此在第一次提出写话要求时，我这样说："请小朋友们把自己最想写的话写下来，你可以写一句，也可以写几句，如果觉得有困难，还可以请爸爸妈妈帮忙，一起把自己心里的话写下来。如果你觉得有话要写下来，你就写下来；如果你觉得没话可说，也可以不写。"在这样的要求下，学生没了束缚，少了负担，写出的话就充溢着学生的情感。"今天我放学回家，爷爷对我说奶奶生病了。我的心里很难受，但是我不能哭出来。因为奶奶听到我哭会伤心的。"这是第一次写话练习，学生交上来的作业。这几句话中虽然没有动听的词汇，却表达了孩子关心奶奶，为奶奶生病而难过的心情，情真、感人。《语文课程标准》指出："写作教学应贴近学生实际，让学生易于动笔，乐于表达。应引导学生关注现实，热爱生活，表达真情实感。"的确，写话的最终目的并不仅仅是要让学生学会写话，更是要让学生在写话中表达自己的真情实感。

在写话的指导实践中，我觉得只有尽可能地删去一些繁文缛节，才不至于使孩子们变成刚进大观园的林黛玉，无所适从。对初学习作的孩子来说，少讲规范要求，给予学生更多表达上的自由，这将意味着自主探索，意味着信心和自尊。让学生在自主探索中，满怀着信心与自尊，更多地翱翔在自由表达的天空里。只有不断地练翅，学生才会翱翔！

二、情趣浓一点，兴致高一点

《语文课程标准》中对低年级的“写话”提出了这样的要求：“对写话要有兴趣，写自己想说的话，写想象中的事物，写出自己对周围事物的认识和感想。在写话中要乐于运用阅读和生活中学到的词语……”一年级的学生兴趣广泛而不稳定，如何保持学生的写话兴趣，我做了一些粗浅的尝试。

送你一颗“星”　每次阅读学生的写话作业，我都要进行评价，学生也都十分看重我的评价。为了充分保护学生的写话积极性，我就在写话作业的后面认真地打上五角星。我和孩子们约定，有星的都是写得很不错的，达到五颗星的，就是最棒的。在披阅时，只要学生能写出通顺的句子，表达真实的生活，我就会给他们打上四颗星。而对待一些更为出色的孩子的作业，我甚至会打上六颗星。星级制的评分方式使每一个学生拿到自己的写话作业时都能喜笑颜开，使他们在写话上获得了成功的快感。

请你读给大家听　每次批阅写话作业后，我都会有意识地请一些孩子把自己写的话读给大家听。这些作品中不一定都是最棒的，但都是很有特色的。每次读自己的作品，孩子们就会兴奋不已，而下一次的写话也会更加认真。而听的孩子也能从其他孩子的作品中受到启发，认真写，争取也能把自己的作品读给小朋友听。考虑到学生与学生之间存在的差距，在选读学生写话作品的过程中，我总是选用处在不同层次水平的代表学生，只要是进步的，就遴选出来郑重其事地读、表扬、评点，这样，保护了每一个学生写话的积极性，也激励着每一个学生努力写出自己最好的水平，不断进步。

我的作品上网了　读到特别出色的写话，我就会把它们打印好，然后挂到我的个人网页上。我在网页上每做好一张学生的写话作品，就会立刻告诉他们，请他们自己去查看。学生对此表现出了极大的热情，家长对此也十分欢迎。有时放学家长来接孩子时，我总能听到这样自豪的声音：“妈妈（爸爸、爷爷等），我的写话作业上网了！”从孩子高兴的样子和家长们喜悦的神情中，我读到了“我会更加好”的希望。由此，语文老师写话指导的情况也通过网络被家长所认可，而更多家长的关注和支持也在无形中形成了家校指导学生写话的同盟，教师、学生、家长，也共同构建了写话教学网络。

我们一起找话题 找不到话题往往是孩子不能很好写话的主要原因。为了开阔学生的思路，我经常在实践活动课上带领学生到学校的莘园等地方走一走，组织学生交流自己的各种见闻，提醒学生在平时的生活中多观察，多留意身边的事物，逢到节假日，请家长抽时间带孩子外出采风，感受自然，在日常的学习生活中一起寻找话题，使学生有话想写。我还经常与家长交流，请家长多与孩子沟通，多带孩子参加各种实践活动，使学生有话可写。翻开学生的写话本，我们就可以看到学生生活的丰富多彩，并充满了乐趣。

兴趣是最好的老师，是人才成功必不可少的一个内在起点和动力。培养学生写话的兴趣，有利于调动学生的积极性及各种非智力因素的参与，从而形成一种强大的动力，激发学生"说"和"写"的欲望，使学生真正发自内心的迫切的想去"说"去"写"，使其"需之切，乐其业"。

三、真诚足一点，欣赏多一点

一年级的孩子，把心里想的、嘴上说的变成文字，他们的文笔肯定是稚嫩的，有时甚至是笨拙的，我们怎样评价这些作品，关系到他们对写话的兴趣，以及写话的质量。我认为，作为教师，首先要怀着一颗平等心去看待他们的作品，所谓蹲下身子看学生，以一种尽可能与它们相似的观点、态度甚至眼光、方式去评价，少一些居高临下，多一些真诚理解，多一份欣赏感动，就会促动学生努力学习写话的力量，从而从正面引导学生不断优化写话质量，进入良性循环的状态。

有一次我在学生的写话本上读到了这样一段话："我是电脑，我是由正方形和长方形组成的，看上去很傻，其实我很聪明。我知道你不知道的知识，但是我也有很多要求，你要专心学好使用电脑的知识，才能用我，这样你会学到更多的知识。我还能让别人玩游戏、画画、打字……你喜欢我吗?"刚读这段话时，我觉得他写得太一般了，特别是第一句话，"看上去很傻"让人读了不够舒服。我反复读着这段话，并琢磨他写这段话时的想法。读着读着，我突然觉得这段话写得真好！首先，他把自己对电脑的理解真实地写了下来；第二，他用第一人称来写电脑，显得十分可爱，富有童趣；第三，"看起来很傻"是很写实的一句话，在孩子眼里电脑没有任何曲线美感，是十分“傻气”的，这也更能体现电脑外观与内在的一种区别，是一句“妙语”。于是我请这个孩子在班里朗读了自己的作品，请小朋友评价，小朋友也很认可。我又把自己的理解和感受说给班里的孩子们听，再请学生分享与品味，大家一致认为这段话写得好。事后，该生的父母对我说，自从那次评析后，孩子对写话的热情高涨，写下来后也总要读给家长听一听，请他们提意见，从中可见他的努力和向上的愿望。

以上这个例子又一次验证了“罗森塔尔效应”，我们的孩子是需要鼓励和期待的，特别是当他们处在萌芽状态的时候，正确的引导和适当的鼓励都是孩子成长的必须。写话对一年级孩子来说，是个难题，既然是难题，就更需要老师理解和关心，面对一个个活泼可爱、生动灵秀的孩子，我相信，在写话教学中只要多一点真诚，多一点欣赏，孩子就会收获成功，教师也会收获快乐！

（本文发表于《教师教育》2006 年第 6 期）

奏响读写相融的和谐乐章

——语文教学中读写相谐的教学尝试

“读写结合”是语文教学的传统经验，是提高学生语文实践能力的有效手段。读写结合能充分发挥经典课文对写作的引领，通过情境的创设、情感的诱发、素材的推敲，让学生在提升言语能力的同时，得到情感的熏陶、精神的提升、个性的张扬。为提高读写结合的价值，提升读写结合的效率，必须追求读写相融、不露痕迹的境界。

一、练在疑难处，引领学生亲近文本

课文的朦胧处，作者在此处为文本蒙上了一层面纱。此处往往也是需要学生深入感悟的重点、难点。如果把这些地方确定为读写结合点，就能为学生打开一扇亲近文本之门，文本的美会在学生踏进大门之时展现在他们的面前。

《最佳路径》这篇课文主要讲了世界建筑大师格罗培斯在受到老太太卖葡萄的启发后为迪士尼乐园设计出了最佳的路径。阅读教学中的疑难点是：最佳路径与法国南部老太太卖葡萄有什么联系？要想突破这一难点，必须让学生感悟到老太太葡萄园里顾客的感受，而课文仅寥寥数字——“给人自由，任其选择”，这可以说是课文的朦胧之处。因此，教学中，我把此处确定为读写结合点，让学生走进老太太的葡萄园，去看一看，听一听，尝一尝，感受一下老太太的葡萄园。学生通过联系平时的生活，展开想象的翅膀，把葡萄园的情景再现了出来。

透过学生们所写文字，我们不难发现，学生已经揭开了“面纱”，悄悄地走进了文本，自然地走近了人物，领略了课文叙述的那神奇的故事，欣赏到隐藏在文本背后的“快乐、自由之园”，同时也深入地感受到格罗培斯所受的启发，突破了阅读的难点。

可见，在阅读教学中，如果能紧扣课文中牵一发而动全身，学生难于理解的朦胧处，教者“借题发挥”，引导进入情境，促使学生“借写促读”，就能促进阅读与写作的水乳交融，相得益彰。这样，阅读的难点便在读写结合中不露痕迹地突破了。

二、练在插图处，引领学生步入画面

苏教版教材中有许多插图，与文质兼美的课文相配合。图文并茂，是编者用以再现课文内容，并补充文字之所不及的凭借，是语文教材的有机组成部分。它能有效地帮助学生深刻地理解课文、体会情感。因此，语文教师必须引起重视，充分挖掘课文插图的功能，从而达到为教学目标服务的目的。在课文插图处让学生练笔，能丰富文本，激发学生情感，达到文与画的统一、读与写的融合。

《特殊的葬礼》这篇课文描写了巴西最著名的景观——塞特凯达斯瀑布由雄伟壮观到日渐枯竭的过程以及人们的失望、震惊、痛心、反思。课文配了游客们失望地站在已经枯竭的塞特凯达斯瀑布前这样一幅插图。

在引导学生感悟了课文第三自然段描写的瀑布的雄伟壮观之后，我话锋一转："同学们，现在我们再也看不到塞特凯达斯瀑布这壮观的气势了，塞特凯达斯瀑布现在是什么样子呢？让我们随着游人一起去看看吧！"说完，我将课文的插图投影出来。学生的神情一下子暗淡下来，我轻轻地说："拿起笔，把你看到的、听到的情景写下来吧！"看着眼前的情景，学生仿佛身临其境，情感的闸门一下子打开了。

一幅无声的插图，诱发了学生的情感，流淌出一段段鲜活的文字。可见，有效地运用课文插图可使学生的语言与情绪在读写结合中同构共生。

三、练在动情处，引领学生拥抱语言

引领学生走进文本，亲近作者，拥抱语言，去感悟语言内涵和情感内涵，这是阅读教学中追求的一种境界。综观苏教版教材，情感强烈的课文很多。不少教师在教学中也特别注意凭借文本激发学生的情感，学生的心灵在老师一次次充满深情的引导中、在一次次的朗读中、在多媒体课件所创设的情境中受到了震撼。而教者经常止步于此，认为情感目标已经达成。看起来学生的情感感悟达到了一种境界，但细细想来还缺少一些语文味。语文教学绝不仅仅让学生尽情地笑、动情地哭，还须在他们的情感受到感染震撼的同时，语言也得到发展。如能在学生情感升华处恰当地安排练笔，让学生借助合适的语言抒发自己的情感，就既能促进情感化成涓涓细流，流进学生的血液，又能促进学生语文能力的提高。

《生命桥》这篇课文的第二小节描述了年轻羚羊猛蹬老羚羊的背，轻巧地落在了对面的悬崖边，获得了新生，而老羚羊就像一只断翅的鸟，笔直地坠入了山涧。

我在教学这一小节时，先声情并茂地读，然后出示挂图，让学生齐读。学生的情感受到了一次次的触动，在此基础上我播放了配音——“妈妈——妈妈——”这撕心裂肺的喊声在山谷中回荡，拨动了学生的心弦。学生一个个眼含泪花，有几个控制不住还抽泣起来。可以看出，学生已经被深深地打动了，情感处于迸发阶段。我把握时机，用低沉的声音说道：“同学们，你现在就是那一只只获得新生的年轻羚羊，你想说什么呢？拿起你的笔，写下你的感受！”学生情动而辞发。

适时安排读写结合，引领学生全身心地拥抱了语言，为学生感悟语言情感提供了依托，使学生的情感得到升华，语言得到了发展。这样的读写结合进入了理想的境界。

四、练在拓展处，引领学生转换语言

如今，新课程理念深入人心，不管是在研究课，还是优质课，随堂课还是示范课中，经常能看到资料的拓展。然而，教学文本与拓展的资料相割裂的现象较为普遍。如何才能使拓展的资料与阅读教学浑然一体呢？我以为，借用拓展资料，迁移写法，进行语言转换，是促进文本深度解读、提高学生语文素养的有效方法。

《云雀的心愿》这篇童话故事通过小云雀与妈妈的一问一答，告诉人们森林有防风固沙、储存雨水、调节温度的功能。在学习完课文后，我也向学生发了一份介绍森林其他功能的资料。学生自由阅读完资料后。我说：“同学们，小云雀和妈妈飞呀飞，又飞到了哪里呢？小云雀又从妈妈的介绍中了解到森林的什么作用呢？请仿照课文的写法，让小云雀了解到资料中所提到的森林的一些功能。”

这样的读写结合，既促进了文本与资料的有机融合，有利于加深学生对文本的理解和感悟，又不破坏课文的情蕴和教学过程的流畅性，自然而有效。

五、练在趣味处，引领学生化难为易

如今的教材中习作安排与课文安排都有一定的联系。事实上，一篇篇课文就是学生写作的好例文，教师可以将本册习作训练点分散到各个阅读过程中去，让学生在一次次的读写结合的训练中悟出写作的方法，然后到习作课上进行综合训练，我想，这样与阅读结合的、渗透的训练，更有利于学生写作水平的提高。此外，练笔的形式是多样的，可以是仿写、改写、续写、补空、写读后感等，可以是写整篇的，也可以是写一个片段。例如：我在教学现代儿童叙事诗《春光染绿我们双脚》时，学完课文后，学生对现代儿童叙事诗的形式和内容都有了一定的了解，我就启发他们把以前写过的记事的作文拿出来，改写成儿童叙事诗的形式，面对我的提议，他们都很有兴趣，因为，学生之前比较擅长把一些古诗改写成记叙文，而将记叙文改成儿童诗还是头一次，这对于他们是一次考验，虽然学生的小创作与书上原滋原味的作品还有很大的差距，但他们毕竟有了一次锻炼，有了一次体验：不仅读了诗，还亲自写了诗，在写的同时还加深了对课文的理解。此外，由于我表扬他们第一次写诗就写得很不错，改变了他们认为写诗是一件很难的事的想法，培养了他们对写诗的兴趣，一箭三雕，其乐融融！

袁枚说得好，“但肯寻诗便有诗”，我们只要始终紧扣理解领悟课文的内容、思想、情感这根线，在保证教学主线的统一性、教学过程的流畅性、情感氛围的和谐性的基础上，抓住课文极具内涵的读写结合点，精心设计，不拘一格，让学生自由地想象、表达，就一定能体现语文教学工具性和情感性的高度统一，使随文练笔成为提高学生语文能力的有效途径。

（发表于《小学科学——教师论坛》2011 年 4 月）

充分展开互动，提高教学效率

——简析《鲜花和星星》第二课时的教学

语言富有童趣，文字清新顺畅的《鲜花和星星》是十分适合一年级小朋友诵读的儿童诗歌。诗中不仅描写了鲜花满地、繁星满天的情景，而且再现了儿童看鲜花、数星星时的天真烂漫，生动地体现了儿童生活的情趣以及孩子对身边事物和美好大自然的关爱与向往。学生在第一课时已经能正确、流利地朗读课文，且已初步感受了诗歌的美，所以在第二课时中，引导学生体悟课文的意境，帮助学生进行语言的内化，培养学生具有初步的语感是教学的关键，而在此同时，使学生初步获得诗的语言的熏陶，领略诗的语言的精妙则是教师努力的方向。为此，我们在课上充分展开互动，收到了良好的教学效果。

一、营造互动的氛围，激发学习兴趣

师：昨天我们在语文课上认识了两位朋友，它们是谁呀？

生：鲜花和星星。

师：谁来介绍介绍它们呢？

生 1：我来介绍鲜花。夏天到来的时候，鲜花开得到处都是，好美啊！

生 2：我也来介绍鲜花。鲜花开得真多，这里一朵，那里一朵，比天上的星星还多。

生 3：那我就来介绍星星吧。星星也很多，也是这里一颗，那里一颗。

生 4：天空中的星星很多很多，比地上的鲜花还多。

教学之初，教师就运用谈话的方法，为学生创设了平等的对话氛围，使学生愿意把自己所知道的鲜花和星星的情况介绍给同学们，自然地形成了生生互动的场景。同时，教师具有亲和力的语言，也拉近了和学生之间的心灵的距离，“蹲下来”的教师激发了学生表达的欲望，松弛了学生的心理压力，使课堂沉浸在浓浓的互动气息中。

二、创设互动情境，诱发人文情感

师：昨天好多小朋友回家后找了许多鲜花和星星的照片、图片。现在我们把它们布置在教室里，好吗？

（生各自把带来的照片、图片按自己的意愿布置在教室里。）

在学生贴照片和图片的过程中，学生与学生之间已经进行了交流，丰富了学生对鲜花和星星的画面的感知，增加了学生再次体味鲜花满地和繁星满天的机会。

师：今天老师把鲜花和星星请到我们教室里来了，小朋友想看看它们吗？（多媒体出示满地鲜花和满天星星的图片，再播放配了优美抒情的音乐的录像。）

师：小朋友们看见什么了呀？

生1：绿油油的草地上开满了五颜六色鲜花，真好看！

生2：我真想去闻一闻这些鲜花的香味，这么多鲜花，肯定很好闻的。

生3：天空中那么多的小星星，就像许多小眼睛一眨一眨，亮晶晶的，真漂亮！

……

教师一句"今天老师把鲜花和星星请到我们教室里来了"，赋予鲜花和星星强烈的人文色彩，抓住了学生的年龄特征和心理特点。而生动的画面和配合画面的音乐，则把学生带进了开满鲜花的草地和缀满星星的夜空，把鲜花和星星融进了学生的学习生活。在这样的情境中，学生对于诗歌中的鲜花和星星就有了情感，表达就有了依托。

三、架起互动桥梁，引起美好想象

师：小朋友愿意随老师去鲜花丛中玩玩吗？（教师有感情朗读第一小节。）

（生闭上眼睛，欣赏想象。）

师：小朋友们仿佛看见什么了呀？

生：我好像闻到鲜花的清香了。

生：我的身边都是各种各样美丽的鲜花，有月季，有玫瑰，有满天星，有百合花……还有许多花我不知道它们叫什么。

生：我看见的鲜花的颜色真漂亮，有像火一样的大红色，有像橘子一样的橘红色，有像雪一样的白色，有像妈妈裙子一样的紫色，还有许多颜色……

曾有一位伟大的科学家说，“不会想象就没有创造”。而儿童就是想象的精灵。在这个环节中，教师运用自己绘声绘色的朗读，给学生构造出了一片想象的天空，架起了一座交流的彩虹桥。在和谐、优美又不失活泼的背景下，学生也就自然而然地产生了许多美好的想象。透过这些想象，我们能读懂学生的童心，这些想象也为课堂增加了斑斓的色彩。

四、创造互动机会，沟通心灵交流

师：小朋友们说得真好！我想小朋友肯定也能把这首儿歌读好的。谁先来试试？

（生有感情地朗读并配了动作。）

师：小朋友觉得他读得怎么样阿？

生1：他读得很好，很有感情。

生2：他读得让我好像看见很多很多的鲜花，很多很多的星星了。

师：请问刚才那位小朋友，你为什么能读得这么好呀？你向大家介绍介绍你的好方法，好吗？

生：我刚刚一边读，一边就在脑子里想象儿歌中的画面，读的时候就好像真的看见了一样。

通过刚才的几个环节，学生对全诗的感悟已“呼之欲出”了，教师就及时抓住机会，引导学生把自己体悟的内容以诵读的方式表现出来。由于学生是有感而发，所以在诵读时都能做到“动情入境”，而学生的互评则是起到了“评点，然后达成共识，最后共同进步”的作用。学生在诵读的过程中，表达了自己内心的真实感受，也交融着听者的心灵，学生一句句诚挚的评点，则是情与情的交织，心与心的沟通。

五、构造互动平台，展示创造成果

师：这首诗歌写得多美啊，小朋友如果动动小脑筋肯定也能写出很美的诗歌来，你有兴趣来做回小诗人吗？

（生跃跃欲试，作诗热情高涨。）

师：小诗人们，来展示一下你们的作品，好吗？

生：我最喜欢春天满树的梨花，这里一朵，那里一朵，真比天上的白云还多。

生：我最喜欢夏天满地的小草，这里一丛，那里一丛，真比天上的星星还多。

生：我最喜欢草原上满地的羊儿，这里一群，那里一群，真比天上的云儿还白。

教师相信学生在对诗歌产生共鸣时，一定也能诱发学生创造的灵感，这是一种语言积淀的喷发。秉持着这样的理念，教师就在本课的尾声，启发学生“作诗”，引发学生潜在的创作欲望，表达出自己喜欢的事物和对大自然的美好的向往。学生在读自己诗的过程中，品尝成功的喜悦，品味他人的情感，分享学习的乐趣。

综观整个教学过程，不难看出教师在教学过程设计时的精心，显示了教师在新课程背景下开放、互动、合作、共进的教学理念，同时也体现了语文课程的人文性、实践性、生活化的特征，使我们看到了学生学习中高涨的积极性、丰富的想象力、顺畅的表达、良好的语感和创造的潜能。

（本文发表于《新课改教育研究》2007年第6期，第一作者为夏静，第二作者为陈洁）

桃李不言　下自成蹊

——也谈有效语文课堂教学的尝试与体会

新课程背景下的小学语文教学倡导自主、合作与探究，力图超越传统的记忆型教学文化，创建新型的教学模式所需求的思维型教学文化。这种思维文化不是要求学生被动地接受知识，而是鼓励学生大胆质疑，勇于提出问题；也不是要求教师机械地讲授书本知识，而是鼓励教师进行创造性教学。课堂教学不只关注学生知识的获得，更关注学生人生的发展。面对一个个各具个性的生命体，语文教学应是丰富多彩、独具特色的，这正是新课程对理想的语文教学状态的期盼。然而，教学期待的达成有赖于教学实践的有效，有效的语文课堂教学或高效的语文课堂教学就是语文教学工作者的追求。

一、有效的语文教学不容忽视课堂的“双主体”

课堂教学中以教师为主导，以学生为主体是一项基本原则。也就是说，在课堂教学中，教师是指导、引导的主体，而学生是学习、领悟、积累等语文实践的主体。毫不回避，实施新课程以来，有一阶段我们的教师走入了“倡导自主”的误区，在课堂上一味地迁就学生，即使学生的语文学习走了岔道，也不敢让学生回头，甚至不敢对学生的错误说个“不”字。我们再次强调课堂教学“双主体”的原则，实际上是要让教师在语文课堂中“挺起腰杆”，让教师大胆地成为课堂对话的“首席”，特别在课堂教学中，语文教师的引领尤为重要。这种引领在课堂教学中起到提纲挈领、画龙点睛的作用；这种引领更能为学生打开探究、研习的大门，让学生感受“柳暗花明又一村”的生趣；这种引领还能让学生不断迁移，在阅读实践中举一反三，充分感受语文字字珠玑、余味袅袅的魅力。正如我们观赏于永正老师对《林冲棒打洪教头》的教学过程，在他细致耐心的“读”的教学中，我们品味到了教师的指导从要求到示范，从指出问题到逐步纠正，从一词一句的传授到丝丝缕缕的语感传递，教学的细节让我们感叹。同样这一课的教学中，于先生以一个“让”字，引导学生在课文的字里行间体会林冲的人物特点，在这样的唤醒中，学生边读边悟，在场者莫不拍案叫绝！这样的课堂教学有效生动得让人可以触摸！

所以，任何课堂教学，如果忽视教师的作用，其有效度必定让人质疑。语文课堂教学的有效，首先要确立教师在课堂教学中的地位，而后才能在启发、激励、唤醒中使学生的探究更具价值，使学生的体悟更加深刻，使学生在面对文本的时候更有高度。

当然，我们重视教师的作用并不意味着我们轻视学生，更不是要让教师顶着“引领者”的光环自鸣得意，而是要求教师在课堂教学中充分发挥“导”的作用。就像一些语文教学专家经常说的，导在学生的疑惑处，导在文本与生活的交汇处，导在启发的关键处……为语文课堂张扬文本的张力和学生生命的活力而努力。

二、有效的语文教学不断呼唤内容的“普适性”

教材（文本）、教师和学生是在语文课堂教学的三要素，教师凭借教材与学生一起进行基本的语文教学活动。然而，教材并不等同于教学内容，语文课堂教学内容的确立，必须根据课程标准的年段目标，根据教材内容由教师进行多次创作。我们认为，适用于所有学生的恰当的教学内容，是促使语文课堂教学有效的重要保证，这也是我们提出教学内容务必具有“普适性”的思想基础。当然，把教材内容转化为教学内容，从教师而言，是一门硬功夫，是需要一辈子研究的学问，是贯穿我们的教学生涯始终都要孜孜以求的教学根本。真正能把每一节的教学内容定好，是一件难事。我们必须把功夫花在课堂之外，要钻研教材，要研读文本，要参阅与课文相关的书籍，要收集与课文内容相关的资料，要吸纳教材的精华，要理解教材的编写意图，要了解教学的需求、要为学生谋利益……基于此，有时，课堂教学内容就要删繁就简，取其精华。一如薛法根老师为我们做的教学示范，在执教《九色鹿》一课时，四十分钟内，重点抓住出现人物最多、矛盾最尖锐、丑恶最分明的一个自然段展开教学，有牵一发动全身之妙。有时，课堂教学内容则要根据教材的空白处或疑难处添枝加叶，丰腴教学，诚如我校刘淑在学科带头人展示课《李时珍夜宿山寺》教学时，为了使人物形象更加丰满，让学生的感悟具有梯度，在教学李时珍“试药”这段内容时，增加了一段李时珍尝药并与儿子对话的内容，把李时珍一心为民，为造福于民甘冒生命危险的高尚凸显无疑。增删之间，我们能够感受到教师的教学智慧，这样的智慧之于学生，就是语文学习途中的福音。

当然，要使教学内容面向语文课堂中的每一位学生，还需要教师不断努力，积极探索，而教师与教师之间客观存在的差异性，也需要学校通过教师培训、集体备课等有效措施去慢慢改善。

三、有效的语文教学必须关注学生的“内隐力”

一般来说，在课堂教学中，如果学生的主动参与性越明显，课堂教学的有效性就越大，越表明良好学习习惯的养成。但语文教师做得久了，我们有时就会发现，虽然平时我们在语文教学中都比较注重激发学生的学习兴趣，注意教学的方式方法，可有时仍然会遭遇“教不会”的尴尬。其实我们忽视了语文课堂中学生的内隐性认知活动——内隐学习，忽略了学生的内向性的感悟、体验、情感的激发和挖掘。

“内隐学习”这个概念最早是1967年由美国心理学家罗伯提出的，它是区别于传统外显学习的不知不觉的学习过程，是个体通过与环境接触，无目的、自动地获得知识的过程。我们关注学生学习的“内隐力”，就是因为学生在课堂上的外显表现我们容易捕捉，易于关注，多年来也善于通过观察学生的学习外在表现来把握课堂教学的容量、速度、节奏等，而学生的内隐学习则是悄无声息的，在语文课堂教学中容易被忽视，较难把握却至关重要。因为，课堂教学的内容是什么，如果没有学习主体的积极投入或者学习主体缺乏必要的知识和经验背景，那么教学都是无法顺利进行的，如此，怎能妄谈课堂教学的有效？《语文课程标准》指出，应该注重熏陶感染，潜移默化。这就是要求我们必须强化学生的内隐学习，提高语文教学的有效度。所以，在语文课堂教学中，要有琅琅的读书声，要引导学生背诵名作美文。对朗读乐此不疲，我们会慢慢收获“熟读唐诗三百首，不会作诗也会吟”的惊喜，我们会收获学生张口而来的惊人能力——语感！所以，在语文课堂教学中，要有语言的训练、语言的交流，由此促进学生语言的发展，逐步使学生能够沉醉于描摹眼中世界、倾诉内心感受、交流思想的快乐，不断提升语文能力。所以，在语文教学中，我们要通过情境的创设、角色的变换、心理的揣摩，引导学生入其境，通其心、感其情，强化学生的自主阅读，使文字在一次次与心灵的沟通中，植入胸怀，丰厚学生的内心。当我们的教学注意这样的熏染，就会如春夜喜雨一样：“随风潜入夜，润物细无声。”这样的课堂教学有学生的学习“内隐力”支撑，必将是高效的！

四、有效的语文教学亟待发展方式的“生态化”

学生是课堂教学的主体，学生是灵动而鲜活的生命个体。我们语文课程的性质是工具性与人文性的统一，就应该是最讲人文的课程，也应该是最理解、尊重、关怀学生的课程，所以，关注学生的需求，选用与学生认知特点相符的教学方式，进行“生态化”的课堂教学，是课程与学生的呼唤。

所以，教师在进行课堂引领的过程中还要不忘树立服务意识，做到把“玩”的权利还给学生，把“做”的任务派给学生，把“说”的机会让给学生，把“创”的使命留给学生。从而将学生由被动接受知识的地位推向自主探索获得知识的舞台，使学生真正成为学习的主人。教师大胆放手让学生根据目标进行预习、尝试、操作、探索、归纳等。努力做到：凡是能让学生自己学会的，教师不教；凡是能让学生自己去做的，教师不替代；凡是能让学生自己讲的，教师不暗示。当然，在学生的学习出现困难甚至误入歧途时，教师则一定要教！

另外，合理利用现代化教学手段，激发学生学习热情，也是生态教学的重要体现。学习资源是学习过程中最重要的要素之一。提供什么样的资源，以何种方式提供，就成为实现语文课堂教学有效教学最重要的策略。教学中教师要合理整合各种教学手段，“因材选媒”，突出多媒体的辅助教学作用，淡化其“装饰”效应。让学生在形象生动的情景中经历探究过程，获得理智和情感体验，切不可喧宾夺主，切不可忽略了学生的自我体验和品味。

在语文教学中引入多媒体辅助教学，对课堂效率的提高无疑起到了不可低估的作用。但教师在设计课件时，首先应明确目的，如何才能把问题用多媒体特有的优势表达清楚。其次教师必须清楚地认识到语文教育重在对语言文字的感悟，有时，黑板上的粉笔字，一撇一捺也能有风生水起的意蕴；有时，教师的只言片语也能让学生茅塞顿开！因而，任何语言文字之外的手段都不能成为语文教育的主导性手段。

教学是一种艺术，需要千锤百炼；教学是一种文化，需要继承创新。语文课堂教学的有效，是每一个语文教师的使命，慎思之，笃行之，或方可不辱使命。因此，愿以此文与众位方家共勉！

（本文发表于《基础教育参考》2009 年第 9 期）

低年级阅读教学须求"真"

有效的阅读教学呼唤真切的课堂互动,提倡真正的语文实践,因此,"真"应该成为每一堂语文课的追求,而还原教学的本真,追求教学本源的实践,必须从低到高,一以贯之。

《真想变成大大的荷叶》是一首儿童诗,贴近儿童的生活实际,展现了孩子们在夏天的美丽遐想,字里行间洋溢着浓浓的童真童趣。因此,在教学过程中,教师应竭尽全力关注文本的价值和孩子的学习状态与灵动潜能,追求教学的本真与文之情、童之趣相谐相融,体现教学的真情、真趣、真韵味。

一、身临其境,在教学环境中寻找真趣

有兴趣的课堂才是活泼欢愉的课堂,这对于低年级学生的学习来说尤为重要。然而,要让学生对学习内容真正有兴趣,教师需从了解学生及关注学生的兴趣点入手,结合文本内容,披文入境,在教学中与学生共同去体验夏天传递的快乐,体会充满遐想的童真时代的乐趣。

基于此,在导入部分,笔者播放了一些有夏天特色的声音,在增加趣味性的同时引导学生体会"夏天在雷雨声中,在蛙叫蝉鸣中来到了我们身边"的情景。这些声音不仅在情景的铺陈中起到了先声夺人的效果,使课堂顿时充满浓郁的夏天的气息,在课堂环境的创设中也起到了未见其形,先闻其声的作用,能给学生耳目一新的感觉。同样在教学之初,笔者还设计课件,突出可爱的"夏天小姐姐"的动画形象,拉近了学生和课文内容的距离。

同时,在读悟诗句的过程中,始终把学生的喜好放在第一位,他们喜欢什么,他们对什么感兴趣,就和他们一起去读诗句,去感受变成诗句所描绘事物的快乐。如教学"我想变透明的雨滴,睡在一片绿叶上"的时候,教师便这样引导:"喜欢雨滴吗?让我们一起变成雨滴,睡在一片绿叶上,微风吹来,绿叶儿轻轻摇来摇去,小雨滴,你有什么感觉?"学生说:"真舒服,真想睡一觉!""真凉爽,真舒服!"学生首先会觉得这样学习很好玩,同时也在想象中找到了阅读的快乐。

在整个教学中，笔者根据诗句，制作图文结合的教学课件。在课件中，真实的生活图片和充满趣味的动画图片与诗句融为一体，如：实景照片的蝈蝈与动画图片花丛中的蝴蝶，如夏夜星空的实景图与带有童话色彩的星月图片等等。这些在课堂教学中，对集聚学生的注意力和引导学生进行想象都起到了一定的作用，也使课堂教学的过程充满生动的意味。教学过程中，富有美感的画面，音乐旋律的渲染，语言的描绘等都再现了课文描绘的情景，使学生如临其境，自由徜徉，充分体验。学生随着课文语言体悟，或变小鱼畅游小河，或变蝴蝶穿梭花间……一切都是那样的真实自然，而又诗意有趣。静态的文字变得立体丰满，饱含情感，孩子们此时的体验也因此鲜活真切、充盈饱满，学习充满趣味。

二、感同身受，在学习体悟中表达真情

孩子是最纯真的生灵，他们拥有最为敏感也最为脆弱的心灵，他们也拥有最为丰富最为稚嫩的情感。他们正是有梦想，爱幻想的年纪，因此，观照诗句内容，在教学过程中引领学生进行奇幻的梦想之旅，与学生共同体验一份对自然的热爱，对生活的感恩，对生灵的喜爱，对快乐的追求，对崇高的赞美，这便应是教师的教学企望。

因此，在教学中，笔者努力让学生与课文融为一体，充分引导学生进行角色体验，使学生能体验夏天中事物的快乐与给予别人快乐的感觉。在教学中，以“你想变什么”为引领，让学生根据自己想变的事物，化身成为雨点、小鱼、蝴蝶、蝈蝈、星星、新月、荷叶，让学生想象自己就是这些自己喜欢的事物，在绿叶上舒服地睡觉，在水中自由地玩耍，在花丛尽情地穿梭，在草地动情地歌唱，在天空调皮地闪烁，与星星、新月作伴，在荷塘静静地举着，无论是静是动，都能感受变成自己想变的事物之后的满足感，并通过朗读表达内心的欢喜与惬意。这样，把学生、诗句中遐想的事物与生活联系、与自我连接，不仅能使学生经历角色行为，还使学生获得情感的真实体验，真正从内心焕发真情实感。如，教学“我想变一只蝈蝈，歌唱我们的生活”这句时，笔者先问学生：“想变蝈蝈吗?”“喜欢!”一些男生会这样回答。紧接着引导学生关注“歌唱”这个词，引导学生说说蝈蝈歌唱的是什么？学生说：“歌唱的是我们的生活。”“那么我们的生活怎样呢?”笔者进一步引导学生体会。“我们的生活很幸福，很快乐!”“哦，那蝈蝈唱的歌是怎样的呢?”至此，学生已经把自己融入蝈蝈这个角色之中，他们表达的，完全是自己的情感。由此，在朗读表达时，也就更加自然、真切。继而再引导学生理解“真想变成大大的荷叶”的原因。便以“为什么要变成大大的荷叶”为题，激发学生思考，首先通过读诗句让学生感受小鱼、雨点的快乐，并且通过思考，让学生了解，雨点和小鱼都是因为有了荷叶而更加快乐。同时，使学生获得成为荷叶而拥有的崇高感，自豪感，这样的快乐，是更深层次，更高境界的快乐。由此，引导学生通过朗读表达的喜悦之情，内涵就更加丰富，这样的快乐也就更加丰满和充沛。

低年级学生处在人生成长的初级阶段，他们感知的类型偏向于直接，他们的表达也很直白，在课堂上，他们流露的就是真实的情感。作为教师，就要在教学中用真情去呼唤真情，用真实去启迪真实，用真切去呵护真切，并全心全力地守住孩子珍贵的体验。

三、返璞归真，在语言实践中品鉴真味

课标指出：语文教学应实现“工具性和人文性的统一”。在强调“人文性”的同时怎样回归语文本位，上出“语文味”，这是语文教师努力的方向。阅读教学中，教师可以尝试着站在语文的角度引领学生进入文本，仔细品味语言，寻找教材与发展学生语文素养的结合点。

本文的教学中，笔者精心安排，每个教学环节都渗透着语文实践。如导入复习时，通过读词串：雨滴，透明的雨滴，雨滴透明；小河，清凌凌的小河，小河清凌凌；星星，眨眼的星星，星星眨眼；荷叶，大大的荷叶，荷叶大大的，引导学生对词语、词组及搭配关系有所感悟。在教学中不仅有背诵方法的点拨，还有关于“清凌凌、小小的、弯弯的”等叠词的感悟与运用，这些都成为了学生提升语文能力的教学点。

在整个教学中，笔者还引导学生抓住关键字词，结合语境，品味语言丰富的内涵。如借助多媒体，感悟“透明”之美；通过想象、观察、叙述，体验“穿梭”“眨眼”的快乐；调动语言储备，享受小鱼“嬉戏”的乐趣；联系生活经验，体悟雨点的美妙歌声，等等。采用多种形式引领学生走入文本，品读语言，获得体验和积累。通过引导朗读、想象、背诵，对文中“我想变__________，__________。”这一富有语言特色的句式进行了反复的吟诵、涵咏，并通过课后实践进一步引导学生进行句式的表达练习，不仅积累了文本语言，还把有限的课堂文字扩展到无

限而丰富多彩的生活中，使句式的应用拥有更加宽广的时空，使语言获取了生生不息的发展力量。对于朗读与书写的指导，笔者也是力求从学生出发，体现出教学的层次感。在朗读中力求引导学生以边读边想象的方式，使学生带着感悟读文，增强语感。在书写时根据学生的能力，导在关键处，示范在疑难处，评点在提升处。

低年级学生还没有稳定的语文素养，但是，他们能在教师的指导下一次次与语言文字亲密接触，品味语言，充分享受诗歌语言的优美意境，获得个性化的情感体验，进行创造性的语言实践。教学中，他们不仅沉浸在美丽多彩的夏日中，陶醉在学习语文的快乐氛围里，而且在这潜移默化中，习得了一些语文学习的方法，提高了语文学习能力。

（本文发表于《基础教育参考》2014 年第 8 期）

附：

《真想变成大大的荷叶》第二课时课堂教学实录

一、情境导入，复习词语

师：（放雷声、大雨的声音，放蛙声、蝉鸣等有夏季特点的声音。）孩子们，你们听到了什么声音？在雷声、雨声、蛙叫蝉鸣中，夏天来到了我们身边。

生齐：雷声、雨声、蛙叫。

生 1：我还听到了蝉叫的声音。

师：是啊，在雷声、雨声、蛙叫蝉鸣中，夏天来到了我们身边。夏天是位热情的小姐姐，她还为大家带来了礼物——（出示词语、词组、短语）

雨滴　透明的雨滴　雨滴透明

小河　清凌凌的小河　小河清凌凌

星星　眨眼的星星　星星眨眼

荷叶　大大的荷叶　荷叶大大的

（生自由轻声读词语、词组。）

师：是啊，夏天多美呀！这节课，让我们继续学习课文《真想变成大大的荷叶》，跟随夏姐姐继续寻找夏天的足迹，感受夏天的快乐。

二、入情入境，边读边悟

师：大家这么喜欢夏姐姐，她也热情地问我呢：想变点儿什么？（出示第一部分。）

夏天来了，

夏天是位小姐姐。

她热情地问我：

想变点儿什么？

（生轻声读第一节。）

师：谁愿意替夏天小姐姐热情地问一问？

生：（边举手边叫喊）我来！我来！

师：（指名读）读得热情一点。

（生齐读。）

师：那么，小朋友都想变什么呢？请小朋友轻轻地翻开书，轻声地读一读课文第二至第五小节，当你读到小朋友想变什么的时候，你就拿铅笔把词语圈出来。（相应板书：变）

（生按老师要求自由轻读课文第二至第五小节。）

师：小朋友，谁有发现，来交流。

生1：雨滴、蝴蝶、蝈蝈

生2：小雨、星星、新月

生3：还有荷叶。

（师根据学生发言，相应板书：雨滴、小雨、蝴蝶、蝈蝈、星星、新月、荷叶）

（学生齐读词语。）

师：是啊，大自然中有这么美好的事物，我们多想变成自己想变的事物。你想变什么呢？为什么？小朋友，再认认真真读一读第二至第五小节，说说你最喜欢变什么？

（生轻声自由读第二至第五小节。）

师：我听大家读得很认真，有的小朋友还若有所思。那么，谁来说说你最喜欢变什么？

生1：我喜欢变雨滴。

师：为什么呀？

生答读，师相应出示：我想变透明的雨滴，睡在一片绿叶上。

师：你来读一读，能读得更好一点。

（生再读，全体学生随教师手势齐读）

师：透明的雨滴是什么样子的？（出示图片：透明的雨滴）

生1、2、3、4：圆圆的、很干净。

师：还有呢？

生5、6、7：亮亮的、清清的。

师：说得真好。透明的雨滴是什么样子的？一起说——

生齐：亮亮的、圆圆的、清清的。

师：这句话谁来读一读，读出清清亮亮的感觉。

（生个别读，齐读。）

师：清澈、明亮、干净；把你对雨滴的感觉融入这个词儿，读好这句话，我们再一次读——

（生齐读。）

师：喜欢雨滴吗？就让我们一起变成这颗透明的雨滴，睡（点红屏幕上的"睡"）在一片绿叶上，微风吹来，绿叶儿轻轻地摇来摇去，如果你是小雨滴，你有什么感觉？同桌交流一下。

（同桌小声交流。）

师：大家交流很认真，请把感觉读出来。

生齐：我想变透明的雨滴，睡在一片绿叶上。（师及时把屏幕上的"透明的雨滴"点红。）

师：有的小朋友想变雨滴，还有的小朋友想变什么呢？

生1：老师，我想变小鱼。

师：为什么？

生1：我家养的小鱼很好玩。

师：（出示图片：小鱼在水中游戏）看，这小鱼真的很可爱呀。现在小鱼儿在什么地方玩游戏？

生齐：小河里。

师：这小河里的水怎么样？从哪个词语看出来的？

生齐：清凌凌。

师：我们以前也学过表示水很清的词语，还记得吗？

生2：碧澄澄。

生3：清澈见底。

师：好，一起来读好这个词组（在屏幕上把句中的“清凌凌的小河”点红）。

生齐：清凌凌的小河、清凌凌的小河。

师：可爱的小鱼们，这样炎热的夏天，游（把句中“游”字点红）在清凌凌的小河里，你觉得怎样？

生4、5、6、7、8：很舒服、很快乐！

师：读好句子，把感觉读出来！

（生齐读句子。）

师：小鱼和雨滴的快乐全都写在小朋友脸上了，透明的雨滴舒服地睡在绿叶上，活泼的小鱼游戏在清凌凌的小河里，多么纯净美好的世界！让我们再来感受一下这美好的景象吧。

（生齐读第二节。）

师：有没有想变成蝴蝶的？

生齐：我、我。

师：（出示句子）美丽的夏姐姐把蝴蝶带到了花丛中，（屏幕上出示花丛的图片）小蝴蝶看到这么多花，你最想做什么？动作表演一下。

（几名学生站起来做动作。）

师：嗯，好！蝴蝶在花丛中轻快地飞过来穿过去，这就叫“穿梭”（屏幕上句中“穿梭”一词点红）一起读——

生齐：穿梭、穿梭。

师：小蝴蝶，你快乐吗？快乐地读一读句子，把快乐的心情传递给大家。让我们一起快乐地读一读！

（生齐读第三节前两句。）

师：你想变什么？

生齐：蝈蝈。

师：为什么？

生 1：蝈蝈会唱歌。

师：蝈蝈会唱什么样的歌呢？读一读。

（生齐读第三节后两句。）

师：这些可爱的精灵在大自然中自由自在地生活，给大自然增添了无限情趣，夏天也更加有生机了。来，让我们用朗读为这个夏天增加一些活力吧！

（生齐读第三节。）

师：下面我们来试试，能不能把刚才我们读得这些句子背出来。我们先读再练背诵。夏天里，无论是雨滴、小雨还是蝴蝶、蝈蝈，都那么自由，那么快乐，让我们再来读读这些诗句，表达内心的喜悦吧！（出示第二、第三小节内容。）

（学生齐读第二、第三小节。）

师：（出示填空形式）谁能不看书，完成这个填空：我想变________，睡在________我想变________，游入________。我想变________，穿梭________；我想变________，歌唱________。

（学生 2、3 均正确完成。）

师：让我们一边根据板书，一起来快乐背诵吧。

（生齐诵。）

师：小朋友们真聪明，都会背诵了。天色渐渐暗下来，暑气散去，天空中群星璀璨，新月弯弯。（出示夜景图）小朋友们，你们还想变什么？

生齐：星星。

师：眨眼的星星真调皮！来读读这句话。

（生个别读、齐读。）

师：（出示新月的图片）孩子们，新月就是这样弯弯的、细细的，你说像什么？

生 4：像香蕉。

生 5：像弯弯的小船。

师：新月都出现在农历的月初。在这样美丽的夏夜，在星光和新月的陪伴下，让我们美美地读一读这些诗句吧！

（生齐读第四节前两句。）

师：变了这么多喜欢的事物，让我们回头看看，你觉得夏天怎么样？

（学生同桌交流。）

师：让我们一边读，一边想象画面，把你的喜欢读到字里行间去，让大家听出你的感受，齐读前四小节。（屏幕上星月的背景图变换。）

（生个别读、齐读。）

师：好，读得真好。最后，你还想变什么？

生齐：荷叶。

师：课文中，“荷叶”前面用了一个“大大的”，一起读一下这个词组。

生齐：大大的荷叶、大大的荷叶。

师：“大大的”这种形式叫叠词，下面我们来感受一下这种语言形式。（屏幕出示词组。）比如：“小的荷塘”要变成叠词形式，应该怎样？

生 1：小小的荷塘。

师：呀！荷塘变小了！

（学生交流后出示后半部分，叠词处变红，加着重号。）

师：按照这样的方式，下面的我们会不会了？我们试试：小的荷塘。

生齐：小小的荷塘。

师：弯的新月。

生齐：弯弯的新月。

师：新月真的弯多了！碧绿的荷叶。

生齐：碧绿碧绿的荷叶。

师：多奇妙呀！荷叶也更绿了！认真地学习。

生齐：认认真真地学习。

师：多么认真，就像你们现在这样。端正地写字。

生齐：端端正正地写字。

师：相信你们也能做到！有趣吗？

生齐：有趣，好玩！

师：看来，小朋友在平时的学习生活中一定要多用用这个方法，再来读读这句话。（屏幕上出示：真想变成大大的荷叶）

（生齐读。）

师：（屏幕上“真”字点红显示）什么是真想呀？把这种“真想”的愿望读出来！

（生再齐读这句话。）

师：小朋友为什么最想变成大大的荷叶呢？请单击自由读读最后一节，和同桌讨论讨论。

（生读，与同桌讨论。）

师：荷叶美吗？从哪里体会到的？

生2：一柄大伞。

生3：静静地。

生4：举着。

师：（分别把屏幕上三个词语变红）荷叶和打伞有什么相似的地方。

生5：圆圆的、展开着、可以挡雨。

师：多形象，多美呀！来读一读。

（生再齐读这句话。）

师：从“嬉戏”中你感受到了什么？

生齐：快乐！

师：（板书“快乐”）以前我们学过诗歌《江南》，还记得吗？生齐诵《江南》。

师：《江南》这首诗表达的是快乐的心情，这里的小鱼也很快乐，所以我们要用快乐的心情读好句子。

（生再齐读第六节句子。）

师：在荷叶旁边多有趣呀，想一想荷塘中，除了小鱼儿、小雨点儿，还有哪些小伙伴也来了？（出示：________来了，在荷叶________）

生：小蜻蜓。

生：小青蛙。

（小组合作表演。）

师：荷叶旁多热闹啊，让我们一起来表演，小组选一位同学变成大大的荷叶，其他同学一边表演一边把句子说完整。（小组活动。）

师：一个同学表演荷叶，其他同学表演小动物，给你们大大的荷叶。（出示荷叶道具，小组1表演。）

师：加上你的动作，你想做什么？

生1：荷叶像一柄大伞，静静地在荷塘举着。

生2：雨滴来了，在荷叶上唱歌。

生3：（蹦到前面）青蛙来了，在荷叶上开心地跳。

生4：蝴蝶来了，在荷叶上飞。

师：你们开心吗？

生1、2、3、4：开心！

师：哪个小组再来试试？请到前面来。

生1：荷叶像一柄大伞，静静地在荷塘举着。

生2：青蛙来了，在荷叶上唱歌。

生3：蜻蜓来了，在荷叶上飞行。

生4：蝈蝈来了，在荷叶上唱歌。

师：你们开心吗？

生2、3、4：开心！

师：你们这么开心，该感谢谁呀？

生2、3、4：荷叶。

师：荷叶，你开心吗？

生1：很快乐。

师：（描红板书上的"快乐"）为别人带来快乐，自己更快乐，怪不得"我"（指课题）——

生齐读：真想变成大大的荷叶。

师：大家特别喜欢这一小节，那让我们把这一小节记在心里，试着背一背。

（学生试背。齐诵。）

师：好的诗歌就像一首动听的歌，像一幅流动的画！让我们动情地读一读，尽情地想象画面，感受快乐。有感情地朗读全诗。

（生齐诵全文。）

三、学习生字，巩固词语

师：（出示"伞、游"，比较结构）写这两个字的时候要注意什么？

生齐："伞"上下结构，"游"左中右结构。

师：（在田字格中范写）"伞"要注意什么，"人"字头，要写得大，罩住下面。"游"字是左中右结构，不要写得太宽，几个部首间要靠紧了。

下面请大家拿出本子练习。要写对写美啊。

（生描红。师巡视提醒。）

四、课外延伸，练习表达

师：同学们，大家写字有进步，今后我们还要练写。下面我布置课外作业。

出示作业题：

1. 把诗歌背给同学或家长听。

2. 学做小诗人，说一说："我想变__________，__________________。"

3. 读诗歌，想象着画一幅画。

师：大家看清楚了吗？

生齐：清楚了。

师：虽然夏天还没有到来，但它多姿多彩的身影早已留在了我们的心中，让我们打开记忆的大门，翻开它美丽的画卷，用快乐的心情去体验，想想你还想变成什么。老师相信你表达的夏天同样会很精彩！

师：下课，同学们再见！

生齐：老师，再见！

（本文为苏州电视台教育频道摄制并播放录像整理稿）

试说小学语文体验式阅读教学

一、问题的提出

《义务教育语文课程标准》(2011 年版)对语文课程的性质进行了这样的叙述:义务教育阶段的语文课程,应使学生初步学会运用祖国语言文字进行交流沟通,吸收古今中外优秀文化,提高思想文化修养,促进自身精神成长。语文课程的文化属性要求语文教师在教学过程中必须遵循文化传承的规律,指导学生在感知、理解文本的过程中,领会文本的文化内涵,体悟文本的文化意蕴,积淀学生的文化素养,继而形成文化品格。由此可见,体验是语文学科的本质要求,也是语文学科特性的需求。然而,经历十年课改之后的语文教学,语文课堂教学往往偏重知识的提取与经验的操练,课堂上学生进行的学习体验和感悟的活动和时间相对不足。

杜威说:"教学决不仅仅是一种简单的告诉,教学应该是一种过程的经历,一种体验,一种感悟。"《语文课程标准》特别强调:"要珍视学生独特的感受、体验和理解。"①体验式阅读着眼于学生,提倡关注学生的生活经验和学习过程,充分发挥学生的主观能动性,根据语文学科的特点,培育学生对语言、对生活敏锐的悟性和对社会、对人生敏慧的心灵。通过学习体验,学生不仅能感知理解语言,更可通过文本,汇通文化的理解、情感的生发和对生命意义的思考及对生命价值的领悟。

小学是学生系统学习语文的起始阶段。小学生普遍生活经验匮乏,人生经历不足,情意体验稚嫩,更需要体验式的学习辅助。体验式阅读在小学语文阅读教学中无疑具有更加重要的意义。

二、体验式阅读的意义

文本是作者生活体验的产物,而阅读则是读者基于生活经历对于作者体验

① 《义务教育语文课程标准》2011 年版,第 22 页

的理解与感悟，是对文本表达的再度体验。语文教学中，文本与学生恰似处于一条路的两头。体验式阅读教学是以学生的主体体验为主，以教师引导为辅，通过教师——学生——文本间的互动体验，让阅读者逐步达成对文本语言、内蕴的理解和感知，获得生活感悟，并在活动过程中，完成知、情、意的统整建构。

从小学生的年龄特征和认知规律上看，体验式阅读教学有其特别的意义。

1. 适应需求性主体

学生是学习的主体，小学生的生活经历和体验甚少，在阅读教学中更需教师依据学生的实际情况，搭建学生与文本间的桥梁，指导学生进行阅读体验活动。体验式阅读教学，要求教师必须蹲下身子，在充分了解学情的基础上设计、指导学生进行阅读活动，由真体验，促成真阅读。在真实需求下进行的有效体验活动，凸显了学生作为教学主体的积极能动作用，也使教学更有实效。

2. 强化生成性过程

有预设就有生成，在小学语文课堂教学中，充溢着各种“生成”。体验式阅读尊重学生独特的体验，完全贴近学生的视觉和心智，因此更加能够触摸到学生的鲜活与灵动，学生在进行阅读体验的过程中，便更加能释放天性。学生之间的差异，学生与学生、教师互动间产生的融合或分歧，学生与文本间的距离或共鸣，都会在体验阅读中一一迸发、遭遇。

3. 呈现开放性时空

在体验式阅读教学中，教师要根据文本特点，善于创设各种真实情境和营造有意义的体验氛围，或带领学生实地感知，或引导学生披文入境，或指导学生表演操作，或点拨学生驰骋想象，或启迪学生吟咏品味。教师充分运用各种教学媒体和课程资源，融合传统方式与现代教学手段的优势，打破课堂局限，使情境与文本充分延伸和扩展，联结学生的体验。

4. 促进文化性感悟

引领学生感知、领悟文化内涵是小学语文教学的难点。体验式阅读则能从重视文本的视角出发，通过自主体验、角色体验、活动体验等方式，使语文教学呈现生动的境界和无穷的乐趣，从而使学生获得较为完整的学习体验，进入自我解读、形成新认知，逐渐形成较为完善的文化建构。

三、体验式阅读的原则

根据笔者的教学实践，体验式阅读在课堂教学中的确能充分激发学生的学习主动性，有效地帮助学生认知和体会文本内容，产生积极的学习愿望，获得丰富的情感体验，形成相通的文化理解。

体验式阅读教学应该遵循以下教学原则：

1. 主体性原则

语文学习的主体是学生，体验应该是一种主体自由的劳动。在语文教学中，学生获得充分尊重、充分自由，成为对学习材料心向往之的主体，成为主观积极投入，能够主动参与语文学习的各项体验活动，身心解放、精神自由的主体。由学生能动进行体验活动的语文教学，才能激发学习的内隐力，体现学习的自主，展现语文学科学习的价值。

2. 互动性原则

教学本来就是充满互动特性的活动，在语文学科教学中，师生互动、生生互动、生本互动，构成了体验式阅读教学效能不断上升的基础。在体验式阅读教学中，更多的是通过互动，形成对话空间和情感场，从而使学生对文本的认识和理解不断深入，使学生在对话中获得共鸣并向前推进，并在此过程中，使认知与情感得以表达融合，使理性和情感得以交融并存。

3. 整体性原则

文学作品凝聚了作者对生活的感知和对生命意义的感悟。每一个文学作品都具有其完整统一性。因此，在进行体验式阅读教学时，要从把握文本整体出发，依据整体性原则对文本进行解读，而不能简单地割裂词句，断章取义。这样，才能领会文本的深刻内涵，在引领学生进行阅读体验时，也能统领教学全局，使阅读体验更加完整、丰富、深化。

4. 启发性原则

孔子的教学观“不愤不悱，不启不发”，是体验式阅读教学的一个核心理念。有效激活教学机制，合理配置教学资源，优化整合教学信息，可以使学生始终对文本充满好奇心，始终对各种阅读体验活动保持热情，可以使课堂充满活力。小学生的阅读经验不足，在阅读文本的过程中，往往无法与作者著文之心融合。遵循启发性原则，就能在指导进行体验式阅读时，关照学生的主观能动性，适度加以点拨和启发，求得学生对作者心意的领会与感悟。

5. 尊重性原则

阅读教学的目的是为了使学生较好理解和运用语言文字，同时确立正确的价值观，提升人格素养。在教学中，学生自始至终是主体。教学连接着文本与学生。文本反映作者的生活体验，表达作者的认识、价值取向。因此，进行体验式阅读，教师要坚持尊重性原则，尊重主体的学习需求和主体能动，做好学习的指导者和引领者，给予学生自我探求和体验玩味的机会。另一方面，教师也要尊重文本的教学指向，在参悟文本教学意蕴的基础上，激发学生的阅读兴趣，调适学生阅读情绪，使学生阅读与文本价值走向统一。

四、体验式阅读教学举隅

体验式阅读注重学生的自主、自悟、自得。华东师范大学语文教育家方智范先生说过，“最好的阅读境界是身临其境、设身处地、感同身受”，同样道出了体验式阅读在语文阅读教学中的重要性和基本操作法。笔者就以苏教版小学三年级下册课文《翻越远方的大山》为例，谈谈实践体验式阅读的教学基本方式。

《翻越远方的大山》是一篇励志性课文，选自刘翔自传。文章回忆了超越世界跨栏名将阿兰·约翰逊获得世界冠军的经过，表达了只有执着梦想，努力奋发、不断超越自我，才能收获成功的道理。教学中，根据文本特点和学生实际，笔者制定了体验式阅读教学“三部曲”。

1. 朗读品味会文意

刘翔是学生熟知的体育明星，因此学生对这篇课文很感兴趣，加上全文条理清晰，叙述顺序井然，文字又通俗易懂，因此，指导学生通过朗读来理解课文内容成为最恰当的教学选择。教学中，我引导学生进行三个层次的朗读体验。第一个层次，通过初步的整体朗读，了解刘翔超越阿兰·约翰逊的经过。这一层次的朗读虽然粗浅，却让学生透过生理视线(即眼睛的视线)，使文字符号、语音、意义有机结合，学生对课文的内容也有了基础的认识和了解。第二个层次，通过指导品读“遥不可及”“遗憾”“屡屡拿第二”“终于”等关键词语，结合课文情境，感受刘翔通过不懈的努力，最终达成梦想的过程，体会成功的来之不易，体验刘翔奋斗过程的艰难与梦想成真的喜悦。这一个层次的朗读中，启动了学生的心理视线（即心灵的视线），使学生在品读词语的过程中，催动自己的情意投入课文情境，这样的体验使学生获得身临其境的理解感受。第三个层次，引领学生再次沉浸于课文文字，请学生带着理解与自己的感受，一边深情并茂地朗读课文，一边展开联想和想象，将课文内容连贯成刘翔奋进的画卷，使刘翔的努力奋发的形象在朗读与想象的交织互动中活化、丰满起来。这一个层次的阅读体验，学生仿佛置身于课文情境中，学习主体与课文情境的相融的过程中，学生的感受和体验也就更加立体和饱满。而朗读真正成为了有意义的阅读体验方式，正如朱作仁先生说，“讲解是死的，如同进行解剖”，“朗读是活的，如同给作品以生命”。“讲解只能使人知道，而朗读更能使人感受”。

2. 细节体悟察其情

阅读本身就是一种交流体验活动。学生阅读课文，则是作者体验与学生体验相融合的一种历史性与现时性相融的交流，这种交流并不是现实个体、个性的交流，而是通过作品进行的体验与体验的交流。学生作为阅读者，在与课文的接触中，对作者弥散于作品中的情意则形成创造性的体验。因此，学生在阅读的过程中，也能够较为敏感地捕捉作者隐含在作品中的信息，这些都是教学中的细节体验点。《翻越远方的大山》一文，作者攫取四个时间点，只叙述比赛结果，而对如何一步步超越约翰逊的过程却没有详细的叙述。教学中，我紧扣这些“留白”处，请学生结合自己的生活经验思考，讨论刘翔是如何实现梦想的。“体验是被激活了的经验”，在学生依据自己的生活经验进行揣测、推断，通过与同学的讨论断定刘翔必定付出了难以想象的努力后，再指导学生通过查阅网络，了解刘翔的情况，继而出示两届奥运会上，刘翔终因伤痛无缘比赛的阅读资料，使学生感受到刘翔顽强的意志和梦想的力量。通过对这些细节的体味，学生体验到了文字背后生动而让人动情、动容的画面，这样的体验，也升华了学生对文字本身的感知。

3. 角色转换抒心志

体验式阅读教学，是在教师指导下，师生共同创造条件，让作为主体的学生去亲身经历或参与。主体越“忘我”，体验就越“深刻”。在体验式阅读教学中，不仅要通过角色转换使学生获得感同身受的体验，还要依据课程标准的要求，将课文材料作为学生体验和探究的平台，并据此达到对社会、生活甚至是人生的感悟。因此，教学中，我不仅引导学生循着刘翔一步步走向成功的足迹探寻，还请学生依照刘翔的叙述方法说说自己的成功故事或努力经历，激活学生的生活积累，继而再沟通学生平时的阅读积累，将成功故事的交流拓展到其他领域中的其他人。在这个过程中，学生走进文本，又走出文本，最后走向社会，回归生活，这个过程中，学生不仅基于语言进行了认知、理解、感悟等活动，同时对于课文所传递的胸怀梦想，执着追求，不懈努力的励志情怀也有了情感体验与生活积累，因此，当学生再次读起“翻越远方的大山”这个课题时，学生内心应该充盈着实现梦想的勇气与憧憬。

综上所述，体验式阅读在小学语文阅读教学中不仅有其充分的理论基础，更有其良好的实践效益。

（本文发表于《小学教学研究》2015 年第 12 期）

在“教”与“学”的和谐中实现“自主阅读”

在新课程背景下，教学活动应以教师为主导，以学生为主体，但在教学实践中，教师丧失主导作用的情况依然存在。因此，只有尊重学生对问题的看法和选择，爱护和培养学生的好奇心和求知欲，让学生在润物无声的教学环境中敢想敢问，敢讲敢做，敢争敢辩。同时，有教师的引领、指导和点拨，才能使“教”与“学”落到实处，最终为学生的可持续发展服务。在语文教学中，“自主阅读”的引导能使“教”与“学”达到统一、交融与和谐，为学生较好地学习语文奠定基础。

一、巧用恰当的方法，激发“自主阅读”的兴趣

人本主义心理学家罗杰斯指出：当学生认为学习内容与达到自己的目的有关时，就会全身心地投入到这种学习中去。可见，在“自主阅读”过程中，教师必须以灵活多变、富有情趣的方法激发学生阅读兴趣，唤醒学生沉睡的自主意识，调动学生的参与意识，提升学生的学习意识。

1. 巧设悬念，激发阅读欲望

在“自主阅读”过程中，教师可通过巧设悬念，使学生对所需的阅读内容产生急于了解的心理，激发阅读欲望。例如在教学《乌鸦喝水》一课时，特级教师王美卿就从讲故事入手：“乌鸦口渴了，十分想喝水，它东找找，西找找，终于发现了水，可是瓶口小，水又不多，怎么办呢?”停了片刻，王老师就说：“让我们读课文，在课文中寻找答案吧！”这样设置悬念，激发了学生的阅读欲望，为下一步的教学互动打下了基础。

2. 交流情感，增强阅读兴趣

在“自主阅读”过程中，引导学生与文本对话必须借助情感，不断增强学生的阅读兴趣。例如在教学《欢乐的泼水节》一课时，在引导学生阅读时，教师可适时利用多媒体播放泼水节的场面，把学生引入欢乐的情境中，使学生获得美好的阅读体验。接着，教师通过展示图片创设情境，请学生说说泼水节中的难忘瞬间，从而引导学生通过看图，表达愉悦的心情、满心的祝福和对泼水节的钟

情。由此，学生的阅读兴趣自然得到巩固和增强。

3. 幽默点缀，快乐阅读动机

英国学者 M. 鲍门指出，理想的老师应该达到艺术化的教学水平，善于利用幽默来激发学生的兴趣，使学生学得更好。有时一句充满鼓舞的话语能拉近师生之间的距离，一个夸张的动作能让课堂的氛围活跃起来……因此，应把幽默引入“自主阅读”中，使语文阅读课堂充满笑声。为此应恰到好处地运用俗语、谚语、顺口溜、广告等来吸引学生，使学生的注意力集中，让学生在“自主阅读”中拓展思维，丰富联想。

二、创造广阔的时空，提供“自主阅读”的天地

在“自主阅读”过程中，最基本的两个因素是“时间”和“空间”，它们为学生提供思想伸展的契机。

1. “自主阅读”中的“时间”

在课堂上，教师要给学生充足的时间阅读课文，理解课文；在课后，教师应给学生充足的阅读时间进行课外阅读。例如在教学《爱如茉莉》一课时，特级教师薛法根请学生带着问题阅读课文，体会平实文字中蕴含的厚重感情。在这节课上，薛老师给学生安排的阅读时间是 11 分钟。对于一节课有限的教学时间来看，这 11 分钟所占的比例较大，但在语文学习的过程中，要引导学生发现课文的精妙，这 11 分钟非常必要。

2. “自主阅读”中的“空间”

在课堂上，教师可借助信息技术，扩大单位时间内学生“自主阅读”的空间，提高学生“自主阅读”的质量。所以，学生既可选择阅读的内容，又可选择阅读方式。信息技术的运用，既为学生的“自主阅读”提供阶梯式的素材，也可让学生在远程视频、音频的支持下进行阅读交流，进而拉近课文与认知的距离，淡化生活与课堂的界限。

3. “自主阅读”能力的培养

学生“自主阅读”的能力培养是一个从低级向高级的发展过程。在教学中，由于学生的“自主阅读”的能力是逐步加强的，所以在学生“自主阅读”的初期，教师应在方向的导引、学习方式的选择等方面提出建议，确保学生“自主阅读”的有效，使教师在“自主阅读”中的引导更为有力。

三、实施多样的策略，传授“自主阅读”的方法

只有学生掌握了“自主阅读”的方法，才能真正实现主动获取知识，才能当好真正的主体。因此，“自主阅读”应体现“教”与“学”的统一、交融与和谐。

1. 朗读与交流

在“自主阅读”中，最常用的有效方式是朗读和交流，朗读是“得”和“悟”的基础，交流可互通有无，取长补短，发现问题和解决问题。通过朗读和交流，学生的“自主阅读”更加精彩。

2. 质疑与探究

在“自主阅读”中，不可或缺的学习品质是“质疑”和“探究”。在教学中，教师应在学生熟读课文的基础上，引导学生提出问题，引发学生进行思考，并在探究、讨论、争辩的过程中咀嚼文本所呈现的语言文字，感受语言文字背后的意蕴。就这样，在质疑、释疑、存疑的过程中，学生经历了自主学习、独立思考和积极讨论的“自主阅读”。所以，通过“质疑”和“探究”，学生的“自主阅读”会更加生动。

3. 欣赏与感悟

学习语文要懂得体会和感悟，阅读文字应学会欣赏和感受。因此，在“自主阅读”的过程中，教师应在教学中引领学生用心读书，融情入文和旁观凝思，从而使“教”与“学”达到统一、交融与和谐，令语文学习更加深入和细致。

“教”与“学”的统一、交融与和谐是语文课堂教学的理想境界，“自主阅读”既是对学生个体的尊重，又是对教师教学的更高要求。因此，只有语文教师心中有准绳，眼中有学生，手中有书本，才能在教学实践中不断思索、不停成长，为学生的语文学习奠定基础。

（本文发表于《中国教师》2013 年 6 月）

寻求充满智慧的朗读教学

朗读教学在小学语文课程中不可或缺。通过朗读，能够发现教师和学生在教材理解上可能存在的逻辑距离与文化距离，从而为教师寻求更有效的教学方式，不断改进教学策略，传递预警信号。适度运用朗读，是一种教学智慧。

一、时机的把握

语文教学中要让学生充分地读，在读中整体感知，在读中有所感悟，在读中培养语感，在读中体会作者的思想感情。层次分明的递进教学，需要教师充分利用朗读，层层深入地在指导朗读的过程中提高学生对文字的感悟力，从而培养语感，逐渐形成运用语言文字的能力。在预设和生成频频交替的课堂教学中，朗读时机的把握对教师是一个考验。

一篇课文的教学，一般由两个课时构成。新授课文的第一课时，教师往往在揭示课题之后先要安排朗读环节，江苏省著名特级教师于永正先生就是“不读不开讲”。这是为了让学生尽快地通过视觉和听觉这两种感官的配合达到熟悉课文、初步整体感知课文内容的目的。很多教师习惯把这个教学的初始环节叫做“初读感知”。新课文导入的方式千变万化，但不变的是这个导入之后朗读的教学环节，朗读环节如一把钥匙，开启了新课文阅读教学之门。

小学生的语言积累少，特别是中低年段的学生，对于语文的学习还处在蒙昧和被动的阶段，经历了“初读”之后，学生对于课文的内容仍然是一知半解，囫囵吞枣。因此，在课文教学的第一课时，教师还必须安排“再读”或者“二读”的教学环节。在课堂教学的观察中，笔者记录下三年级课文《狼和鹿》第一课时中教学第一自然段的过程：

教师首先引导学生朗读课文的第一自然段：“一百多年前，凯巴伯森林的狼和鹿是怎样生活的呢？请同学们读读课文的第一自然段，进行了解。”通过这一遍朗读，教师根据学生的朗读准确度，有意识地出示“凯巴伯”“嬉戏”“贪婪”等学生容易读错的生字词及多音字等词语，指导学生通过朗读强化识字记忆。接着，教师再次引导学生读句子："同学们已经会读这一段中比较难掌握的词语，现在，让我们把这些词语送进句子，看看我们是否能把这些句子也读正确。"教师依次出示这一段中的四个句子，请学生朗读，并进行诊断、指导。最后一句是"那时森林里大约有四千只鹿，它们时刻要提防狼的暗算"，这里有个多音字，学生读错了，教师请其他同学指出，并再次示范，达到让全班学生都能准确流利朗读句段的目的。在此基础上，教师请学生说出这一段的主要内容，然后要求学生再次朗读。这次的朗读起到了巩固识字、初步了解自然段内容的良好教学效果。

综观整个教学过程，教师通过组织各种形式的朗读，进行诊断性的朗读指导，从而纠正学生误读、错读、多读、漏读的词句，对于难读的长句及容易读破的句子，进行示范、指导、训练，使学生在教师不断点拨的过程中，达到正确、流利地朗读课文的教学目标，并在反复的朗读训练过程中，学习生字，理解词语，知道每个自然段的主要内容。这些朗读指导的环节，为学生学习第二课时深入理解和感悟语言文字奠定了较好的基础。第一课时的教学中，还要在教学的尾声部分安排"三读"的环节，主要意图为通过朗读了解学生对于课文语言的熟知程度与课文内容的初步理解程度，是一个教学反馈的环节。

由此可见，朗读的时机与教学目标相呼应。教师只有对课文的教学目标了然于胸，才能较好地确立课堂教学中的朗读环节，从而在教学意图的观照下，根据教学互动的情状，适时灵活运用导入式、诊断式、反馈式、评定式朗读进行教学，充分发挥语文阅读教学中朗读的功能。

二、形式的组织

朗读是一种常用而有效的教学方式，但教学中如果充斥千篇一律的朗读方式，学生与教师均会产生教学疲劳。因此，针对不同的教学需求，不断变化朗读的组织形式，不断调动学生的学习自主性，显得尤为重要。

1. 个体朗读与集体朗读

集体朗读一般指以小组为单位或者整班学生同时朗读相同的内容。集体朗读要求声音整齐，速度一致，音韵和谐，具有同时性和统一性，这样的朗读也被称为齐声朗读。识字教学中，当通过认读环节，学生基本都能达到会读的要求时，教师会出示生字词，请全班学生齐读，或以小组为单位，请学生齐读，这样的齐读，有一定的趣味性，又能使全班学生在齐读的过程中进一步巩固对这些生字词的认读。阅读教学中，教师引领学生感悟课文内容，使大部分学生通过各种语言实践，对当下的课文内容有所领悟，教师再请学生集体朗读语段内容，使全体学生在整齐和谐的朗读氛围中，深化阅读体验。

个体朗读则指某一学生在教师的要求下单独朗读指定的或根据教学要求自选的课文内容，重在彰显个体的朗读水平及反映个体对朗读内容的熟悉、理解和感悟的程度。

这两种朗读的组织形式，在阅读教学中的应用最为普遍和广泛，在语段教学中，教师总是通过集体朗读和个体朗读的穿插运用，不断引导学生感悟语言，强化对语言的学习认识。如在教学四年级课文《三顾茅庐》第三自然段刘备礼贤下士诚意恭请诸葛亮的内容时，教师首先通过个体朗读第三自然段，引导学生整体关注这一段。然后请学生通过个体阅读，对文段中体现刘备诚意，对诸葛亮恭敬的词句“下马步行”“轻轻敲门”“……不要惊醒……吩咐……”等进行关注并体会。再请学生进行个体朗读，说出阅读感受，并在此基础上，再一次以个体朗读呈现自己独特的阅读感受。这样的个体朗读，从一开始的引出文句到表达情感，朗读的内涵得到了提升，学生的语感也获得了培养。

2. 自由朗读与指定朗读

自由朗读体现为朗读人员组织数量的自由和朗读内容选择的自由两个方面。在语文教学过程中，学生可以根据自己的意愿，采用独自朗读或者与同伴组合朗读的形式，读自己自主选择的内容。这样的朗读组织形式，学生的自主意识和主观能动性的体现较为突出。揭示课题之后，教师一般都请学生自由朗读课文，这样学生在初读熟悉课文内容的过程中，就可以根据自己的朗读能力和识字水平，控制朗读速度。并在自由朗读的过程中，对于课文中出现的生字词进行认读，对于一些难读的句子反复练读。自由朗读，能够关注学生个体学习情况，尊重学生个体阅读体验，显现出语文教学朗读环节设计的人性化。

指定朗读则体现为教师对参与朗读的学生数量及朗读的内容、要求进行了规定，使朗读的目标指向更加明确，朗读的训练更加具有针对性。在教学五年级课文《推敲》一文时，为了引导学生理解韩愈与贾岛的“推敲”之辩，教师指导学生朗读课文的第二自然段，通过联系上下文的方式，体会在《题李凝幽居》的诗中，用“敲”切合当时的情况，也更显用词之妙。在教学六年级课文《天游峰的扫路人》时，教师请学生找出描写人物外貌和语言的句子，指定学生读这些内容，并通过一些刻画人物细节的句子，体会人物形象与个性特征。从课文中选出这些内容，进行指定朗读和体会，学生就能在以后的阅读教学中，进行学习方法的迁移，了解认识人物形象的方法。

3. 情感朗读与陈述朗读

在语文教材中，很多文字都充满了情趣，也有体现人物性格特征的对话式叙述。这样的文字，在教学中就要求学生在感悟的过程中进行体验式的情感朗读。一般来说，情感朗读的人数往往根据朗读的内容呈现不确定性。情感朗读更注重体现内容的文学性。如六年级课文《安塞腰鼓》，描绘的场面气势磅礴，充满了奇伟的力量。教师在请学生朗读的过程中，常常要求全班学生齐读，并且在读文时，运用较为高亢激昂的语调来呈现安塞腰鼓无与伦比的气势。而在教学对话形式的课文时，情感朗读的方式则运用得更加普遍。如剧本体裁的课文《负荆请罪》《公仪休拒收礼物》等，情感朗读更能使学生在角色体验中了解人物形象，体会课文的思想内涵。

所谓陈述朗读，就文字而言，语文教材中有些文字是纯说明性的，类似这样的文字如《人类的老师》《夜晚的实验》等科普类的课文，只要达到正确、流利的朗读要求即可。而有些如旁白类的文字，则需娓娓道来，抑扬有序，如《番茄太阳》《早》等课文。这样的朗读，更突出的是一种常态化、生活化的表征。

在具体的课文教学过程中，情感朗读和陈述朗读互为衬托，密不可分。

三、评价的掌控

任何教学行为都为教学目标而存在，评价则能体现教学目标的达成度。朗读的评价有时候简单而直接，有时候婉转而富有指导性，朗读的评价，必须根据学生的朗读状况而确定，同时，评价语的使用也必须要讲究尺度，讲究情感的传递，讲究方法的传授。

教师的朗读评价应贯穿于课堂的朗读教学之中。经常在课堂教学中看到这样的朗读评价：指定学生读自然段，学生读过之后，教师说“好的”；然后教师又请学生自由读自然段，对文字进行理解和感悟，请学生说出自己的理解并进行个体朗读，学生读完之后，教师说“好的”，或者“很好”；最后，教师请全班同学齐读这一自然段，巩固对本段内容的体悟，全班同学读完之后，教师说“很好”，然后进入下一环节的教学。显然，教师对于学生的朗读评价过于简单，没有凸显朗读评价的鼓励功能和指导特质，这样的评价缺乏效率。

课堂阅读教学中，也常常看到令人欣赏的朗读评价。二年级课文《小鹰学飞》的教学中，教师请学生读第一自然段。一个学生在读句子的时候，“小鹰”的“鹰”后鼻音没有读正确，老师对他的朗读进行了这样的评价：“你读得很认真，如果能把句子中‘鹰’的后鼻音读好，就更好了。你愿意再试一次吗？”这样的朗读评价，既保护了低年级孩子的朗读积极性和自信心，又为学生指出了不足之处并给予练习提高的机会，是一种非常理想的朗读评价。

六年级《古诗两首》关于《示儿》的教学，教师在请学生通过了解陆游生平，体会全诗思想内容的过程中，请学生通过朗读表达自己的阅读感受。第一个学生读诗的过程中，突出了诗中的一个“悲”字，教师在随后的评价中说：“你读得声情并茂，尤其是读出了陆游的悲痛，这是一份深深的爱国情怀。”第二个学生在朗读中，突出了“告乃翁”三个字，教师在评价朗读中说：“你的朗读情真意切，让大家再次看到陆游一生统一国家的愿望，倾诉了诗人的遗愿。”然后，请全体学生齐读全诗。这样的评价，对于烘托全诗的氛围，加深学生对全诗的感悟，进一步体会诗人的思想情感，均起到了点拨、深化的作用。

可见，朗读评价不是为了课堂教学的完整而做的花架子，而是要让学生在评价中获得积极的情绪保护，在评价中进一步感受课文的意味，在评价中了解不足，获得提升的力量，在评价中学习阅读的方法，学会朗读的技巧。教师不失时机地对朗读进行有效的评价，能够促进学生多方面能力的培养和发展。

充满智慧的朗读教学，可以使学生的思维更加连贯，对文章内容的把握更加准确，对阅读理解的表达更为清晰，对语感培养的方法更有领悟。朗读给学生提供了情藏于心，意溢于言的语言实践，可以让学生具体感受语文的生命能量和无穷魅力。了解朗读教学的基本规律，掌握朗读教学的科学方法，发挥朗读教学的重要作用，提高朗读教学的质量效益，我们还有很长的路要走。

（本文发表于《小学科学——教师论坛》2012 年 7 月）

附：

《鸟岛》第一课时课堂教学实录

师：（出示"岛"）这个字谁会读？

生：（齐读）岛。

师：请小朋友们拿出字典，谁能又准又快地找到这个字？（生翻开字典查字。）

师：找到的请举手。（生有几个同学举手。）

师：（指着一位女生）你来说说。你查的是什么部首？

生：山。

生：我查的是音序D。

师：查部首是山，查音序是D。

（师根据回答，出示：音序、部首。）

师："岛"字在字典中的解释是两句话，在我们的课文中指的是海洋、湖泊、河流里四面被水围着的陆地，像我国的台湾岛、海南岛，我们附近的西山岛。

我国岛屿众多，有些小岛很有特色，我们今天也要去一个十分有特色的小岛逛逛，好吗？

生：好。

师：这就是——鸟岛。（板书课题）一起读。（生齐读。）

师：注意三拼音节。（生齐声读课题。）

师：请小朋友们打开语文书，翻到105页，请看《鸟岛》这篇课文，看清要求以后朗读课文。

师出示初读提示：

1. 自由朗读课文，尽量做到"四个不"（不添字、不漏字、不错读、不读破句）。遇到生字或者比较长的句子，可以多读几遍。

2. 读完以后给课文自然段编上序号。

（生轻声自读课文。师巡视，俯身听学生朗读。）

师：小朋友读得很认真，不知课文中的生字词能不能读准确。

出示：

青海　西部　人类　因为　拾到　玉白色　朋友

闻名中外　筑巢安家　养育后代　密密麻麻

（师指生读词。）

师：读第一行词要注意前后鼻音，一起读。读第二行词要注意平翘舌音，一起读。

你读下面两行词，（两位女生读）一起读，响亮一点。

（生响亮齐读词。）

师：我们接着来试试读句子。

（指举手的一个学生）你来读（出示句子）：

每年春天，天气变暖，湖水解冻，一群一群的鸟儿就陆续从远方飞来。

（生读句。）

师：好像添了一个字，你能再读一遍吗？

（生再读。）

师：嗯，这次读得真不错。你在读句子的时候，不但读准确了，还注意了停顿，我们一起来试试看。

（生齐读。）

师：还有更长的句子。（出示句子：他们伸手就能捉到幼鸟，随处都能拾到鸟蛋，可是却没有人去碰一下，因为大家都知道鸟是人类的朋友。）

这个句子更长，哪些地方该注意停顿呢？自己先练练。

（生轻声自由练读。）

师：谁来读这一句？（生纷纷举手。）

师：那个女孩子，你来试试。

（生读句。）

师：你读得挺不错的，还有谁来读？（指点中间的一名女生。）

（生读句。）

师：了不起，我听出来了，你在这几处注意了停顿。虽然这是长句子，因为注意了停顿，也就读顺畅了。大家一起来试试看。

（生齐读长句。）

师：（板书：注意停顿）刚才我们体会到了，读句时注意停顿，就能读顺畅。

师：好，我们再来看课文，这篇课文一共有四个自然段，你标对了吗？

生：标对了。

师：好。那鸟岛在什么地方呢？读了第一自然段，我们就知道了。

（出示第一段文字。）（生自读课文第一自然段。）

师：谁来读这第一自然段。

（师指名，生读。师引读指导，生再读。）

师：你看，读得多好呀！

师：（出示青海湖的图片，有海西皮的图片）同学们，我们一起来看图，这里就是鸟岛。看图要注意方位，上北下南，左西右东。这是青海湖，看，在湖的西部。一起读：西部。

生：（齐读）西部。

师：这里有个小岛，叫“海西皮”。

生：（跟读）“海西皮”。

师：这就是闻名中外的鸟岛。

生：（齐读）鸟岛。

师：看了图，这句话你会读了吗？

生：会。

师：谁来试试看。（生个人读，齐读。）

师：孩子们，那“海西皮”为什么又要叫鸟岛呢？（同时板书“海西皮”）我们来读读第二至第四自然段。

师：（出示阅读提示）认真读，仔细听，把词读正确，把句子读通顺。互相评，一起练，把每一个自然段读顺畅。请同桌两人或前后两人为一组，用自己喜欢的方式读第二至第四自然段。

（生按提示读第二至第四自然段。）

师：（巡视指导）大家读得很好，很认真，对自己的搭档也很负责任。谁先来读一读第二自然段的内容。

（生读第二自然段。）

师：读得好，我听出来了，你不仅注意了停顿，还注意读好了这两个词语。（点红：一群一群；陆续）所以也把句子读得更加通顺了。这两个词谁来读，你来。

生：一群一群。陆续。

师：你也来试试。读好了这两个词，这句句子更能读好了。请这一组小朋友读。

生：每年……一群一群的鸟儿就陆续从远方飞来。

师：一起来读好这个句子。（一组学生读。）

师：鸟儿们在这里干什么呀？你来说。

生：鸟儿筑巢安家、养育后代。

师：筑巢安家、养育后代（出示这两个词语），这两个词，后边那个女生你来读读。（学生单独读，齐读。）

（板书：读好词语。）

师：这句话该怎么读呢？（生齐读句子。）

师：这里有两个生字一起来看一看。（出示田字格）筑、育；我们一起看一下，应该怎么写？

师：筑、育，先看整体，看看什么结构。

生：两个字都是上下结构，

师：筑，整体看，什么形状？（手指画了个方框）

生：方的。

师：筑，是方方正正的（出示：方方正正），再看“育”，是不是有些不一样，它上宽下窄。（出示：上宽下窄。）

再看局部：老师要大家注意的是“筑”字中，“工”横变提，凡的一撇穿插到提的下面，横折弯钩，钩要收住，注意与竹字头的宽度相当（屏幕上提、撇笔画变红色）。

师：再看“育”字，笔画有什么变化？你来说。

生：一横长，下面的“月”字，“撇”变为竖。

师：一横最长，是大梁，下面的“月”字，“撇”变为竖，月字的宽度受上面的撇折限制。请同学们写字时要注意这些变化。下面请同学们看老师把这两个字写在黑板上。“筑”字先写上面的竹字头，再写“工”，刚才说的要注意哪一点？

生：横变提。

师：写右边的“凡”，一撇穿插到提的下面，横折弯钩，钩要收住。最后是“点”。

第二个字是什么?

生：育。

师：哪一点要注意，很重要。

生：横，要长。

师：对，因为它是大梁，所以要写得长一点。“撇”变为竖，不要忘。

师：(示范结束)看清了吗？会写了吗？今天就写这两个字。拿出笔来写。描一个，仿一个。

(生描红，仿影。)

师：(巡视)注意写字姿势，抬头，坐端正。

师：写好了，我们来看这一自然段，(出示第二自然段)大家会读了吗？一起读。(生齐读。)

师：刚才在读句子的时候，我们注意了停顿，还读好了句子中的词语，就把句子读顺畅了。下面，就请小朋友们也用这样的方法来轻声读读第三自然段。

(生轻声读第三自然段。)

师：第三自然段一共有三个句子，比较长了。先看第一句，你注意读好的词语或词组是哪些呢?

(出示第一句：六月……小岛成了鸟的世界。)穿红衣服的女孩说说看?

生：各种各样。

师：还有吗?

生：鸟的世界。

师：好，来读句子。指名读句子。

(生读，小组读。)

师：(出示第二句：一眼望去……鸟窝一个挨着一个。)你觉得哪些词应该读好。

生：密密麻麻。

师：你读读。(生读。)

师：还有吗?

生：一个挨着一个。

师：这是个词组了，读有点难度的，谁再来读读?

(指名读，小组读，齐读这两个词。)

师：第三小组今天表现很好，小组来把这句话读一读。（第三组学生读。）

师：（出示第三句：窝里窝外……青绿色的鸟蛋。）你觉得这一句中，那些词语要读好？

生：窝里窝外。

生：到处、青绿色、玉白色。

（这些词在屏幕上变红色。）

师：你们自己读读，体会一下。

（生自由读这些词。）

师：谁来读读，让大家听听。（生个别读，小组读，齐读。）

（出示青绿色、玉白色的蛋，让学生感知。）

师：因为我们读懂了一些重要的词，把句子读通顺了，这三个句子大家读得不错，现在我们来连句成段（板书：连句成段）。把第三自然段连起来读，大家朗读的积极性很高啊，第一组读第一句，第二组读第二句，第三组读第三句。我们来连句成段。（生分组读。）

师：小岛热闹不热闹啊？

生：热闹。

师：再来看，因为鸟岛闻名中外，去岛上游玩的人很多，我们也读着课文去感受感受。（出示第四自然段文字。生自由读第四自然段。）

师：这一段里有三个生字"拾、类、朋"（出示生字），请读一下由生字组成的新词。

生：拾到。人类。朋友。

师：先来看"类"，是个什么结构？（出示田字格中的"类"）

生：上下结构。

师：与"筑"、"育"比较，这个"类"字形上有什么特点？

生：上下两部分一样大。

师：整体看：上下结构，上下均分，两个笔画，"米"中捺成点，"大"中横最长。

（在田字格范书）注意"米"中捺成点，"大"中横要长，这个很重要，要记住。

师：知道了吗？请自己描红、写写看。

（生描红，书写。）

师：我注意到了，同学们初步掌握了上下结构字的书写方法。好，放下笔。刚才我们把带有生字的新词读会了。还有两个有特点的词组，（出示：伸手就能，随处都能）会读吗？

（生个别读，齐读。）

师：把这一自然段连起来读一读，会读吗？（生齐读第四自然段。）

师：是的，刚才我们读了课文，知道了通过“注意停顿、读好词语、连句成段”的方法，来读好课文。下面我们连起来把课文读一读。（生齐读全文感受）

师：刚才，我们认真读了课文，读得很有感情，下面再把这些生字新词读读。（出示课文新词：西部　玉白色　拾到　人类　朋友　筑巢安家　养育后代　密密麻麻）（生齐读。）

师：下面我们来写这些字词（音乐响起）。（生写字。纠正个别学生姿势。）

师：（点评学生写字情况，继续指导学生写字。）这个同学写的“类”中间一横还不够长。再看这个同学写得很认真，如果把“筑”字的横折弯钩，钩再收住点，更好了。所以写字时，每一笔都有讲究，回去大家还要练习。

师：下面我布置一下课外作业：1. 正确、流利地朗读课文；2. 通过上网、读书、问询等方式了解青海湖鸟岛。

（学生齐读作业要求。）

师：今天我们的课上到这里，同学们再见。

生：老师再见！

（本文根据省内外教育专家语文教学骨干教师培训班的示范观摩课的录音整理）

凸显课时特点　落实训练目标

——低年级语文阅读教学第一课时朗读指导例说

曾经看到贾志敏老师写的一篇文章《老于的忧虑》。老于——于永正老师，全国著名特级教师，他的忧虑是什么？全国95%以上的学生不会读书（朗读）！有一位江苏如皋的教师也曾在九所乡镇中心小学做调查，一篇课文用三个课时学完，能正确、流畅地读完全文的只占10%，竟然有超过50%的学生还结结巴巴读不通课文。这个数据让人震惊！现行苏教版语文教材（苏教版义务教育课程标准实验教科书），已经走过了12年的时光，《义务教育语文课程标准（2011年版）》要求第一学段（1～2年级）的学生达到“学习用普通话正确、流利、有感情地朗读课文”的目标。要求第二学段（3～4年级）的学生“用普通话正确、流利、有感情地朗读课文”的目标。基于课程标准，针对教学现状，如何在低年级引导学生“学习”，为其在中年级开始逐渐转化成“用”的能力，应该思考并积极实践。

《鸟岛》是二年级上册第七单元中的一篇课文。《鸟岛》和同一个单元中的《美丽的蝴蝶谷》一样，描写的是自然的奇观，奇幻宏伟而富有生趣。而此单元前《练习》（练习6）中“读读背背”板块，安排的也正好是关于读书的内容：读书百遍，其义自见。读书破万卷，下笔如有神。读书要三到：心到，眼到，口到。阅读教学的第一课时，往往对学生能否达到正确、流利地朗读课文起到决定性的作用，由此，笔者选定本文的第一课时，进行教学尝试。根据课标要求、教材特点和学生学习现状，确定如下教学目标：1. 通过随文识字的方式，学习本课的生字，会读新词，能在老师的指导和点拨下练习写三个上下结构的生字，初步掌握上下结构类字的分析、书写方法，认知部分新词，感受汉字的结构布局和笔画穿插之美。2. 通过循序渐进地朗读字、词、句、段，在朗读实践体验中感受朗读方法，学习正确、流利地朗读课文，感受鸟岛的自然情趣。主要策略为：以朗读为主线，以实践体验为主要途径，落实方法的指导与语文训练，达成课时目标。

本课时的朗读目标简单来说就是学习正确、流利地朗读课文，其实也就是“四不”的要求。在达成这个目标的过程中，我分了以下几个层次。

第一层次：环节与内容有序叠加。

从初读感知，提出明确要求到词句练读，建立评价机制，再到句段朗读，螺旋式提升，逐步形成词、句、段的朗读层次训练。

第二层次：体验与积累不断对接。

一步一实践，一步一积累，体验并尝试运用朗读方法，实现朗读的预期目标。如：读词时进行读音分类朗读，读句时提示关注停顿，在每个自然段的朗读练习中点拨学生体验不同的朗读方法。第一自然段，采用了读图导读；第二自然段，提示学生感悟注意停顿的同时要读好关键词语；第三自然段，在运用第二段朗读方法的基础上，提升要求，读好词语、词组，连句成段；第四自然段，启发学生先读会生字，再读好有特点的词组，从而达成正确朗读一个自然段。每一次朗读的实践，都根据文句的特点；每一次的练习，都有方法的累积，层次的递进，每一次的体验，都是一种自我的肯定和自信的回归，每一次的参与，都有成长与进步。

第三层次：朗读与评价同步发展。

在本课时的教学中，除了教师的评价无处不在之外，学生的互相评价也是。如指名学生朗读的时候，请其他学生纠错；如同桌互读的过程中，要求同桌之间在互读中还要进行互评，这样的教学尝试，至少是让学生在评价他人的同时，自己也获得了经验或者是汲取了他人的教训。我认为，这样有助于学生提高朗读的水平。

第四层次：形式与实质相携相生。

今天选的班级，并不是年级平行班中朗读水平最高的班级，相反，这个班级在朗读的时候，常常会有很严重的拖调现象，他们也不是全年级中最活泼的孩子，平时上课也比较拘谨。所以，在教学中必须激发他们朗读的兴趣，同时还需要教师不断地指导和训练。所以，在朗读形式上，除了平时我们常用的个别读、小组读、男女生分开读、齐读等朗读练习方式外，很多时候，我采用的是范读。我相信，孩子是善于模仿的，对于愿意接受教师指导或者喜欢教师的学生来说，他们也是乐于模仿的，模仿就是他们学习朗读的有效方法。

在阅读教学中，课文犹如珠链。朗读为线，而那些珍珠永远是语言文字，所以，在今天的教学中，指导生字的书写，巩固查字典的方法，进行新词的识记，引导词语、词组、自然段的朗读训练等语文实践活动，也分明地表达了我进行语言文字训练的愿望和态度。当然，在具体的教学中，的确也还存在着许多想得不周到、做得不到位的地方。比如在两次学生自由读的环节中，还是存在着读书要求与学生的实际学习习惯不太匹配的地方。在自然段的朗读训练中，也存在教师的语言不够精炼，启发性还不足的情况，除了今天的专家外，也希望在座的各位同行能够不吝赐教。

此时此刻，我突然想起了我们区已故教研员顾关城老师。在他的教研员生涯中，他也特别强调学生要先把语文书读好。所以，虽然今天的尝试未必是成功的，但我觉得，这也是一次有价值的研讨。因为语文教学应该让学生能读书，会读书，不仅读课文，还能进行广泛的阅读。昨天是 4 月 23 日，世界读书日，作为一名语文教师，指导和引导学生读书责无旁贷，因为书中有诗，有远方。

也谈有效的语文教学达成之管理方略

尽管课改十年之后，教师的思想认识愈加清晰，教师的课堂呈现愈加质朴，然而，某些所谓的“新课堂”仍明显带有师生剧本化的表演，不少冠以“活动式”“研究性”等新型名称的课堂教学在本质上仍沿用了传统的“填鸭式”“牵引式”的教学方式，使得课堂教学有效性缺失仍是亟待解决的严重问题。于是，在进行有效的语文教学管理中，我们做了一些尝试。

一、解读课标，理论与实践一脉相承

关于语文教学的有效性，我们认为其首要的评定标准应指向学生在学习中所达到的课程目标的程度。为此，我们请来语文教学专家为语文教师解读教材，帮助教师理解课标的精髓，帮助教师理清课程标准中各年段的教学目标，使教师明白语文的工具性和人文性的结合，是两者在教学中应完美结合，而非架空一个，孤立地去谈另一个。也就是说，语文教学的本源不能舍弃，语文教学的意蕴应贯穿于语文教学之中。同时，我们还请语文特级教师、苏州市名教师来为教师上示范课，让教师从聆听与观摩中找到了理论与实践的结合点，从而使课标的理念有效地贯彻到语文课堂教学之中，引领教师促进语文课堂的有效教学。

二、“七认真”管理，规范与个性刚柔相济

“七认真”工作是教师的基本工作，要追求并保证语文教学的有效性，就必须以认真地执行“七认真”常规工作为基础。

1. 认真备课。要求语文教师认真钻研教材，对课文的内容和内涵达到深层理解和剖析。到了这样的程度，才可以想一想，根据自己班级学生的语文学习状况，设计教学预案，预设最恰如其分的方式，让学生达到每一课的学习目标。

2. 认真上课。我们要求教师牢牢把握教师为主导，学生为主体的原则，要求语文教师在课堂教学中既要按照既定的教学预案实施教学，又不盲目地只顾

眼前的教学预案，而要根据课堂上面对的一个个鲜活的学生，在与学生思维和学习状态的碰撞中，不断调整教学预设，依据教学生成的内容，不断使教学在预想的基础上有新的发展、新的收获。

3. 认真布置及批改作业。我们要求语文教师批改作业认真及时，执行一题一批制度，杜绝错批、漏批。在布置作业的时候，要求教师不仅有常规作业，还要根据课文训练重点创造性地设计课时练习。

4. 认真进行辅导。在教学辅导的过程中，我们针对语文教学的特点，一方面要求教师重点引导学生进行课外阅读，并配合书香校园的建设活动，开展以“读书伴我成长，书香熏染童心”的读书节活动，引领学生多读书，读好书。另一方面要求教师不断激发学生的写作兴趣，使学生热爱写作。学生的语言驾驭能力及人文素养也不断提高，才是达到了教学的有效和优效。

5. 认真考试。考试是对语文教学有效性进行评价的一种方式，在进行语文测试时，我们坚持既考查学生的语文知识掌握情况，又考核学生语文能力的发展状况，要求教师的命题具有诊断性，能够以一次测试了解学生平时的语文学习状况和教师在教学中的有效度。

6. 认真进行反思及撰写教学论文。作为语文教师，以课标理论指导，进行语文教学有效性探索的实践，总结经验，归纳得失，再把自己的感悟不断运用于课堂教学实践，有效的语文教学行为才会不断呈现。

7. 认真参加教研活动。我们有意识地把专家指导与平时的教研活动相结合，做到有教必研，有教优研。教研活动既有“麻雀解剖”式的自我反思，也有“燕雀争鸣”式的各抒己见，更有权威专家的方向引领，深度剖析，使每一次教研活动都成为教师学习和成长的新起点和加油站。

三、校本研训，专业与教学共同成长

语文教学有效性的不断提高，需要依靠语文教师的专业水平的不断发展。我们通过有效的校本研训，不断提高语文教师的专业素养和专业水平，并在校本研训中，不断研究有效的语文教学的呈现方式。

校本研训由实践反思、同伴合作、专业引领等实践要素构成，主要方式为“四位一体”，即“抓教材培训、抓集体备课、抓课堂教学、抓理性反思”，以文化的高度，构建学习型教研、教学型教研、研究型教研的实践形式。

1. 构建学习型教研，让学习成为教师的营养内需。学习型教研以学为着眼点，旨在通过学习来提高语文教师的教学水平和专业素养，为教师专业发展奠定基础。教师是学生的重要“知识源”“营养源”，为此，我们的“食料”也应是“绿色”生态的，我们提供“主食＋杂食”的学习：读教育类、专业类的书——清楚、深入地把握教育文本中最主要的思想观点及其理论要旨，体会教育理论的精髓，并从中悟出精神，形成思想；也要读文化类的书——在更为广阔的人文生活视界下，进行广泛的阅读，丰富学识，提高素养，使自己成为真正意义上的文化人。我们倡导“绿色”读书之风，让这儒雅之清风沁入心肺，怡爽我们的头脑，真正做一个书卷气十足的文化人。

2. 构建教学型教研，让课堂成为教师的自主舞台。教学型教研以“课例”为载体，做到“以案例展示理念，让理念回归课堂”。努力追求“有效课堂”，突出有效课堂以及有效训练两个重点，实现“有效课堂长能力，有效训练出成绩”，构建以分析教材、了解学生、研究教法学法为主体内容，以备课、说课、上课、评课为形式，旨在提高教师课堂教学综合实施能力的“四课”系列教研模式：在备课基础上通过说课深化，在执教基础上通过评课反思，循环往复，着力研究课堂教学，生态化地优化教学过程。

3. 构建研究型教研，让探索成为教师的主动内驱。研究型教研一般以“课题”为载体，围绕一个科学问题而展开，遵循科学研究的一般程序和基本规范。为此，我们以研究型教研深入、规范、科学地提出中心议题，大力提倡养成向教育教学日常生活询问、发问与追问的意识和习惯，有针对性地将我们教育生活中大家关注的、有意义的、值得研究的教育教学问题归纳成中心议题，变问题为课题，开展教学研究。在校本研训活动中，语文教师的专业水平不断提升，语文课堂也不断呈现有效的主旋律。使教师与教学共同成长，相得益彰。

综上所述，追求有效的语文教学是语文教师和学校管理者的永恒课题，有效的语文教学的发展永无止境，这正需要每一位教师不断思索、摸索、探索、求索，也只有用求真务实的态度，不断在研究中发展，在发展中超越，才能最终换来语文教学的满园春色。

（本文发表于《语文建设》2013 年第 10 期）

践行课改——悟读教育智慧

在教学第一线践行课程改革，我真真切切地触摸到了教育与社会发展的结合点和交汇点。新的历史时期对人才培养的新要求，教育不但要适应，而且要超越。

课改让我超越狭隘经验进入到了一个更加广阔的教育世界。我深深地认识到：培养适应时代的创新型人才，离不开教育的创新和教师的智慧。

体验课改的快乐

苏州市成为课改的省级实验区之后，作为一名一线的语文教师，我正与课改亲密接触。面对新教材、新课标、新理念，我感受到课改带来的挑战，也体验着其中的乐趣。

其一："自由"着，所以快乐着

语文这门课程，名称未变，但究其内涵，可见新意：语文课程应植根于现实，面向世界，面向未来。语文课程应该是开放而富有创新活力的，应尽可能满足不同地区、不同学校、不同学生的需求，并能根据社会的需要不断自我调节，更新发展。开放的语文课程给予教师和学生极大的自由空间，教师在教学目标的制定和教学结果的达成上有了余地，也可以适当自主选择教学内容和教学方法，根据自己的教学风格和学生的学习状况组织实施教学。教师更可以不拘于课堂形式，在开放教学内容的同时开放教学空间，使课程贴近自然，贴近生活，使课程和教师、学生相互交融，共同成长。在教学《秋姑娘的信》一课时，教师可以不受教参的答案束缚，先组织学生自由选择学习伙伴，相互读"信"，再引导学生根据自己的意愿在秋日写信给亲人、朋友（包括动、植物），最后又带学生来到学校的小公园，让学生在自然的课堂中亲身体会，尽情看，尽情说，尽情享受学习的乐趣。没有了固定的框框，教师就有了组织教学的自主权，就有了选择、整合教学内容的主动权，同时学生也可以自由地提问、自主地学习，按喜好选择合作者，采用擅长的学习方法。新课程、新课标给了教师和学生更大的空间和自由。教与学呼吸着自由的新空气，充满了生趣。不亦乐乎？

其二：有创造，就有快乐

新课程要求教学不只是忠实地实施课程计划，而是课程的创生与开发。当课程由封闭走向开放，由专家走向教师，由学科走向学生的时候，教师与学生的角色行为都发生了变化。在自由的空间里，每时每刻都是师生创新和创造的契机。就如在教学《口语交际——借铅笔》时，教师把教材中的两张图制成动画，以此激发学生的学习、说话的兴趣，再请学生扮演动画中的小猴和熊猫进行借铅笔的交际，再由借铅笔扩展到借文具、还文具的交际，从学生生活入手，使学生在实践中学习言语交际、运用交际技巧。教师创造性地加入学生在生活中经常遇到的交际主题，创设具体生活情境，使学生在演练中学会运用简单的交际技巧，把不好讲的教材内容开发成学生乐于学的生活教材。正是教师帮助学生设计了正确的学习路线，选择了正确的学习方法，以“用教材教”的理念来充盈教学内容，从而使学生在课堂上始终处于一种积极、活泼、亢奋的状态，让学生有自己的空间去研究、合作、体验、创造。师生共同分享理解，上课也不是无谓的时间耗费，而是教师专业成长和学生自我实现的生命活动。如此有价值、有意义的活动，何乐而不为？

其三：辛苦的，也是快乐的

课改带来了全新的学生观、教师观和教学观。在新理念下，课堂应成为学生活动的策划中心，是一个师生创造性和个性化得到张扬的场所。课改使教师不得不学习，并在实践中尝试发挥自己的特性，学会倾听、等待，在实践中转变自己的角色，重新定位，成为学生学习的促进者、引导者和参与者。在教学中，教师还必须学会开发课程资源、锻炼开发课程和整合课程资源的能力，促进学生全面协调发展。课改使教师驾轻就熟的“教学套路”难以发挥作用，它要求教师的教学过程必须比以往更有创造性。而创造本身是艰难而复杂的，需要教师“动脑筋”甚至“伤脑筋”。在教学《识字 4》时，考虑到学生对昆虫的感兴趣程度，我专门利用星期天到书店购买有关昆虫的书、VCD，利用午休时间向自然老师请教怎样区分昆虫和其他动物。在设计教案时，我也费尽心思，力求做到在充分调动学生学习自主性的同时，引导学生了解更多的自然昆虫知识。于是，我设计了“走进昆虫世界”“我怎样变成标本”“毛毛虫的一生”等连贯的活动环节，使“教”不露痕迹，使“学”自然生成。从教学中我体味到教师之“难”，然而不可否认，任何创造都是美的，就像毛毛虫的蜕变，最后会羽化为绚烂的蝴蝶，获得灿烂的重生。走进新课程，实践新课标，运用新理念，使用新教材，创造新教学，这一切都是辛苦的。然而一分耕耘，一分收获，所以，这种辛苦伴随着希望、伴随着发展、伴随着成功，自然也伴随着快乐！

我想，课改给我们带来的，除了压力、挑战，更多的还是机会，是创造的空间，是提高与发展的方向，是投身其中感受到的无所不在的快乐！

（本文发表于《教师教育》2003 年第 4 期）

“三激三知”导学法新探

课堂教学中最大限度地激起学生学习的兴趣，在教与学中达到情感的共鸣，培养学生的提问意识和质疑能力，不断寻求教和学的契合点，实践“尝谓教师教各种学科，其最终目的在达到不复需教”的教学理想，是我们提出“三激（激趣、激情、激思）三知（探知、悟知、用知）”导学法研究的初衷。如今从新课程标准颁布为标志的新一轮课堂教学改革已经启动，为我们此课题的进一步研究注入了新的活力。本文试从语文教学的角度谈“三激三知”导学法新探中的一些体会。

首先，让学生经历学习的过程。

现代教学论认为，教学过程就是一个不断“制造”矛盾，又不断解决矛盾的过程，教学中要让学生重演科学家的“认识经历”，让学生的学习过程成为一个再创造、再发现的探究过程。修订版《大纲》也明确指出：“在教学过程中，要加强学生自主的语文实践活动，引导他们在实践中主动地获取知识，形成能力……”基于以上认识，我们确立了以学生为本位的教学思想，在教学中让学生经历学习的过程，让学生经历观察、操作、实验、朗读、写作等实践活动，帮助他们在自主探索和合作交流中获得一定的学习经验，培养其学习的自主意识，真正成为课堂教学中的主体和学习的主人。

例如《动手试一试》一文的教学中，教师以指导学生朗读，引导学生交流的方式，让学生经历了课文初步熟悉和初步理解的过程。然后，教师又有意识地把课文中的实验题摆到学生的面前：“在杯子里放满水，把金鱼放进去，为什么水就不会往外漫？”其实读了课文之后，所有的答案已经明朗，而教师此时仍以这一个实验题为线索启发学生思考，并非重复教学过程，而是要引发学生探究的自主意识，从学生的角度，启迪更深层的内容，即“如果是我，我怎样看待这个问题，我会用什么方式去解决”。唤醒了学生的主体意识之后，再根据学生的意愿，在课堂上“动手试一试”，在实验过程中，学生心中的欣喜和满足溢于言表，兴奋的目光认真地落在实验操作的每一个细节上，当有所发现时，都情不自禁地开始了交流，有的学生甚至发出了阵阵惊喜之声……接下来的讨论交流之热烈自不用多说，更可喜的是学生在经历学习的过程中认识了自己，对自己充满了信心，认为自己在某种程度上还可与文中的玛利亚（即小时候的居里夫人）相媲美，自豪之情油然而生。

以上仅是一个教学的片段，但也不难发现教师的良苦用心。在教学中，教师对学生的唤醒、激动和鼓舞都充分体现了对主导作用的认识，同时在引导学生思考、操作、讨论的过程中，又以学生为根本出发点，让学生充分发挥主观能动作用，自主学习、自行操作、自觉交流、自悟文理、自得其乐。故我们认为进行课堂教学改革，并非舍弃教师的主导作用，而是应从学生发展的角度出发，用好“主导权”，唤起学生的“自我”，引导其在学习过程中实现“自主”，获取知识，形成能力。

其次，还学生进行选择的权利。

学习无疑是学生的根本权利，学生是学习的主人，主动地学，能动地学也应是学生的权利。在第一轮“三激三知”导学法的研究中，我们致力于发掘学生的主观能动作用，使他们敢于表达，善于发挥所能，积极地投入学习活动。新课程标准的下发，使我们认识到自己在研究中，胆子还应大些，步子更应快些，教师的“面子”也要放低些，尽量尊重学生在学习过程中的独特体验，维护学生的个性特征和个别差异。

笔者曾经历过这样一堂研究课。在《瀑布》一课的教学中，教师揭示课题之后便请学生自己选择读的方式来读全文，课堂中便出现了这样的景观：有的朗读，有的低吟，有的边读边写，有的时读时思，有的摇头晃脑，有的互读互评。在引导学生交流时，教师又请学生选择自己最想表达的内容来讲，并根据学生讲述的内容，老师主动请求与学生合作，配上教师准备的声像材料，学生为主角，教师只当配角这一过程，使学生对于课文的理解更深入，更透彻，更符合学生学习的需要和意愿。《瀑布》是一篇经典美文，如果能让学生充分感悟，吸收为自己的内蕴，则可以从中受益匪浅。教学中，教师又把评价的权利还给学生，请学生选择自己最欣赏的文段讲自己的收获，并选择自己认为最恰当的语气、语调来读好这段内容，教师根据学生的意愿做好协作，于是课堂中又呈现出让人感动的场面，学生各抒已见，各展读书技巧，把瀑布的声、色、形通过其语言和声音启发听者的想象，展现在大家面前，生动得让人领略了此时无形胜有形的境界。

回想教学过程中的每一个惊喜，无不是因为教师领悟到了学生是一个个各不相同的独立的个体，在学习活动中，作为主体的他们具有共性，但还有更多的个性特征。把选择学习策略的权利还给学生，又在他们学习的过程中相机点拨，把握学生的共性又尊重学生的个性，这样更能激活学生，使他们能毫无顾忌地自主学习，进而养成自主自觉学习的习惯。

最后，给学生自由发挥的空间。

如果教师在教学的过程中始终能唤起学生的积极思维，不断强化学生的学习愿望，引起学生的学习兴趣，使学生处于一种对知识的渴求状态，学生便有可能手持习得的知识与能力之匙，自动地去开启文化的金山和宇宙之宝藏，心存探究之念，进而再自然发展为创新之行。要有这样的发展，解开学生身心上的各种束缚，给学生最大程度的自由是关键。首先我们以教案为抓手，摒弃“脚本式”的设计方式，而从学生学习发展的角度出发，揣摩他们在学习中的各种反应，把教案设计成开放的、动态的教学活动计划。然后我们以课堂教学为切入点，在教学中留给学生更多的参与活动，表现自己的机会，鼓励学生敢想敢说，善思多问，积极探索，大胆创新，再现丰富复杂、动态变化的课堂。例如在教学《曼谷的小象》一文中，教师在引导学生交流对课文内容的理解时，都遭遇学生问为什么文中之雾有三种颜色，这看似答非所问的局面其实是学生思维的真实流露，是难能可贵的自由发挥。又如《黄果树瀑布》一文的教学中，学生在欣赏黄果树瀑布之宏伟、壮观之后，却评价徐霞客的话不足以表达游人之感受并发表了自己的得意之说。试想，若教师在教学中不是对学生进行鼓励和引导，而是断喝一声，就不知要埋葬多少学生的奇思妙想，也不知要扼杀多少学生的创新灵感。再次，我们提出解放学生，给学生更大的发展空间，积极行动，适时打破教室和书本的禁锢，让学生到大自然、社会中去汲取新鲜空气，与生产、生活保持零距离，在其中更好地实践、探索、创新。

教育是一种培养人的社会活动。让受教育者从学会到会学，从学会知识到学会生活、学会关心、学会创造，而不是单一地注重受教育者的智力发展，更不是单纯传授知识给学生。我们只有把学习的自主权还给学生，给予学生更自由更广阔的发展空间，才有可能改变我们的教学，这也是我们进行“三激三知”导学法再研究的目标和期望所在。

（本文发表于《教育天地》2002 年第 2 期）

"教"和"不教"的思考与实践

题记:"教师当然须教,而尤宜致力于'导'。导者,多方设法,使学生能逐渐自求得之,卒底于不待教师教授之谓也。"

——叶圣陶

课程改革的推进,使师生的角色定位更加明确。教学中,学生是学习的主体,教师是学习的组织者、参与者、指导者和管理者,所以教师"导"的作用我们不能忽视。教学中,教师应营造导学的氛围,渗透学习的方法,创造自学的条件,使学生在课堂不仅能习得知识,还可获得领悟的过程,更有探求的机会,达到生动活泼地学,自主能动地学。

一、激趣引学,挖掘求知源泉

"兴趣是最好的老师"。古人云"知之者不如好知者,好知者不如乐知者",也是强调兴趣在人们从事某种活动中的重要作用。兴趣的产生,往往是与对事物的新鲜感、新奇度,趣味性及一定难度联系在一起的。因此,教师在教学中应注意语言的提示和问题的选择,努力使自己的课堂语言"刺激"学生,使他们通过认真读书,积极思考,生发疑问,获得真知,产生成功的愉快的情感体验。

一年级学生刚接触语文,碰到的就是由一条条线与一个个圆组成的拼音。这些拼音字母没有固定的意思,形状亦无规律可寻,还要记住其音、形,学生就倍感枯燥。而刚入学的孩子们本来就不适应小学段的课时安排,不能长时间地把注意力指向某一个固定的内容,这显然也增加了教学的难度。所以,在教学汉语拼音时,着实要想一些办法,下一番工夫。例如:在教学"W"时,可以先出示一组图片:屋子、乌云、乌龟等,请学生说出图片上画的是什么?由于图片上的物体都是学生生活中接触过的,学生就能驾轻就熟地读出"W"的音。一个新的字母读准了,学生的学习自信也就会随之增强。在引入"wu"这个音节后,学生读它的四声有一定的困难,教师就可以引导学生把带声调的音与生活中的事物联系起来,利用母语的作用帮助学生记忆和理解:wū——乌云、乌龟;wú——无数、无色;wǔ——武术、五个;wù——雾、服务……拼音的声、韵、调与现实生活中的内容联系起来后，不仅使拼音本身有了生命力，同时也把学生带到了学习的亢奋中，使其注意力集中，思维活跃。另外，在进行拼读练习时，教师可以采用如“找朋友”等游戏的方式，使学生充分地“动”起来。如此，既可增加学习的趣味性，又可消除学生由于暂不适应较长的学习时间而产生的疲劳。

可见，教学中每一次兴趣的激发，都是凸现学生主体的契机，都是学生进行表现的机遇。时时处处都注意激发学生的学习兴趣，必会把学生从被动引向主动，发挥他们的学习潜力。

二、激情领悟，增强学生情感效应

叶圣陶先生说：“作者胸有境，入境始与亲。”实际上，作品内也有“境”，学生只有“入境”，才能对作者刻画的人物、抒发的感情、阐述的道理产生一种亲切感。

《董存瑞舍身炸暗堡》通过描写董存瑞为炸暗堡而牺牲自己的经过，颂扬了他爱国爱民，为国捐躯的伟大精神。文章的时间背景与学生的生活实际相去甚远，故而在教学前教师有意请学生收集了大量解放战争时期的图片、文字资料，组织学生看电影《董存瑞》。教学时，教师引导学生充分地读课文，同时，利用学校网络的先进设施，调用电影中的主要场景，深化学生的感受。于是，当学生读到董存瑞去炸暗堡时，会不由自主地紧张；读到他左冲右突，一次次地躲过敌人的扫射时，会为他的机智、勇敢叫好；读到他中枪时，脸上会满是担忧……学生在学习中，由于有了“境”的依托，学生的体悟就会比较到位。

的确，语言文字是作者情感爆发，心理升华的产物，是反复锤炼的语言艺术的结晶。进行语文训练需要教师深入把握作者的情感脉络，以情激情，最终使作者、学生、教师三者之间产生情感的共鸣，这样的语文才会情深、境美、味浓。

杜甫的作品《绝句》，描写的景色色彩鲜明，动静结合，如一幅美丽的画卷展现在读者面前。诗句琅琅上口，浅显易懂，故而在教学时，教师可先引导学生读读诗，想想景再体体情，结合作者的生平，了解诗作的时代背景后再请学生试说诗的意思，学生就会赋诗以情，真正体会到诗的人文意境。

从以上两例不难看出，语言是情感的载体，情感是语言的内蕴，作为教师，应该努力激发学生的学习热情和积极性，应该创造一种学习的环境和气氛，让作品感染、熏陶学生，使学生体会、感悟作品，学生具有了学习的情感，学习就成了乐事。

三、激思探求,培养学生创新思维

陶行知先生说过,“发明千千万,起点是一问。”可见善于思考在学习、生活中的重要性。教学中,教师应尽量向学生提出有价值的问题,引导学生思考,促进思维发展;而教师更应引导学生提出有质量的问题,鼓励学生积极思考,主动探知,发挥创造能力,培养创新思维。

在《乌鸦喝水》的教学中,学生了解了乌鸦喝到水的方法后,教师就请学生想一想:如果你碰到这样的情况,你会用什么方法?学生对这个问题极感兴趣,纷纷举手参加意见,有的说,我用双手举起瓶子喝;有的说,我不用手,就用嘴咬住瓶口,把瓶子倾斜过来喝;有的说,我用吸管喝……在宽松的学习气氛中,一个学生又提出了这样的问题:“乌鸦的方法不错,我们平时遇到喝不到水的情况时也能用吗?”这个问题又一次引发了学生的思考,各种各样的想法接踵而至:“行,不过我们有手,不必那么麻烦。”“不行,小石子太脏了,喝了这样的水会生病的。”“我想,应该再做个试验,换一个很大的瓶,用这样的方法,行不行。”……学生拥有丰富的想象和巨大的创造潜能,只要教师善于抓住学生的敏感点,学生的潜能就有可能被激活,他的创新性就有可能显现。

同时我们认为,“激思”应该教给学生一些“思”的方法,以此促使学生学、思结合,能够在学习中发现学的方法并自觉运用到实践中,这是教学的根本所在。如可以根据课题想一想(课文《鲸》,可以想到鲸的种类、生活习性等),可以通过关键的句子思考(课文《圆明园的毁灭》中,抓住“圆明园的毁灭是中国乃至世界文化史上不可估量的损失”这句话,想想为什么),可以抓住课文的矛盾处斟酌(课文《她是我的朋友》小男孩伸出手臂愿意给女孩输血,他为什么还要哭?他想输血给别人后自己会死的,他为什还要输血给女孩)等。如果学生能够在读书的过程中真正做到一边读一边想,那么对于学生语文学习能力的增强和语文水平的提高必是有利的。

启其蒙而引其趣,入其境而体其情,探其疑而究其实,教学中无论是引趣、激情还是探疑,都能激发学生求知的参与度,调动学生学习的积极性。当学习成为一种快乐,成为一种需要,学习的效率就会提高,学习就会成为一种能力,为学生的终身发展服务。

(本文发表于《吴中教育》2005年第12期)

思想的草根：学术带头人应有的角色

社会的发展、教育的变革、课改的推进向教育工作者提出了新的要求，学术带头人在教育发展的新时期，其角色应该如何定位自然值得每位戴着“学术带头人”帽子的各位思考。当今，“优效教学”的研究成为一线教师和教育专家、领导的共同关注；通过研究焕发课堂教学活力，在课堂中进行自学指导，达成教学的灵动生成，构筑智慧课堂成为教师的教学追求；以教学中的问题为课题，在教学实践中不断发现和解决问题，也成为教师的研究方式。作为新时期的学术带头人，要想不负时代使命，惟有“与时俱进”，正确定位自己的角色，不断改进和完善学术带头人的工作，从而体现出自己的价值。笔者认为，学术带头人应成为思想的草根，具体可以从以下五个方面努力。

一、做课程改革的研究者

新课程的实施，迫切要求学术带头人成为具有主体意识和探求精神的研究者，要以研究主体的身份站在较高的层次上构建基于课堂实践的学术研究之品格，需要克服重学科知识而轻课程理论的片面倾向，应汲取养料，丰富自己的理论素养。学术带头人必须“闻道在先”，具有前瞻性，率先更新教育、教学观念，树立正确的教育观、人才观、质量观，做课程改革的先行者，学习领会学科课程标准精神，了解教材的编排意图、知识结构，要把研究课程改革作为自己的责任、追求和乐趣，为了更深刻、全面地认识教育，应该在研究上达到三个层次：第一步，立足学科抓研究；第二步，纵观教育抓学科；第三步，跳出教育看教育。这样，站得高看得远，才能为一线老师提供优质的信息咨询和业务示范，才能在课程改革中体现出自身的专业水平。

二、做理念与实践有机结合的促进者

随着新课程改革的深入，许多先进的教学理念已经被广大教师接受并认可。“以学生发展为本”、“课堂教学要落实三维目标”、“要实现学习方式的转变”等令人振奋的话语常常出自老师们的口中。然而，当我们真正深入到课堂教学中时，又会实实在在地感受到先进教育理念与教学实践层面出现了不可忽视的落差，于是很多问题出现了，如“课堂活了但却很乱”、“学生的两极分化越来越明显了”等等。缩短落差，促进理念与实践有机结合的重任就历史性地落在了学术带头人的肩头。要在这样一个特殊的夹缝中走出一条他人不曾也不可替代的路，学术带头人就要做思想的芦苇，匍下身子做草根化的研究，架起一座“先进的教育理念”与“有效的课堂教学实践”的桥梁，成为连接“理论专家”与“实践教师”的纽带，真正成为理念与教学有机结合的促进者。

三、做教师专业成长的领跑者

尽可能地让教师发挥自己的才能，使课堂教学模式丰富多彩，促进学生健康发展，从而达到师生的共同发展是教学发展的理想形态。学术带头人在教学研究中要强化自己的民主意识、服务意识，把自己看成教师专业发展的伙伴甚至是知己，为教师的专业发展提供服务。在“校本教研”条件下，学术带头人与一线教师的关系，更多地在于点燃教师心中“善于思考问题，善于总结经验”之火，而不在于向教师灌输现成的知识、观念和方法。在对教师的课进行评议时，要避免用头脑中的固有观念对教学进行鉴定式评判，要注意体会教师的教学设想，尊重教师在教法上的尝试，要与老师平等交流，共同探讨，专业引领。评价的目的在于促进教师建立并强化专业发展的自信。要通过自己的实践证实“在教学中播种科研的种子，收获自己的专业成长，收获阳光的教育生活，收获教育的春天”。“帮助青年教师走向成熟化、年长教师走向风格化、骨干教师走向艺术化”，这句话就很好地说明了学术带头人在教师专业成长过程中的促进作用，这也应该是我们的进取方向。

四、做教学问题的发现者

做为学术带头人，就要珍惜自己拥有的“一亩三分地”，充分依托课堂教学这块科研主阵地。由此，在校本教研中，听课时既要关注学生的学习状态，也要关注老师的教学行为，以及两者互动生成的动态过程。学术带头人听的课数量多，涉及面广，这就要求“带头人”要有较强的问题敏感性，及时发现、概括、提升问题，形成科研资源。

由于理念转化为行为具有很大的难度，在学科教师中，还由于年龄、能力、责任等方面的复杂因素，有的教师还是灌输式、一问一答式的教学，针对这个现象，我们应思考“如何让课堂活起来”，并和老师们探讨具体落实措施；有一段时间，我们在听课时发现有的课堂出现了部分学生很活跃，“老师，我来我来”之声此起彼伏，导致教师无法关注到每个学生，自然，“让课堂活而不乱”就成了我们的科研话题，学生的“乱”也就成了科研的资源；当学生对新的课堂常规逐渐适应，我们又应该提出“让课堂活而有效”才是真正的目标。以上我们都曾经历过的一段研究发展历程就是一个动态的生成过程，是一个不断发现问题、解决问题的过程。随着教育教学工作的推进，出现的问题会越来越多，这些问题就应成为学术带头人很好的科研资源，每一个问题的发现、思考、解决，也都能使学术带头人和教师在教育教学理念的理解和内化上又提升一个层次。

五、做现代信息技术的先行者

目前信息技术的发展突飞猛进，但是在研究如何运用现代信息技术为教育科研工作服务仍显得很滞后。作为新时期的学术带头人，应该把学习、应用信息技术做为对自己的要求，使自己成为先行者。从简单的开始，第一，建立自己的电子邮箱，教师遇到教学中的困惑，可以在任何时候发邮件求助，同行有问题和想法，可以在邮件中交流、传递、共享；第二，建议学校设立科研学习和科研论坛等专题研究平台，教师和学术、学科带头人就可以不用面对面却能热情地交流；第三，建立个人网站或个人博客，宗旨是“传播教育信息、探索教育规律、交流教育经验”，为其他教师提供一个学习、研讨、交流的平台，也让“平民化”的研究，“平实化”的实践为教师作具体的示范。信息技术的引进，为科研的纵向与横向沟通搭建了桥梁，拓宽了科研的时空，实现了不出家门，和全国各地的专家、教师进行交流，达到了资源共享、信息传递快捷、研讨高效的良好效果。

在实际的科研工作中，我们越发感到只有懂理论、会研究、善反思、勇进取的学术带头人才能适应课程改革的发展。因此，我们应有责任感和危机感，不断学习、不断实践、不断创造，做一名与时俱进的科研工作者，在促进师生发展的同时也使自身的价值得到提升。

（本文为 2007 年 4 月 16 日苏州市吴中区学术带头人论坛主题发言交流稿）

把握语文学科特点，合理使用信息技术

信息技术的产生对社会的发展有着划时代的意义。信息技术以其对信息处理的快速，搜集、整理资料的便捷以及丰富的、包罗万象的信息等优势，得到人们的认可并因此渗透到社会发展的各个领域。信息技术对教育的发展有着深远的影响，它在一定程度上推动着语文教学的改革，为新时期的语文教学注入了新的活力。同时我们也应看到，信息技术是一把双刃剑，只有摆正它在语文教学中的位置，才能在真正意义上推动语文教学的发展。

一、“信息技术辅助教育”是语文课程发展的需要

现代信息技术能集声音、文字、图像、色彩、形体、动画于一体，改变了传统教学中知识线性输出的模式，使信息传输成为多层次、多渠道的开发空间，有助于学生运用多种感官完整准确地理解知识、迅速敏捷地获取信息。同时，现代信息技术的运用可以使教学内容化大为小(《只有一个地球》可以把浩瀚的宇宙运用信息技术展现给学生)、化远为近(《海底世界》中的动植物)、化虚为实、化静为动(《鸟的天堂》中鸟儿活动的动态)、化抽象为具体、化宏观为微观、化微观为宏观(《落花生》花谢后，子房钻进土里结出花生)……为教师提供更加丰富的教学形式，有利于真正提高学生多方面素质。运用信息技术再现事实，为学生思维发展提供条件；运用信息技术变静为动，为学生思维发展提供动力；运用信息技术再现事物发展过程，为学生思维发展开辟新天地；运用信息技术丰富训练形式，提高训练效果等。如《称象》一课，曹冲的思维过程可以先运用新技术展现曹冲在花园看见青蛙蹲在荷叶上的情景，使学生联想到船；再把一个官员说的“把大象宰成一块一块”的话变成动画——大象碎片与石块的对应、重叠等，使学生弄懂曹冲称象的思维过程，并学会如何思考问题，再启发学生如果不用石块，你还能想到什么办法(水、泥沙、人等)？如果不用船，你还能想到什么(跷跷板、大杠杆等)？《观潮》中潮刚出现时像一条白线，接着像两丈多高的白色城墙，再接着像千万匹白色战马齐头并进，这个情景不可能每个学生都能亲

眼目睹，运用信息技术就可以让每个学生都领略一下，并懂得这个比喻的生动、形象(白色是水质；战马既写出了潮头的高，又写出了潮水像战马奔腾时那样翻滚的样子，还写出了潮水的速度；“千万匹”还写出潮水的气势、声势。)另外，对于每个学生来说，知识的多形式展示、知识高速度传递、交流活动的增频等成为现实，有了一个全新开放的学习环境，可以根据自己的意愿选择自己的学习内容、学习难度、学习进程、学习方法、学习伙伴，更加适合学生的特点，实现因材施教。信息技术的集成性、交互性、同步性、协同性等特点又可以充分调动学生各种感官的功能，有利于开发全脑的学习潜能、平衡人的发展，有利于克服时空的局限，模糊课堂学习与真实学习的差异，使学习者有可能全身心投入以解决问题、建构真实意义为基础特征的学习活动中去。

因此，学校必须加强现代信息技术装备，教师必须掌握和运用现代信息技术，现代信息技术必须走进课堂，支持和辅助教师的教学、支持和辅助学生的学习，这是课程发展的必然要求，是社会发展的必然要求，是时代赋予我们的历史重任。

二、从语文学科的特点看，现代信息技术只能支持和辅助教师教学

《九年义务教育语文课程标准》(以下称《课程标准》)指出“语文是最重要的交际工具，是人类文化的重要组成部分。工具性与人文性的统一，是语文课程的基本特点”。人们要生活就必须要与他人交往，要交往就必须要依靠语言(哑语也是一种语言)。人们要表明自己的需要、观点，离不开语言；要明了别人的要求、理解别人的观点，还是离不开语言；看书、看电视需要语言；生产、经营更要语言。正如叶圣陶所说：“语言文字本来只是一种工具，日常生活中少不了它，学习以及交流各种知识也少不了它。”由语文学科的工具性决定了我们学习语文的目的是培养和提高理解、运用语言文字的能力，更好地服务于交流与交际；同时它还决定了在语文运用的实践中，即交际过程中通过训练来提高语文水平，培养语文能力的学习方法。为此，《课程标准》强调：“语文是实践性很强的课程，应着重培养学生的语文实践能力，而培养这种能力的主要途径也应是语文实践，不宜刻意追求语文知识的系统和完整。”“应该让学生更多地直接接触语文材料，在大量的语文实践中掌握和运用语文的规律。”这是现代信息技术所难以实现的，因为现代信息技术不能代替学生的听、说、读、写的语文实践活

动;不能代替学生的观察、思考、表达。因为信息技术所呈现给学生的是现成的知识,或直观形象化了的知识,它简化或削弱了思考;即使有些训练方式方法,也是程序化了的,学生刚接触有新奇感,多了、久了就觉得无趣、无情,尤其是自控力和自我评价力差的小学生。如“听”的训练,现代信息技术可以提供准确的朗读和辅以形象的画面,但不能评判学生是否在认真倾听(教师是可以从学生的表情上看出的,但信息技术却难以做到,而良好的听的行为与习惯又是人必备的素质),信息技术不能回答学生就不理解的地方提出的疑问和请教(至少目前的信息技术还不能这样)。再如“说”的训练,学生说的语音是否响亮、字音是否准确也许信息技术能判断和处理(语音录入改进到一定程度是有可能的),但学生讲话时的态度、表情、动作是否得体,可能信息技术就难以代替教师了(因为交流的总效果=7%的言语+38%的音调+55%的面部表情),至于学生是否围绕一个意思说的、说的观点是否正确、词汇是否丰富,对说的优劣作出判断,以及激励说的学生继续说或说得更好或及时修改说的思路等也是信息技术难以做到的(至少目前还不能)。学生对字、词、句的理解与记忆等更无法了解。

人文性是对人自身完善的关注与追求,包括人的尊严、价值、个性、思想、信仰、品德、情操等方面。语言的生成和理解都与人的思想、情操、品格、胸襟、视野以及人文素养有着不可分割的内在联系。读、听的过程就是对别人的思想、情操、品格、胸襟、视野以及人生体验的理解并受其潜移默化地影响的过程;说、写的过程就是表露自己的思想、情操、品格、胸襟、视野以及人生体验等人文素养并努力影响他人的过程。所以语言不仅表达运用者的思想,凝结着运用者的感情,而且往往还涵容着运用者的个性、素养和品德,在语文学习的全过程中始终伴随着人文的内容。由语文学科的人文性决定了语文学习要重视阅读文本,“要充分地读,在读中有所感悟,在读中培养语感,在读中受到思想、情感的熏陶。”而从网络中查找搜集的信息只能是知识快餐,只能帮助验证一些结论,只能在学生遇到难以逾越的障碍时给以辅助,不能代替学生的思考、想象、感悟和体验。正如《课程标准》所指出的:“语文课程丰富的人文内涵对学生精神领域的影响是深广的,学生对语文材料的反应又往往是多元的。因此,应该重视语文的熏陶感染作用,注意教学内容的价值取向,同时也应重视学生在学习过程中的独特体验。”“阅读教学是学生、教师、文本之间对话的过程”“阅读是学生的个性化行为,不应以教师的分析代替学生的阅读实践。应让学生在主动积极的思维和情感活动中，加深理解和体验，有所感悟和体验，受到情感熏陶，获得思想启迪，享受审美乐趣。”比如“死”的近义词有驾崩、圆寂、仙逝、逝世、升天、羽化、作古、老了、死亡、遇难、被害、就义、捐躯、牺牲、殉职、夭折、归天、翘尾巴、见阎王、上西天等等，每个词的用法都得根据死者的不同地位、不同身份、不同年龄、不同场合以及表达者的不同的感情来定的。又如靳家彦在教《有这样一个小村庄》中“不管怎样，人们靠着锋利的斧子，日子过得还不错”一句时，要学生比较作者为什么说“还不错”而不说“很幸福”，体会出“还不错”中包含了作者对“小村庄”的人不管人与环境的关系，不管子孙后代，只管眼前的错误做法。这个小村庄的兴亡所要说明的道理，也是需要教师高超的引导艺术的。

三、从语文学科的学习目的看，现代信息技术也只能支持和辅助学生的学习

《课程标准》列了十条总目标：1. 在语文学习过程中，培养爱国主义感情、社会主义道德品质，逐步形成积极的人生态度和正确的价值观，提高文化品位和审美情趣。2. 认识中华文化的丰厚博大，吸收民族文化智慧。关心当代文化生活，尊重多样文化，吸取人类优秀文化的营养。3. 培植热爱祖国语言文字的情感，养成语文学习的自信心和良好习惯，掌握最基本的语文学习方法。4. 在发展语言能力的同时，发展思维能力，激发想象力和创造潜能。逐步养成实事求是，崇尚真知的科学态度，初步掌握科学的思想方法。5. 能主动进行探究性学习，在实践中学习、运用语文。6. 学会汉语拼音。能说普通话。认识 3 500 个左右常用汉字。能正确工整地书写汉字，并有一定的速度。7. 具有独立阅读的能力，注重情感体验，有较丰富的积累，形成良好的语感。学会运用多种阅读方法。能初步理解、鉴赏文学作品，受到高尚情操与趣味的熏陶，发展个性，丰富自己的精神世界。能借助工具书阅读浅易文言文。九年课外阅读总量应在 400 万字以上。8. 能具体明确、文从字顺地表述自己的意思。能根据日常生活需要，运用常见的表达方式写作。9. 具有日常口语交际的基本能力，在各种交际活动中，学会倾听，表达与交流，初步学会文明地进行人际沟通和社会交往，发展合作精神。10. 学会使用常用的语文工具书。初步具备搜集和处理信息的能力。

以上十条目标按传统说法包括了智育、美育、德育三大目标，智育目标中又

含基础知识学习、能力培养和智力开发三个方面，就基础知识来说又由三类知识构成：①原理性、规律性知识。如文字、词语、标点、文体等，这些知识是语文知识中最基础的内容，也是获得其他两类知识的前提，学习这类知识最重要的是积累和归纳，即在思考、记忆、运用中掌握，现代信息技术在这里只能提供一些形象或场景，不能代替主体自身的内化。如有关蚯蚓是环节、软体动物，靠刚毛爬行等知识从网上或书上是可以知道的，但如果让每个学生都拿一条活的蚯蚓进行观察研究，其效果可能就很不一样：用刀子将蚯蚓切为两段，会发现蚯蚓肚中没有肠胃等内脏，没有骨骼——软体动物；两段蚯蚓都能爬（长期观察就能知道它能再生）；用嘴舔一舔，感到粗糙——有刚毛：用手拿，发现黏手——有黏液（可能有的学生发现蚯蚓先爬得快后爬得慢，也说明有黏液）。②技能性知识，即学习方法的知识。如写句子的知识，准确、清晰、连贯、得体地表情达意的方法和技巧，运用各种文体知识写出规范的文章的技巧，规范口头语言、提高口语交际能力、培养良好的听说态度和语言习惯等的口语交际知识……这类知识须在反复操练中才能转化为技能。就如游泳一样，动作要领会背会说是不行的，只有在水中扑腾、搏击才能学会。③常识性知识。如有关作家作品的知识，古今中外的各类文化常识，甚至包括思维方法的知识、自然科学知识、社会生活的体验知识、风土人情知识等，这些知识有的只要阅读文本就可以了，有的也不行，如上面提到的蚯蚓知识，学生在观察、研究中还相互启发研究方法——手摸、眼看、嘴尝；不仅研究外面，还研究内面。这三类知识中，应以技能性知识为主体，这是由语文的"交际工具"的性质所决定的，也是终身学习的理念所倡导的。

世界经济合作与发展组织在《以知识为基础的经济》一书中将知识的诸多形态归为四种类型："知道是什么"的知识——记载事实和数据（事实知识）；"知道为什么"的知识——记载自然和社会原理与规律方面的理论（原理知识）；"知道怎么做"的知识——记载工作的技巧和经验（技能知识）；"知道是谁"的知识——谁知道是什么、为什么、怎么做的信息（能力知识）。这四种类型的知识中，前两种是以文字记载的，易编码和传播的认识类知识，可称为"有形知识"；后两种是实践经验积累，不易编码和度量的意会类知识，可称为"隐形知识"。"有形知识"的获得有助于认识和理解世界的能力的养成，而"隐形知识"的形成有助于分析和改造世界以及获取信息的能力的培育。由此看来，无论是"有形知识”还是“隐形知识”都有其特殊的功能，但善于捕捉和把握信息知识、创造新知识的隐形知识“更显重要”。在创新人才的知识结构中理论知识是基础，应用知识是关键；“有形知识”是基础，“隐形知识”是关键；学生仅能搜集知识还不行，还要能判断信息的真伪，还要能加工处理信息，这才是真正的知识（语文能力）。再说，超文本阅读无法取代对语言本身的体味、领悟和吟诵。心理学研究表明，人的右脑控制视觉中枢，人的左脑控制语言中枢，要把视觉中枢感受到的图形、图象、动画等经过复杂的思维过程，再通过语言中枢搜索最精美、最确切的语句表达出来，不是短时间能完成的，它要求我们的语言中枢储存有丰富的语言信息，且有敏捷的反应速度，所以并不是每个人都能迅速地用最精美、最确切的语言把看到的、听到的或感觉到的“意味”描述或表达出来。因此，我们长久地凭借图象、声音等媒介进行阅读，那么，语言中枢将得不到相应的锻炼，其结果是语言越来越贫乏，阅读和表达能力越来越衰弱，最终造成语文能力低下，所以，语文学习不能完全依赖超文本阅读，不能仅靠看图、听音乐或泛泛地浏览来完成，还得发挥传统教学中“读”的优势，通过背诵、体味、赏读等手段，让名篇佳作烂熟于心，从而促进语言的内化、积累，达到提高学生语言感悟能力的目的。

总之，在语文教育中，我们一方面要引导学生掌握计算机这种极佳的资料搜集、存贮、处理的工具，教会孩子如何运用计算机去寻找他所需要的知识，并运用这些知识去组合，去创新，去回答他所要回答的问题。达到《课标》“初步具备搜集和处理信息的能力”的要求，另一方面要根据语文学科的特点，适时、适度地使用信息技术，切不可还没有改变学生面对教师这样一个“知识输出机器”而不堪重负的局面，反而使学生除必须面对“人化机器”之外，还要面对冷冰冰的金属机器。使学生的逻辑推导能力训练和积极的想象力受到冷落，剥夺了学生锻炼自己的机会，削弱了学生自身的潜能，从而导致这方面能力的抑制和缺损；还要防止学生所注意的只是动听的声音、美丽的画面、鲜艳的色彩……而忽略这些视听形象背后所隐含的内涵价值与本质精神，严重增加学生的孤独感、忧郁感，降低人际交往能力等。

（发表于《教学研究》2004年第3期。第一作者为刘寿华，第二作者为夏静）

互补的智慧：让教育进入另一种境界

随着科学技术的发展，网络成了时代的新宠，它以无法比拟的信息优势成为人们关注的焦点，并已经渗透到人类社会生活的各个领域之中，教育——这个在人们观念中的神圣区域也不例外。如今，现代教育技术已经被广泛运用于教学中，网络技术作为现代教育技术领域中的前沿技术，因其具有资源共享性、多媒性和交互性而成为21世纪的主流。它关于网络教育和传统教育，业界的探讨甚至是争论一直在持续，作为教育一线最基层的组织，我们也在不断思索和实践。我们认为，网络教育不能简单替代传统教育，我们思考的命题应该是如何将网络技术有效地运用于教学中，改进我们现时的教育技术，构建新型的教学课堂。我们企望寻找、生成、应用教育技术优势互补的智慧，使网络教育技术与传统教育技术在学校乃至课堂中取长补短、相互交融，使教育进入另一种美妙的境界。

智慧——源于正确的认识和深入的思考

揭开网络教育的层层面纱，我们看到随着科学技术的昌明，网络以一种崭新的形式进入学校，以多媒体和课件为特征的网络教育风靡校园，不少学校也以网络教育出色而形成自己的办学特色。我国在20世纪末开始进行网络教育教学方法的研究。网络手段在现代教育中越来越占有重要的位置，这是不容置疑的。一种技术手段的变化与革新，也就预示着教学从内容到方法的更新。网络教育是随着信息技术的发展而发展的，由于现代教育技术的应用，使得网络教育具有社会和教育意义上的极大优势。

然而，是不是网络教育能够代替所有的传统教育，或者说在教学手段上，用网络的办法完全代替传统的方法，这是一个值得探究的新问题。在长期的实践中我们可以发现，传统教育固然受到时间和空间的约束，传统教育在某些思想观念上也有不适应时代发展和社会需求地方，但我们也应该看到传统教育有着其独特的优势。课堂上，教师和学生面对面，教师在传授知识和培养学生能力的过程中，也投注着自己的情感。于是，课堂上师生之间的教与学传达着教师对教材的理性的认识和分析，表达着学生对课文的感悟和体味，这并不是单向的输出——接受，而是相互的交流、碰撞和提升。在教学中，教师不仅会关注学生对知识的掌握情况，还会注意学生在学习过程中所反映的学习态度和学习习惯等方面的情况，并能及时地作出恰当的指导和引导，激活学生的智力因素，激发学生的非智力因素，使两者相融并蓄，促使学生健康发展。同时，在传统教育的课堂上，教师能够以自己的人格魅力启迪学生，能够以自己的情感感染学生，能够营造和调节学习氛围帮助学生，能够以自己的教学行为影响学生。它不仅有利于教师掌握学生学习的程度，更能够进行人文的传递与熏陶。这样的教育，是有知识分量，有人文意义和有生命活力的。这是网络教育无法比拟和替代的！

由此可见，网络教育教学方法与传统教育教学方法的优势互补是将来教学发展的重要方向。这是一种教育的智慧，并且是一种教育技术之间的优势互补和充分整合的智慧。在教育发展的时代背景下，这种互补的智慧正是我们的追寻和探索所在。

我们不妨这样来分析：在传统教学中，存在教师发挥主导作用的同时往往忽视了学生主体地位的体现的现象，而且老师越主导，学生就越被动，这是一种“以教师为中心”的教育思想，这也是传统教育最大的弊端所在。西方的建构主义（网络教育的支撑理论之一）刚好相反——只强调以学生为中心，往往忽视教师的主导作用，走向另一个极端。我们认为正确的教育思想应当是把这二者结合起来，即不是“以教师为中心”，也不是“以学生为中心”，而是既要充分发挥教师的主导作用，又要突现学生在学习过程中的主体地位，即要“主导—主体相结合”。也就是我们既要看到网络教育技术的优越性，也要清醒地认识到网络教育技术（信息技术）对教育的价值是中性的。所以，触摸网络教育和传统教育的本质，我们觉得我们的教育应该是形成一种何克抗教授（北京师范大学现代教育技术研究所）所说的 Blending Learning 的教育机制。所谓 Blending Learning 就是要把传统学习方式的优势和 E-Learning（即数字化或网络化学习）的优势结合起来；也就是说，既要发挥教师引导、启发、监控教学过程的主导作用，又要充分体现学生作为学习过程主体的主动性、积极性与创造性。目前国际教育技术界的共识是，只有将这二者结合起来，使二者优势互补，才能获得最佳的学习效果。这就是一种互补的智慧。

智慧——成于勇敢的尝试和认真的实践

实践是检验真理的唯一标准，智慧来自于不断的实践之中，智慧也只有在实践中才能熠熠生辉。实现网络教育的教育技术和传统教育的教育技术的优势互补、整合，就应该学习新型建构主义理论和优秀传统教育思想，从而明白，网络教育与传统教育并非"非你即我"的关系，把网络教育的教育技术有效地运用到教育教学之中，改变传统教育存在的不合理现象，弥补传统教育中的缺陷才是我们应该践行的教育智慧。我们强调利用信息技术（网络）营造一种理想教学环境，以实现能支持自主探索、多重交互、情境创设、合作学习、资源共享等多方面要求的新型学习方式，从而把学生的主动性、积极性充分调动起来，使课堂的教学结构发生根本变革，使学生的创新精神与实践能力培养落到实处。这正是我们素质教育的重点目标（即创新人才培养）所需要的。

在这样的理念指导下，着眼于网络教育技术的优势，在整合思想的指导下，学校不仅要花巨资进行软件的建设，整合教育资源，充分运用网络技术进行各学科的教学资源建设，为教师提供了丰富的教学素材，为学生开辟了畅通的学习信息渠道。如：建设教学资源库；建立网上图书馆系统；构建师生博客系统等。还应该通过相关培训，使教师掌握网络教育技术的运用方法，为实现网络教育技术和传统教育的互补，实现现代教育技术和课程的有效整合，促进学校教育教学质量的提高打下基础。在教学研究实践中，我们秉持运用先进的教育理论（特别是新型建构主义理论）为指导的宗旨，紧紧围绕"主导—主体相结合"的新型教学结构的创建这一本质来进行整合，注意运用以教为主和以学为主相结合的新型教学设计理论（即"学教并重"教学设计理论）来进行课程整合的教学设计。于是，你也就可以看到类似这样的教学场景：《观潮》中潮刚出现时像一条白线，接着像两丈多高的白色城墙，再接着像千万匹白色战马齐头并进，这个情景不可能每个学生都能亲眼目睹，而教师适时运用信息技术，让每个学生都充分领略了那种潮生潮涌的壮观景象，并懂得这个比喻的生动、形象。在一定的情况下，学生可以根据自己的意愿选择自己的学习内容、学习难度、学习进程、学习方法、学习伙伴，更加适合学生的特点，实现因材施教。同时你也可以看到在课堂上，教师的一个眼神还在激励着学生的学习热情；教师的一次声情并茂的朗读，还在拨动着学生的心弦；教师的一段意蕴深远的演讲，还在澎湃着学生的激情；教师的一手好字，还在传递着文化的万千气象，一笔一画，还在勾勒着诗情画意，给学生一种美妙的享受。

教育环境的改变、教学资源的丰富和教学手段的充实，悄然改变着教师的教和学生的学，这种改变满足学生个性的、特色的发展，促进课堂教学更加宽松、和谐、优质、高效，使现代教育技术和传统教育技术在互补中得到合理的充分的运用，使教育的优势更加突出，促使学生在学习过程中感情、态度、意志的发展达到最优化。

智慧——关于教学的成长和教育的升华

作为教学一线的教师，我们关注的是在教育教学的过程中让学生获得更多，让学生收益更多，也期望在实施实验的过程中，使教师进一步成长，提升每一位教师的专业水平。在探索网络教育的教育技术与传统教育的教育技术的优势互补进程中，也可以使学校的现代化教育进入新的层面，使传统教育发挥最大优势。所以，我们把大量的精力投入到课堂教学这个教与学联系最紧密，网络教育教育技术与传统教育教育技术交织密度最大，最能使师生直接获益的主阵地——课堂之上。

通过运用网络教育技术和传统教育技术的优势互补的智慧，在实践中我们收获了许多精彩和惊喜。例如我校虞老师在上《苏州园林》一课时，摸索出了"课前准备阶段，课堂实施阶段及课后拓展阶段"运用现代信息技术提高整合效果的经验。即课前准备时，教师要求学生充分运用各种信息技术去查、访、察、摄、录，搜集素材。课堂实施时，学生依据在教师的引导下运用信息技术自主学习，交流、讨论、分析，获得知识与能力。课后拓展时，学生在教师提供的网站、网址、老师同学的 Email 再自主交流学习，这样有利于丰富学生的知识与能力，帮助学生养成良好的学习习惯。自然课上，老师在上《水的净化》时，通过信息技术的虚拟手法将自来水厂净化水的过程生动形象地再现出来，加上真实的电话录音——自来水厂工程部的技术员的介绍，学生被信息技术所展示的形象、生动的内容深深吸引住了，"要他学"变成了"他要学"。美术课上，老师在教《明度渐变》时，用多媒体课件准确展示出的颜色明暗变化，使学生一下子把握了颜色明暗渐变的含义，于是他们用手中的画笔开始了大胆地表现。在英语学科教学中信息技术的使用更为广泛。计算机、录音机、投影仪、VCD 等多媒体是课堂教学中常用的手段。网络技术的合理使用，给学生提供一个优良的英语语言学习氛围，对提高学生的英语听说能力有着重要的促进意义。在有网络教育技术和传统教育技术的优势互补智慧的课堂上，教师巧妙地整合了课程资源，把教材、生活、网络和师生在课堂上聚集、组合，深化了课程的内涵，拓展了课程的外延；在有网络教育技术和传统教育技术的优势互补智慧的课堂上，教师充分发挥了主导作用，根据学生的学习进程和学习状态灵活调整教学预设内容，机智地创设学习情境和调节学习氛围，使学生的学习张弛有度，情趣盎然；在有网络教育技术和传统教育技术的优势互补智慧的课堂上，教师把握学科特点，凸显学科培养目标，引领学生带着求知渴望走进学习，带领学生揣着收获和思考走进另一片学习的天地，使课堂延伸，使学科在延伸中交叉，在交叉中发展；在有网络教育技术和传统教育技术的优势互补智慧的课堂上，学生的诵读、交流、观察、浏览、聆听、操作、思考、想象、辨析……相映成趣，融成了一道美的风景，人在景中留连、徜徉，不断成长；在有网络教育技术和传统教育技术的优势互补智慧的课堂上，使教学给师生带来美的体验和享受，使教育更加多姿多彩、引人入胜、清洌甘饴。

网络教育与传统教育的优势互补研究是时代赋予我们的重任，网络教育与传统教育的优势互补研究既是教师更是学校的一门新课程。站在时代发展的潮头，我们必须有清醒的认识和探索的行动。我们将捧出满腔的热情和所有的智慧，追寻教育发展的美好春天。

（发表于《教育信息化》2007 年第 14 期。第一作者为郭瑞燕，第二作者为夏静）

第三只眼看信息技术

为实施《中华人民共和国国民经济和社会发展第十个五年计划纲要》，全面贯彻党的教育方针，大力推进基础教育的改革和发展，国务院于2001年5月29日下发了《国务院关于基础教育改革与发展的决定》。在40条具体规定中有5条涉及“信息技术”，它们分别是第3条有关进一步深化基础教育改革中规定“全国乡（镇）以上有条件的中小学基本普及信息技术教育”；第19条有关构建基础教育课程体系中规定“中小学增设信息技术教育课”；第23条有关积极开展教育教学改革和教育科研中要求“充分利用各种课程资源，培养学生收集、处理和利用信息的能力”；第26条规定“大力普及信息技术教育，以信息化带动教育现代化”、“以多种方式逐步实施中小学‘校校通’工程”、“有条件地区要统筹规划，实现学校与互联网的连接，开设信息技术课程，推进信息技术在教育教学中的应用”、“开发、建设共享的中小学教育资源库。加强学校信息网络管理，提供文明健康、积极向上的网络环境”；第28条有关教师培训中又指出“加大信息技术、外语、艺术和综合类课程师资的培训力度，应用优秀的教学软件，开展多媒体辅助教学”。国家对“信息技术教育”的要求规定得如此明确、具体，本人就此谈点个人思考。

一、“信息技术教育”是时代赋予我们的重任

1. 从国际信息技术与教育的关系以及发展过程和趋势（见下页图）看，当无线广播和电视技术开始用于教育后，教育研究的重心在众体教学；当分立计算机进入教育领域后，教育研究的重心转向个别化指导；当计算机网络（局域网）开始用于教育后教育的重心变为合作性的小组学习；当Internet进入教育后，教育研究则转向对“虚拟教育”的研究；有人预设不远的将来，当一个人可以拥有多台超微型电脑，通过无线联网（有人称为“泛在网”）时，人们可以在任何地方、任何时候获取所需要的任何信息，真正的信息化社会得以实现，真正意义上的学习化社会就随之到来。这就要求社会每个成员都得熟练掌握信息技术。

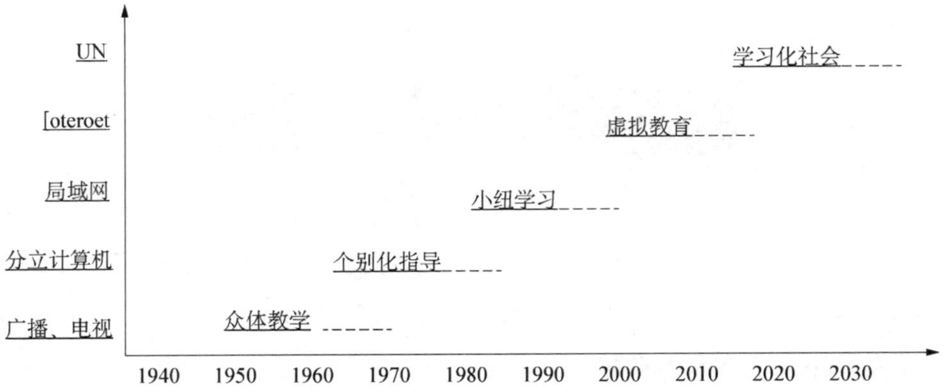

2. 从信息技术对教育的支持和辅助看，现代信息技术能集声音、文字、图像、色彩、形体、动画于一体，改变了传统教学中知识线性输出的模式，使信息传输成为多层次、多渠道的开发空间，有助于学生运用多种感官完整准确地理解知识、迅速敏捷地获取信息。同时，现代信息技术的运用可以使教学内容化大为小(《只有一个地球》可以把浩瀚的宇宙运用信息技术展现给学生)、化远为近(《海底世界》中的动植物)、化虚为实、化静为动(《鸟的天堂》中鸟儿活动的动态)、化抽象为具体、化宏观为微观、化微观为宏观(《落花生》花谢后，子房钻进土里结出花生)……为教师提供更加丰富的教学形式，有利于真正提高学生多方面素质。如运用信息技术再现事实，为学生思维发展提供条件；运用信息技术变静为动，为学生思维发展提供动力；运用信息技术再现事物发展过程，为学生思维发展开辟新天地；运用信息技术丰富训练形式，提高训练效果等。如《称象》一课，曹冲的思维过程可以先运用新技术展现曹冲在花园看见青蛙蹲在荷叶上的情景，使学生联想到船；再把一个官员说的"把大象宰成一块一块"的话变成动画——大象碎片与石块的对应、重叠等，使学生弄懂曹冲称象的思维过程，并学到如何思考问题，再启发学生如果不用石块，你还能想到什么办法(水、泥沙、人等)？如果不用船，你还能想到什么(跷跷板、大杠杆等)？《观潮》中潮刚出现时像一条白线，接着像两丈多高的白色城墙，再接着像千万匹白色战马齐头并进，这个情景不可能每个学生都能亲眼目睹，运用信息技术就可以让每个学生都领略一下，并懂得这个比喻的生动、形象(白色是水质；战马既写出了潮头的高，又写出了潮水像战马奔腾时那样翻滚的样子，还写出了潮水的速度；"千万匹"还写出潮水的气势、声势。)另外，对于每个学生来说，知识的多形式展示、知识高速度传递、交流活动的增频成为现实,有了一个全新开放的学习环境,可以根据自己的意愿选择自己的学习内容、学习难度、学习进程、学习方法、学习伙伴,更加适合学生的特点,实现因材施教。信息技术的集成性、交互性、同步性、协同性等特点又可以充分调动学生各种感官的功能,有利于开发全脑的学习潜能、平衡人的发展,有利于克服时空的局限,模糊课堂学习与真实学习的差异,使学习者有可能全身心投入以解决问题、建构真实意义为基础特征的学习活动中去。

因此,学校必须加强现代信息技术装备,教师必须掌握和运用现代信息技术,现代信息技术必须走进课堂,支持和辅助教师的教学、支持和辅助学生的学习,这是社会发展的必然要求,是时代赋予我们的历史重任。

二、"信息技术"对于教育的价值是中性的

我们在看到信息技术巨大优势时,也要注意,现代信息技术与其他任何先进技术一样,对于教育的价值来说都是中性的。首先,过分依赖现代信息技术,会影响人的创造力发挥。电脑在速度和可靠性方面是人脑所不及的,但在对图像识别之巧妙、智力创造之灵感、鉴别能力之敏捷等方面,电脑就远不及人类了。因为知识是已知的东西,是过去的创造成果,僵化地积累知识会产生顽固的思维惰性,使人不愿意打破旧有的思维习惯,不愿意怀疑现有知识的真理性地位,从而阻碍了创造性的发挥。有一位禅师对他的弟子久无长进感到头疼。有一天,他当着徒弟面倒水,杯子满了,茶水溢了出来,他还在倒。弟子很惊讶,提醒他水倒不进了。他说:"是呀,杯子满了,水就倒不进了;而你呢?用成见把自己的脑子塞得满满的,我又如何能增加你的智慧呢?"这位禅师就是要弟子心灵时常处于"虚怀若谷"的清净状态。再如有一位非常有名的学者,身边有一批学生,其中有一位非常勤奋,每天早晨5点起床进实验室,中午在实验室吃自带的饭后又接着干,到晚上10点才回宿舍休息。众学生羡慕他的精力,老师们都夸他的勤奋,然而,这位学者却有点担心。有一天,学者问这位弟子:"你每天几点进实验室?""早晨5点。""中午休息多长时间?""不到1小时。""晚上几点回宿舍?""10点左右。""哪你有多少时间思考?"学生无言以对。这就告诉我们:光做不思考、光学不思考,永远也不会有所进步,有所创新!

其次,过多地运用现代信息技术,会影响人的身心发展。电脑可以虚拟环

境，但“虚拟环境”毕竟不同于现实世界，长期在虚拟环境中学习的学生走向社会必然无所适从；“虚拟环境”基本是由各种各样的任务构成，如果无穷无尽的上虚拟环境中的课，学生会习得盲从惰性，失去自律能力。信息的过多摄入也会扰乱人的心灵。英国广播公司的一次调查表明，过多地摄入信息会引起人的自信心减弱，人与人的交往减少。美国的校园暴力事件多，其原因是多方面的，但专家指出，电视和网络中的暴力内容与现实的攻击行为有直接的关系，经常在电视上观看暴力节目的孩子，有更强的暴力倾向。网上聊天的人都知道，聊天的话没有一句是真的，长期聊天会使人虚伪、冷漠，游戏人生。由此，“电脑空心族”现象也将给社会的发展产生影响。

三、现代信息技术教育既是学生更是教师的一门新课程

首先，师生共同具备迅速地筛选和获取信息，创造性地加工和处理信息的能力，运用各种信息技术自主、高效地学习与交流的能力，不断培养和提高在信息社会中生存所必须的道德、情感、法律意识与社会责任等“信息素养”是师生融入时代生活，适应和进行生存竞争的必需能力。随着信息社会的到来，以计算机和网络技术为核心的现代技术的不断发展，正在越来越深刻地改变着我们的生产方式、生活方式、工作方式以及学习方式。信息的获取、分析、处理、应用的能力将作为现代人最基本的能力和素质的标志，从小培养学生掌握和应用现代信息技术，是信息社会对人才的基本要求，也是增强综合国力的一个重要组成部分。

以多媒体计算机及网络为核心的信息技术提供了有利于学生多元智能发展的智能环境。学生利用多媒体计算机能进行文字处理、数据分析、作图绘画、编曲欣赏等，利用网络更是能实现各种信息的传递与交流。目前，世界各国对中小学信息技术教育都非常重视，我国如不在这方面抓住机遇、加快发展，就会进一步拉大与其他国家在中小学信息技术教育上的差距。因此，我们必须增强加快中小学信息技术教育的紧迫感和责任感，要改变以往按部就班推进的模式，以跳跃式的发展模式使中小学信息技术教育迈上一个新台阶。这就要求教师具有较高的信息意识、信息知识水平和应用信息知识处理问题的技能。教师应能熟练运用信息技术对信息资源进行有效地收集、组织、管理、运用，能通过网络与外界交流，突破传统的教学模式，引入信息技术进行教学创新，借助信息

技术提高教学质量，培养学生发现问题、思考问题和解决问题的能力；培养学生适应社会的能力；培养学生的应变能力。教师应为学生设计出能体现计算机及其网络优越性的学习任务，且设计的任务要顾及到学生现有智能水平的差异，要尽可能涉及一些不同的智能领域，让学生享受到“智能公平”。教师应在全球化的学习环境中引领学生进行恰当的选择学习，为学生提供参考意见和导读分析，使学生摆脱学习的盲目性和模糊性。在飞速发展的信息时代，谁掌握了信息，谁就抓住了机遇。学生的未来就是社会和国家的未来，教师责无旁贷。

四、教学一线教师、教材编写专家与信息技术开发商共同研制、开发与教材配套的教师教学、学生学习的软件和资料库

随着现代化教育的不断发展，以计算机为核心的多媒体技术的应用已成为21世纪教育的主流，教学手段的现代化更是当前实施素质教育、提高课堂教学效率的有效途径。通过教学尝试，我们已经认识到现代化教学手段在课堂教学中的巨大魅力。新课标也提倡新教材具有内容的现代化、整合的教材设计思想、具有探索精神的教材设计、以及小学学科整合的教材设计。新课标的实施，使得各科教材加大了拓展教材内容的来源和范围的力度，提供尽量丰富的与学生生活背景有关的素材；充分考虑学生的已有经验、兴趣和需要；充分考虑计算机网络和多媒体等信息工具为教材内容的拓展而带来的有利条件，使教材呈现出新颖、信息性等新特点。而信息整合，就是要把各种信息技术手段完美、恰当地融合到课程中——就像在教学中使用黑板和粉笔一样自然、流畅。而教育软件市场的现状却不容乐观，各种软件漫天飞，但大部分软件的有效可用度较差，在一定程度上造成了资源浪费。笔者认为教学软件和教学资料库应具有课程导向和教材编写体系的完整，具有符合学生年龄特征的情趣和与学生水平相当的沟通特点，具有一流的设计理念和技术支持。因此构建以教学一线教师、教材编写专家与信息技术开发商三位一体的研究——开发共同体，开发与教材配套的教师教学、学生学习的软件和资料库是较理想的做法。这样的教学软件就能体现准确理解信息技术内涵，深刻了解教育的本质，了解本学科教学的根本目的，了解教学中的难点重点所在，了解学生的求知需求的特点，兼容技术性、科学性、教育性一体的优势。教师在使用中，就能了解传统教学的优点和局限性，有意识、有目的地实现信息整合的实验教学，最终在信息技术的支持下更好

地进行教学活动，真正达到“课程整合”的完美状态。

信息技术无疑是美的，当我们第一次与它面对面就能感受到。当我们进一步了解它、运用它时，会不自觉地喜欢上它，把它融为生活的一部分，体验中获得“它的确是美的”。当我们再一次审视它，在与它亲密接触，清醒看待它时，我们的责任是让它更好、更美。

（发表于《教育现代化》2006 年第 2 期）

让信息技术为“读”提“味”

读是语文课堂教学中最经常、最重要的训练，读是语文教学的基础，在语文阅读教学中，读的地位与作用连接着认知与运用，贯穿了语文学习的全过程。由此，如何充分发挥读的作用，使语文课堂在琅琅的书声中充溢智慧之味，便成为语文教师的追求。而信息技术以其动态、直观、立体化的呈现方式，为语文教学中读的训练和发展开拓了一片新天地，也使语文教学中的读“味”更浓。下面就结合《詹天佑》一课的教学来谈谈自己的体会。

一、运用多媒体的提示功能，提升读的品悟味

俗话说“书读百遍，其义自现”，“熟读唐诗三百首，不会写诗也会吟”，在课标中对阅读也提出了详细的要求：“具有独立阅读的能力，注重情感体验，有较丰富的积累，形成良好的语感。学会运用多种阅读方法。能初步理解、鉴赏文学作品，受到高尚情操与趣味的熏陶，发展个性，丰富自己的精神世界。能借助工具书阅读浅易文言文。九年课外阅读总量应在 400 万字以上。”借助媒体效果呈现的提示功能等，就能使语文教学中学生的读指向更明，使边读边思更有深度，使阅读与理解更加相得益彰。

《詹天佑》这篇课文以“詹天佑是位杰出的爱国工程师”为中心来叙述他主持修筑京张铁路的经过。文章选材典型，详略得当，修筑京张铁路的经过只选取了勘测线路、开凿隧道、设计“人”字形线路三件最困难的事来写。其中“开凿隧道、设计‘人’字形线路”既是课文的重点，又是课文的难点。语文课就要上出“语文味”，既要“朗朗诵读、静心默读”的“读味”，又要“圈点批注、摘抄书作”的“写味”，还要“品词品句、咬文嚼字”的“品味”。在教学《詹天佑》这篇课文时，我就分三个层次来组织教学。第一层次，运用媒体呈现课文内容，在难度的词句上运用点击变色的效果引导学生关注并指导学生读仔细，让学生读得“言从字顺”，即读通、读懂、读得流利；第二层次，通过各种方式的朗读，指导学生在理解课文时，边读边动笔，对关键词句进行圈点批注的基础上，根据学生的交流，通

过媒体课件出示内容，运用画线、加深颜色、变色、闪烁等提示功能，显出重点，通过动画图示的方式，帮助学生了解居庸关隧道和八达岭隧道开凿的方法各自不同，前者采用从两端同时向中间凿进的办法，后者采用中部凿井法。引导学生初步领会词句的书面意思，为进一步学习打下基础。第三层次，在此基础上，让学生以小组为单位，合作、动手，做一做"小小工程师"，设计图纸。很快，一张张设计图纸通过实物展示台呈现在大家的眼前。这样一来，为学生创设了体验过程，仿佛身临其境，使原来觉得乏味、枯燥的课堂教学变得乐趣横生。继而激烈的讨论，迸发出了孩子们积极向上的氛围，展示了孩子们对语言文字的感悟。课堂成了他们体验、交流、合作、享受成功的乐园，学生真正做到了在读中体验，詹天佑的杰出才华展露无遗。在愉快的教学中，学生学得快乐，学得轻松，语言顺畅，最大限度地调动学习语言的积极性，从而更好地丰富知识，发展语言，开发智力。

二、借助媒体的直观优势，彰显读的感悟味

语文学科的本色就是学习语言，让学生从文章中通过朗读，体味语言文字的魅力，感悟文字语言，就如春风化雨，润物无声。而媒体的直观优势则可以在文字与感悟间架起形象、生动的桥梁，在教学《詹天佑》这一篇课文时，我就以朗读为抓手，充分利用媒体的直观优势，引导学生边读边悟。

教学中，我采用了自读、默读、分角色朗读、齐读等多种朗读形式。在课堂上，先以课件出示学生交流中获得的"疑"，引导学生循着心中的"疑"去充分地读书，思考，探求。如在教学课文第五自然段时，我指导学生围绕这几个问题进行自读感悟：1. 在开凿隧道时，詹天佑遇到了哪些困难？2. 詹天佑采用了哪些不同的方法开凿？3. 从中你能感受到詹天佑的什么精神品质？显然，这三个问题不难，但一定要仔细读书才能完成。这样，学生就能分两个层面进行读书了。第一层面，了解课文字面上的内容，詹天佑在艰难的情况下，采用不同的方法开凿隧道。了解了这一层面的内容，媒体课件就可以用图示进行阅读总结，使学生一目了然。第二层面，深入文字，透过文字感受詹天佑的精神。最后学生体会人物品质时，引导学生想象画面朗读，体会人物品质：读了以后你仿佛看到了什么？听到了什么？此时此刻你心里是怎么想的？通过学生交流的语言，我知道：他们被詹天佑的言行感动了，他们对詹天佑的杰出才华赞叹不已，对詹天佑

的爱国精神肃然起敬……在创设这样的语言情境后，再出示与之匹配的画面，使语言与画面充分对接，由此，再让学生入情入境地朗读，学生就能真正感悟到人物品质：这条铁路一旦修不成，就会使中国工程师失掉信心；如果这条铁路修成了，就能极大地鼓舞人民，进一步突出詹天佑的爱国心。

三、依托媒体的综合性能，发展读的思辨味

“不愤不启，不悱不发”，就是说如果学生不经过思考而有所体会，想说却说不出来时，就不去开导他；如果不是经过冥思苦想而又想不通时，就不去启发他。因此，我们就要启发学生积极思考，及时点拨。激在关键处，促在思考点。而多媒体等信息技术的综合性能，如果能适时、适当地运用，教学效果便会更加凸显。

教学《詹天佑》这一篇课文时，在交流中我重点抓住了一句话反复品读：“遇到困难，他总是想：这是中国人自己修筑的第一条铁路，一定要把它修好；否则，不但惹那些外国人讥笑，还会使中国的工程师失掉信心。”这句话是詹天佑遇到困难时的内心想法，也是他克服困难，完成艰巨任务的动力。这句话更充分表现了詹天佑热爱祖国的思想感情和为祖国争气的坚强决心。教学时我把这句话作为多媒体课件的主界面，始终展示在学生眼前，并抓住这句话四次品读，通过层层深入地学习，让学生从字里行间感受詹天佑的爱国和杰出。第一次品读，让学生找詹天佑修筑铁路的时候感动我们的细节描写，这是初步感知；第二次品读，在初步感知后让学生找文中哪些语句和词语表达了詹天佑遇到的困难？出示课文中的相关词语让学生展开联想，想象画面后，再次借助多媒体的直观优势出示画面，并紧扣学生的思维点，启发学生思考、交流后再读。第三次品读，利用课件，出示链接的与课文相关的背景资料，让同学们感受詹天佑遇到的人为的困难，谈体会之后再读。这三次读学生已经充分感受到了詹天佑不怕困难的精神。第四次读，在学习了詹天佑所处的历史背景之后，也就是课文的2～3自然段，感受了帝国主义者为什么阻挠清政府的修筑计划？以及了解了他们要挟清政府的目的之后，再读这一句，此时詹天佑的爱国情怀已经深深烙在了孩子们的心中。另外，这篇课文理解的难点就是“开凿隧道”和“设计‘人’字形线路”这两部分内容。这两个技术性比较强的问题，一方面，在课件中展示这一段铁路的照片，另一方面，也让学生自己画一画示意图，再利用媒体的优势，

请学生观看课件动画，通过这两种比较直观的方法，学生就能充分理解詹天佑设计的巧妙，体会詹天佑的“杰出”。由此，学生也在交流的过程中分享彼此的思考、见解和积累，在读中深化了思辨，获得了体验和感悟。

总之，信息技术相对于以读为中心，注重在读中体验、读中悟道、读中深化的语文课堂教学而言，善用之，即能为语文课堂之读增味、提味，为语文课堂注入新的活力。

（发表于《中国信息技术教育》2011 年 6 月）

语文教学中实践课程标准的几点体会

新一轮的基础教育课程改革是一场教学革命，从十二年前走进新课程，我们经历了解读、理解、实践、反思、再实践的过程，《语文课程标准》(2011 年版)修订至今，又过去了四个年头，我们对课程标准指导下的语文教学有了更加深刻的认识。在实践新课标的过程中，我也以激发课堂活力，提高教学效益，促进学生发展为主要追求，收获了以下几点体会：

一、互动课堂：不断促进教学相长

场景一：一年级教师在引导学生记忆 j、q、x 时，先启发小朋友可以用口诀和顺口溜的形式记忆，学生根据图示编出了“搭积木 jjj”“打气筒 qqq”“唱大戏，xxx”的口诀。教师适时点拨学生利用生活中熟悉的内容来记忆，顿时出现了“小声说话 jjj”，“学过的内容 jjj”等学生易记声形的顺口溜。

场景二：人教课标版五年级下册《加了一句话》的教学中，教师利用学生的提问：“加了一句话后，为什么就能使人们驻足、捐钱施舍?”引发一场大讨论。有的学生说，春天到了，但文中的残疾人却无法感受到，这样加了一句话就更能激起路人的同情心；有的同学说，一句“春天到了”更好地启发了行人要给予身边人春天般的温暖，使大家积极地伸出热情的助人之手……学生在与老师、同学的思维交流和碰撞中，体会到了“春天到了”这句话在文中的巨大感染力。

“教学相长”的过程是师生交往、积极主动、共同发展的过程。把教学的本质定位为交往，是对教学过程的正本清源。它不仅在理论上超越了历史上的“教师中心论”和“学生中心论”，现实中的“学生特殊客体论”和“主导主体论”，而且在实践上具有极其重要的现实意义。教师的教和学生的学将成为师生的互教互学，彼此形成一个真正的“学习共同体”。以上场景一中，学生的学习兴趣在轻松的学习氛围中达到了高潮，他们以开放的心态，创造性的活动，彰显了个性，凸现了主体性，教师引导学生把语文学习和实际生活结合了起来，同时，学生的思维也启迪着教师的智慧在教学中不断生成。而场景二中，学生以个体的体验与群体实现了交锋融合，建构起了对“春天来了”这句话的正确理解，教师在教学中与学生共同经历了这个过程，激活了彼此的热情，讨论激发着讨论，学生的妙语串联了教师无限愉悦，对教师来说，以上两例的教学已不是传授知识，而是一起分享、理解，吸收兼容的过程。此时的教学是一种对话、参与，是弥漫、充盈于师生间的一种教育情境和精神氛围，充满了丰富和多变的异彩。

二、开放课堂：拓宽语文教学空间

语文是我们的母语，它渗透在我们生活的每一个细胞中，作为一门基础学科，它又与其他学科有着千丝万缕的联系。从大语文观到努力建设开放而有活力的语文课程，我们坚信生活处处皆语文，语文课程的外延就是生活！

1. 突破语文课本，走向学科综合

语文兼有工具性和人文性，它本身便是一门综合型学科，涉及人们语文知识、语文能力及价值和审美情趣。对于教材，我们统一了“用教材教”的思想，在教学中，根据需要，突破“语文书”的限制，走科学整合之路。诚如人教课标版四年级下册《桂林山水》一课，教师利用声像，激发学生的阅读兴趣，使学生一睹姿容的愿望油然而生。由此，师生共享文之美，景之美，情之挚；利用网络，学生又领略了桂林山水的神奇、唯美，使学生良好的审美情趣得以培养，悠悠然乐在其中。继而引导学生思考桂林奇景生成的原因，诱导学生读书长知识，叹服自然之鬼斧神工。由此，学生在语文课上学到的就再也不仅是字、词、句、段、篇的构成及全文的思想内容，更有他们内化的语文内容，高涨的阅读兴趣，初步的审美、表达美的能力和萌芽的科学思想，学生的综合素质能在整合中得到训练，这正是素质教育全面发展的观点的要求。

2. 打破课堂时空，走向实践生活

课堂无疑是进行语文教学的主阵地，我校要求语文教师在有此认识的基础上，要敢于走出课堂的时空限制，解放教学。北师大版语文四年级下册《海上日出》和苏教版六年级下册《三亚落日》，教师在教学前先发动学生查找写有关日出与落日的句、篇，请学生读一读，背一背，再引导学生在课内学一学、比一比日出与落日的景观。这一环节，由课外引到课内，使学生把新知旧识联结起来，使学习成为有意义的学习。在教学中，教师又推荐学生阅读写有关日出和落日的文章，并请学生自己也观察日出、落日的过程并写下观察日记。这一环节又从课内延伸到课外，使学生的学习方法得到巩固，同时也增加了学生对此类文章理解的深刻性。形成了课前了解一些，上课方法掌握一点，课外多读一些，经历之后写下一点的教学策略之后，学生的课外知识丰富了，习作水平提高了，上课举一反三的能力也增强了，语文教学呈现了勃勃生机。

在口语交际课的教学中，我们尤其注意从课内走向课外、走向校外。如苏教版《打电话》这一课教学中，教师先引导学生说说自己平时打电话时的情况，而后请学生说出打电话时应注意文明礼貌，把事讲讲清等要点，在反复练习之后，要求回家练习此项内容，巩固学习，让学生成为学习的受益人。

三、灵动课堂：不断凸显课程活力

1. 学习方式：激励唤醒，鼓励“自主探究”

学习主体的语文实践活动是语文教学的核心，学生的语文实践本质上是一个主动参与积极活动的过程。苏教版国标本一年级上册《认一认4》中，学“坐”时，学生情不自禁读“坐”，老师及时追问，你是怎么会读的？生A答：我是看图猜的。生B答：我用拼音拼的“z－u－ò，zuò”，采用不同方式学习，就是学生自主的体观，学生各抒己见，介绍方法则是合作学习的一种表现形式，而“猜”与“拼”就是学生探究的过程。

在语文学习中，这种探究式的学习随处可见。例如在学习《蔬菜》这一课之后，以生活中的蔬菜为题，开展综合性学习活动。一年级的小朋友利用假日随家长到菜场认识蔬菜，回到课堂上再与小朋友交流收获，利用说、画等方式展示自己的成果。中年级的学生在学了《卢沟桥的狮子》后，以狮子为题，有的跑阅览室，了解与卢沟桥的狮子有关的历史；有的上网了解狮子的种群分布、生活习性；有的则从艺术角度，收集从古到今以狮子为题的艺术品画片；有的学生则从课文中学到了写作方法，利用课余到商场观察钟表，写成了一篇观察作文。

在语文学习中，我们不难发现，自主、合作、探究式的学习方式能够唤醒沉睡的潜能，激活封存的记忆，开启幽闭的心智，放飞囚禁的情愫。

2. 学习方法：适时引导，进行“读中感悟”

有教师认为，课文只有精讲，才能使学生理性认识文字的精妙，殊不知，教师过早地扒皮抽筋、肢解课文，用“权威”的分析讲解，向学生硬性灌输理性知识结论，只能导致学生对课文的生吞活剥，囫囵吞枣。《语文课程标准》指出，必须“正确把握语文教育的特点”，重视语文的熏陶感染作用，注意教学内容的价值取向，同时也应尊重学生在学习过程中的独特体验。我的科研课题“三激三知”导学法研究就注重教师激活，学生感悟的学习过程。在语文教学中引导学生在读中感悟主要包含两方面内容：一是读，使学生直接面对文本，反复诵读，充分感知语言文字材料；二是悟，在与文本的对话中，通过扣读导悟，读中见悟，丰富着文本与自我。悟，关键要联系学生的实践，让学生用自己的生活经验和语文积淀去悟。

例如苏教版四年级上册练习 7 中有两项内容“处处留心”“读读背背”，教师在教学中可以先由第二部分“读读背背”入手，先让学生按要求充分读安排在此栏中的对联，直到能诵对、背诵为止，而后引导学生读中悟：有何发现。有些学生悟出了对联的某些特点，如字数相等，字串相对，为以后领略对联的精妙奠定了基础。没有喋喋不休的说教，更无填鸭式的教学，完全靠学生的自读自悟，反而激发了学生的求知欲。然后再引导学生关注第一部分“处处留心”关于对仗、对偶的内容，使其体验快乐和成功。这样学生不仅有了知识上的获得，能力上的实践，语言上的积累，更有了愉悦的心理体验。

教学中对于学生的感悟，教师还洞察其生活背景，保护其“感”的独特性。在苏教版国标本一年级上册《识字 5》中，教师创设情境，学生读“沙滩　贝壳　脚丫”时，教师引导学生说出脚踩在沙滩上的感受，学生 1 说感到舒服，学生 2 说感到很热，学生 3 则说感到很凉快，很明显，“凉”与“热”形成了鲜明的对比，似乎有“冲撞”之嫌，细想却不然，学生的这种独特感悟其实有他深层的生活背景：说感到热，也许是烈日骄阳下的感受，说觉得凉也许是清晨、春秋季的感受，我们的教师应理解学生的生活体验，珍视学生的这种独特性。

2011 年版课程标准的修订实施，是语文教学在反思之后迎来的又一个发展的春天。我们将继续努力实践，不断前行。

（本文发表于《小学教学研究》2015 年第 4 期。曾获全国教师论文比赛一等奖）

苏州太湖国家旅游度假区中心小学课程规划方案

为了贯彻落实“立德树人”(《教育部关于全面深化课程改革落实立德树人根本任务的意见》教基二〔2014〕4 号)的精神，探索学校课程改革，围绕“秉承香山文化积淀，着眼区域发展期待；关注师生至善发展，促进学生阳光成长”的总体工作思路，特制定本方案。

一、学校课程规划的依据

苏州太湖国家旅游度假区中心小学(简称度小)始建于 1994 年，2009 年易地新建至现址。校园占地面积 26 168 平方米，建筑面积 14 858 平方米，至 2014 年 9 月，学校共有 25 个教学班，1 000 多名学生，其中外来民工子弟学生占 32%。

20 年的办学发展中，学校以“至善”为校训，在不断追求的道路上且思且行，坚持内涵发展，科技教育成果丰硕，教学质量稳步提高，赢得了良好的社会声誉，曾被评为“全国科技体育教育传统学校”“江苏省科技教育特色学校”“苏州市文明单位”等。

(一) 学校发展的 SWOT 分析(详见附表)

学校地处苏州太湖国家旅游度假区腹地，环境优雅，人文荟萃，有着丰富的课程资源。学校拥有一支以朴实、踏实见长的教师队伍，既有经验丰富的老教师，也有充满活力的新教师，还有日渐成熟的青壮年学科骨干。其中有部分教师参与过校本教材的编写和校本课程的实施工作，但教师队伍课程素养的整体提高还有待培养和推动。学生兴趣广泛，乐于动手，重视学业发展，有一定的活动能力，但学习习惯、学习能力差异较大；视野相对狭窄，学习方式偏于传统，创新能力不足，亟需通过课程重构让学生拥有更多自主选择的机会，促进学生生动活泼地成长。

(二) 校本课程需求分析

1. 学生方面，从小受到本土文化的熏染，动手能力较强。通过课程设置选择问卷，表明学生对现有课程拓展活动，特别是以学生社团为组织形式的选修类活动有浓厚的兴趣和高涨的参与热情。他们乐于进行实践性强的研究活动，在生活劳动等方面却缺少练习。

2. 家长、社区方面，学校的生源大部分来自就近生活圈，家长及社区一方面希望学生继承本土文化传统，另一方面又期待学生具有健康的身心，有较强的社会适应能力，有一定的创新与探索精神和实践能力，遵礼仪，有自律，能担当，拥有幸福的人生。根据学生的组成，部分家长为外来务工者，他们急切期盼孩子能完成成为"新苏州人"的蜕变。

3. 学校方面，2002 年，以无线电定向、测向项目为抓手，在科技教育方面取得了长足的进步，2012 年开始，又增加了电子制作、纸飞机、古建、防震减灾等科技项目，现在，学校又在着手进行苏州本土植物科普园的建设。由此，学生在科学精神，创新意识、实践能力方面得到了一定的培养。同时学校不断开掘和整合香山本土资源(核雕等)，形成校本课程内容，对学生进行了乡土历史、文化、工艺等方面的教学，使学生对于香山历史风景，人情风物等内容有所了解。

(三) 学校的愿景、使命与目标

1. 学校愿景

秉承"至善"教育哲学，把学校办成至善的阳光少年的学园、乐园与家园。

2. 学校使命

为了实现上述愿景，秉承香山文化积淀，着眼区域发展期待和学生成长期望，在学校团队成员的共同协商下，履行下列使命：

营造人文和谐的学校文化，建幸福校园；

加强务实向上的专业领导，树典范管理；

培养专一进取的教师团队，塑智慧教师；

建构多元适切的课程体系，育时代新人。

3. 育人目标(毕业生形象)

学校的毕业生形象为：善于思考、善于玩耍、善于交流、善于创造、善于求精

二、学校课程计划及说明

学校课程体系由国家课程和校本课程两块组成。国家课程按苏州市教育局颁布的义务教育课程方案来落实；校本课程板块考虑到学校特色与相关课程

的整合，将苏州市颁布的综合实践活动课程内容和校本课程空间整合在一起，整体设计校本课程，将“五善”品质细化在各板块的课程目标中。其结构图如下所示：

（一）课程结构

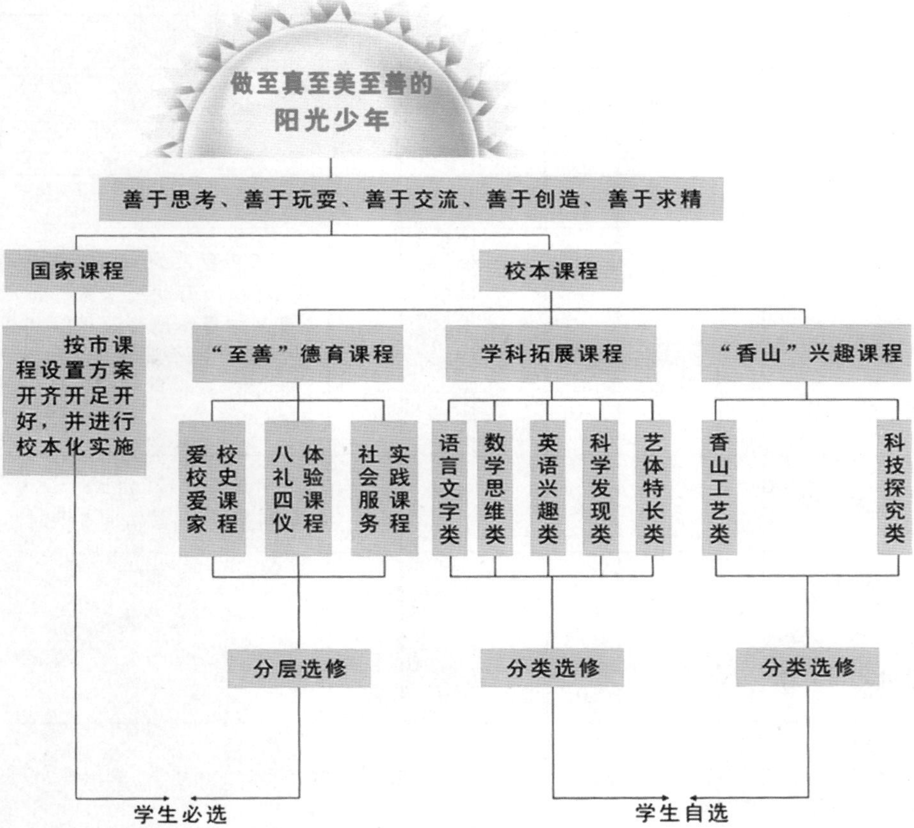

（二）课程设置方案

年级 / 周课时 / 科目	一	二	三	四	五	六	说明
品德类课程	品德与生活		品德与社会				
	2	2	2	2	2	2	
科学			2	2	2	2	

续 表

年级 周课时 科目	一	二	三	四	五	六	说明
语文	8	8	7	7	6	6	
数学	5	5	4	4	5	5	
外语	3	3	3	3	3	3	
体育与健康	4	4	3	3	3	3	
音乐	2	2	2	2	2	2	
美术	2	2	2	2	2	2	
综合实践活动			3	3	3	3	综合实践活动课程信息技术每周 1 课时，劳动技术课程每周 1 课时；“至善德育课程”中“八礼四仪”“社会服务”分别占 8 课时，“学科拓展课程”共占 12 课时。
校本课程			2	2	2	2	“香山兴趣课程”每周 1 课时，“学科拓展课程”每周 1 课时。
周课时数	26	26	30	30	30	30	
学年总课时数	910	910	1050	1050	1050	1050	

说明：

1. “香山”兴趣课程延伸活动、社团活动、学校兴趣小组活动根据苏州市“三项规定”，利用 3:20 以后的活动时间进行。

2. 一、二年级的“科学启蒙”“学科拓展”“至善德育”在每周三下午 2:45～3:25 实施。

（三）校本课程的内容

1. “至善”德育课程

“至善”德育课程围绕争做“至真至善至美阳光少年”为主要内容，分为《爱校爱家校史课程》、《八礼四仪体验课程》和《社会服务实践课程》。（具体安排见下表）

“至善”德育课程			
课程模块	课程目标	年级	教学(活动)内容
爱校爱家校史课程	爱校爱家	一、二年级(低年级)	我们美丽的校园
			有你真快乐
			最美香山人
			我们的约定
			阅读香山
			我为香山添光彩
八礼四仪体验课程	友善守礼	三、四年级(中年级)	成长仪式、仪式之礼
			待人之礼、餐饮之礼
			行走之礼、交规体验
			观赏之礼、仪表之礼
			言谈之礼、游览之礼
			毕业感恩、至美汇聚
社会服务实践课程	快乐实践	五、六年级(高年级)	打扫、整理阅览区
			校园绿化清洁护理
			舟山、香山社区服务
			幼儿园服务
			香山街道敬老院服务
			少年交警执勤实践

2. “香山”兴趣课程

学校根据学生的年龄特点及不同教师的特长，利用好教材以外的课程教育资源，开设了30余门自主拓展课程，主要分为“香山工艺、科技探究”两大类。学生根据自己的兴趣与爱好，通过网上选课平台自主报名，开展学习。

“香山”兴趣课程	
香山工艺类	香山古建、核雕、编织(藤编、线编)、剪纸、装裱、书法(传统)、绘画(水墨画为主)
科技探究类	电子百拼、建模制作、电子制作、纸飞机、数棋、无线电定向、测向、科学幻想画、植物园探究、积木、七巧板、趣味橡皮筋

3. 学科拓展课程

在国家课程实施的基础上，学校开发与建设有学校特色的学科拓展校本课程，为学生提供丰富多样的课程资源，促进学生多元学习能力的形成。

学科拓展课程	
语言文字类	说话写话
	语文综合学习
	小记者团
	名篇阅读
	学讲苏州话
	书法
	国学诵读
数学思维类	趣味数学
	思维训练
	数棋
英语兴趣类	麦克米伦英语
	英语儿歌
	国际理解
	童话表演
艺体特长类	体育活动(游戏)
	足球
	世界名曲、世界名画欣赏、吴门画派赏析
	合唱、舞蹈
	评弹
	器乐(古筝、二胡、竹笛、吉他)
科学发现类	趣味实验
	无线电

三、实施建议与保障措施

(一) 实施建议

1. 国家课程的校本化实施

(1) 对于各学科教学，强调教学的有效性和优效度。通过常规监控、研讨引导等方式，提升课程教学质量。通过学习课程标准，明确教材编写体系及设计意图，整合学校特色和毕业生形象要求，编制课程纲要，统整课程教学的要求。通过课堂观察等教学研究方式，不断提高教学效益。

（2）创造性地实施《科学》课程

各年级科学学科在课程中进行国编科学教材和校本科技系列教材的整合教学。其中“科技启蒙”的校本化教材融入创造、技能、游戏、合作、竞争等诸多元素，使学生在教师的引导下，通过“纸飞机”、“电子制作”、“建模创意”、“电子百拼”、“无线电测向定向”等多项活动，提高师生对电子知识与技能的探究与实践能力，开发手脑协调的心智能力及问题解决能力，培养学生严谨求实的科学精神、勇于开拓的创新精神，磨练不畏艰苦的意志品质，形成团结协作的行为方式。

在教学时间上，三至六年级每个班级利用科学课进行特色教学，每学年安排6课时。在教学内容与安排上，学校充分利用本校本地的教育资源，引进、完善“科技启蒙”的5本校本教材与相关教学教案，并根据不同年级确定适合不同年级段的科技启蒙项目：

科技启蒙		
年级	教学内容	具体要求
一年级	纸飞机	通过制作纸飞机，提升对科技项目的兴趣，并初步培养探究意识。
二年级	纸飞机	
三年级	电子制作	制作一些有趣的电子小作品。初步掌握电子技术知识与技能，并能动手实验，进行制作。
四年级	电子百拼	利用电子百拼学具进行创造思维的训练，激发深入探究电路的兴趣和志向。
五年级	无线电测向、定向	掌握测向机、定向设备或其他电子制作技能，并进行身体、思维训练。对所学的知识会综合运用。
六年级	建模创意	以香山古建为创意依据，进行建模造型、布局的创意，综合运用空间造景、移步换景等袖珍乾坤的布局创意知识。

（3）综合实践活动中结合体验活动和社会服务内容，进行“至善”德育课程的补充。

2. 校本课程的实施

(1)“至善”德育课程是围绕“五善”的培养目标开设的一系列校本课程。主要在综合实践活动课上实施。“爱校爱家”校史课程、“八礼四仪”体验课程和社会服务实践课程三项内容根据年段目标综合开展,让学生在课堂学习、活动体验、服务实践的过程中增强作为学校一员的认同感、自豪感,努力当一名至真至善至美的阳光少年。

(2)“香山”兴趣课程在校本课程课时中实施,并利用每周一、二、四、五下午3:20～4:00进行香山兴趣课程活动延伸实施。学校根据学生的年龄特点及不同教师的特长,利用好教材以外的课程教育资源,开设了30余门兴趣拓展课程。主要包括“香山工艺类、科技探究类”两大类。充分整合、优化地方课程资源,学生根据自己的兴趣与爱好,自主报名开展学习。

(二) 评价机制

将课程实施状况与学生的选择与家长的评价作为重要考量标准,根据课程规划评估标准对现行课程规划方案进行定期评估与修正。

1. 以人为本,重视教师、学生、家长对于课程的评价。通过座谈、问卷等方式,了解教师对于学校课程实施的感受与评价,了解学生、家长对学校课程的期待与评判,并不断依据社区、学生、家长、教师的需求及学校实际课程实施情况微调学校课程规划方案。

2. 以纲促评,通过课程纲要的制定和实施,形成课程的自我评价机制,通过实施记录与及时反馈的方式,全程掌握课程实施情况。通过定期对课程作出综合评价,进行课程的自我调整与修正。

3. 以点及面,关注课程规划方案中的每一个课程实施细节,整体规划评价格局,促进课程规划方案的自我修正、自我调整机制的形成。

(三) 组织与保障

1. 组织机构建设

(1) 成立学校课程规划领导小组

组长:夏静

副组长:徐苹(教学副校长)、蒋洁(教科室主任)

成员:教导处主任、人事秘书、校本课程中心主任、教研组长

(2) 成立学校课程审议委员会

委员会由校长、行政代表、教师代表、家长代表及相关专家等人员构成。

(3) 成立学校学生课程选择指导中心

由分管副校长、年级组长负责，指导学生根据自己的实际情况选择适合并感兴趣的课程进行学习。

2. 制度建设

(1) 完善与课程改革相关的配套制度。

(2) 完善促进学生全面发展和教师不断提高的评价机制。

3. 队伍建设

(1) 加强校本课程教师队伍建设

以学校"十二五"主课题研究为抓手，充分发挥教师的个人特长与兴趣喜好，关注教师的自我发展态势，加强课程开发团队建设，形成教师个人开发和学校特色课程团队开发相结合的多元化开发格局。同时，学校也要拓宽课程授课教师的"视界"，根据需要聘请相关专家到校带动、带领教师进行特色课程的开发，形成校外专家-校内教师型的课程开发模式。

(2) 健全校本研修制度

不断健全和发展校本研修制度，除采用传统的"请进来、走出去、专家报告、同伴研讨"外，还要加强专家的指导，加强与高校的合作，加强与相关学校的交流，不断提升教师的课程开发与实施的能力。

(3) 政策激励

实施"精品课程工程"提高校本课程开发质量。建立课程开发、实施评比制度，对于在这方面表现出色的教师，在绩效考核、评优评先中给予倾斜。不断增加课程开发研究经费支持，建立课程开发专项经费，保证课程开发与实施所需经费和设施购置的需要。

建立校外课程实践基地，不断开发、拓展校内外课程资源。

(4) 加强专家指导和引领

通过校外专家助推学校课程规划的制定与实施，在进行课程推进的各个环节，都确保理论扎实，行动踏实，推进坚实。

(2015 年 3 月)

附：学校发展 SWOT 分析

	优势(S)	劣势(W)	机会(O)	威胁(T)
地理环境	地处太湖国家旅游度假区中心区，环境宜人。	区域建设项目正在进行，交通情况复杂。	区政府对教育加大投入，拟进行集束发展。	周边乡镇有多所各具办学特色的小学。
学校硬件	学校设施设备条件好，教育信息化配套到位。	现代化先进教学设备的有效利用和管理有待进一步改善健全。	推进"未来"校园学习环境建设的可能性大。	在信息化促进教育发展的观念更新与实践创新上不能领先于同类学校。
教师资源	学校拥有一支以朴实、踏实见长的教师队伍，既有经验丰富的老教师，也有充满活力的新教师，还有日渐成熟的青壮年学科骨干。	缺少在各学科都具引领作用的市区名师团队。	青年教师有一定发展潜力，学校"十二五"主课题研究指向教师专业发展。	人事制度改革与教师发展机制现状使教师易出现职业倦怠与压力过大的两极现象。
学生状况	兴趣广泛，乐于动手，重视学业发展，有一定的活动能力。	学习习惯、学习能力差异较大；视野相对狭窄，学习方式偏于传统，创新能力不足。	"阅读工程""艺术教育"的推进，形式多样的拓展活动让学生更能有自主选择的机会。	区层面学业能力诊断等应试的压力。民工子弟学校停办，学生并入使"两极分化"状况突出。现行教学评价方式的制约。
课程资源	对于课程建设有一些尝试和探索，地方课程资源丰富，家长资源也可利用。	没有系统的对地方课程资源的梳理。	区域文化传承人、专家对教育重视； 家校沟通渠道日益增多且保持畅通	信息时代网络传播带来的一些负面影响。区域建设过程中，一些传统工艺的流失。

与古为新　道器相融

——学校“核雕课程文化”建设项目计划书

一、项目背景与价值

苏州太湖国家旅游度假区中心小学，坐落在苏州太湖国家旅游度假区腹地香山。2009 年，学校易地新建至现址。校园面积 26 168 平方米，建筑面积 14 858平方米。环境幽雅秀丽，历史文脉深厚，具有江南地区清灵秀巧的典型特征。学校现有 25 个教学班，1 000 多名学生。

学校以“至善”为校训，坚持内涵发展。近年来，着眼于地域文化传承和学校特色项目建设，根据学生身心成长与“融入”发展需求，基本形成了以香山精巧文化为核心的学校文化格局，核雕课程文化则是其中重要的组成部分。

学校核雕课程文化，根植于底蕴深厚的香山区域精巧文化的代表和象征——舟山核雕。学校所在的太湖香山，历史上曾经涌现过以蒯祥为代表的无数能工巧匠，“香山匠人”誉满天下；名满四方的“中国核雕第一村”——舟山村，与学校更是只有一步之遥。全校有近 300 名学生出自核雕世家。核雕工艺的精巧，核雕作品的意趣，核雕艺人的修养与品性，学生们浸润其中，耳濡目染，深受影响。作为国家级非物质文化遗产，核雕工艺已有近 500 年的发展历史。早在明代，苏州就出现过像王叔远这样著名的核雕艺人。近年来，舟山核雕更是在国内外享有很高声誉，涌现出了宋水官、周建明等一大批国家级工艺大师和非遗传承人。

建设和凸显学校的核雕课程文化，一方面能进一步丰富和深化学校文化特色，有利于办学内涵的提升和教育品质的彰显；另一方面能使学校、社会、家庭三者深度融合，相辅相成，形成精神文化场，推动“文化立校”战略的实施，建设有文化信仰的学校，最后达成“至善”的办学目标。

核雕课程文化的建设，我们秉承“与古为新，道器相融”的精神，立足传统，彰显现代，聚力于传承与创新，在充分挖掘、优化地域和学校原有教育资源的基础上，让文化之光投射在学校的环境建设、制度建设、团队建设以及课程设置与开发等各个方面。既表现为对于优秀传统的继承与发扬，又借以观照学生创新精神的培植、实践能力的发展和审美情趣的培养等，充分实现学校文化不可或缺又无可替代的教育价值。

在传承香山文化精髓，涵育创新精神的目标下，学校成立了核雕社团，并在综合实践活动课程中增加核雕的内容，邀请核雕工艺大师集中授课，享有较好的社会声誉。学校核雕社团作为吴文化与学校教育有机结合的吴中区唯一代表，曾经多次在苏州市区域内对外展示，并获得一致赞誉。2014 年 6 月，参加世界语言大会的联合国教科文组织驻 22 国大使以及多国教育官员莅校，对于学生现场展示的核雕艺术和核雕作品更是啧啧称奇，交口称赞。

建设与深化学校的核雕课程文化，我们将主要围绕四个方面发力。一是全面规划、开发和优化校本课程体系；二是创建课程文化基地；三是精心设计与实施文化环境的物态建设；四是全面引领和带动包括课堂教学在内的教育改革，在学习能力、实践能力、创新能力、审美能力上做足文章。我们要让每一位学生都更加心灵手巧，获得成功体验，在核雕艺术精巧文化的浸润中生动活泼地成长。

二、项目涵义与特色

（一）项目涵义

“与古为新，道器相融”的核雕课程文化建设，是一门综合性的学校文化建设校本课程，涉及人文、艺术、科学、劳技等多方面内容，围绕核雕历史、核雕人物、核雕技艺、核雕题材、核雕鉴赏、核雕创新等方面展开，其中，“核雕历史”和“核雕人物”的教学重在核雕发展史、核雕名家、非遗传承人相关文献的挖掘整理和核雕遗产的寻访、传承、研究、保护；“核雕技艺”和“核雕鉴赏”教学重在核雕技术的学习、核雕工艺的鉴赏等；“核雕题材”教学重在核雕题材的选择，核雕作品的构思，核雕内涵的探寻和核雕意境的感悟。我们希望通过丰富多彩的课程内容和灵动适切的学习方式，使学生在实践中发展思维品质，提升艺术素养，提高审美情趣，吸纳文化力量，形成文化自觉。

（二）项目特色

1. 主体性

核雕课程文化建设的基础是香山地区丰富深厚的地域文化资源。我们始终坚持文化为教育服务的宗旨，充分体现学校在文化特色建设上的自主性。从我出发，由我选择，为我服务。即着眼于师生的发展，关注学生兴趣的生发、引领与发展，充分尊重学生的主观能动作用，为学生创设自由的学习、实践、交流环境，使学生能够在文化濡染熏陶中凸显自我优势，表达自我理解，尽显自我的生动与灵动。

2. 综合性

核雕课程文化建设具有很强的综合性。它广泛涉及品德、文学、历史、艺术、劳技多门学科，体现出课程内容的综合性；它既蕴含艺术创造与审美情趣培养的目标，又关注人文传承与创新能力的发展方向，体现出目标诉求的综合性；核雕课程一方面注重教师的示范和传授，另一方则更加关切学生的尝试、体验、探究，表现出实践能力的综合性；核雕课程建设将有效促进教师、学生、学校、家庭、社会的共同发展，又体现出了文化功能的综合性。

3. 实践性

核雕课程文化建设具有显著的实践性。课程的每一项内容都需要师生动手动脑。如核雕的构思缜密，设计精巧需要在积累、比对中体悟，核雕细致精妙需要在设计和雕刻中不断体验，核雕材料与雕刻题材的融合，需要在灵巧选择、不断的磨练和团队的合作中体会。因此，在课程建设的过程中，始终体现出主动接受、主动学习，主动探索、主动合作的实践性特征。

4. 开放性

核雕课程文化建设还具有鲜明的开放性。首先是建设主体的开放性。核雕课程建设的顶层设计，充分征求专家学者和主管部门领导的意见和建议；而课程的师资，以学校内有相关专长的教师为主，在此基础上采用 1 + 1 的方式，由专家（文化传承人、工艺大师）和校内在编教师进行搭配教学，保证文化、艺术传承的纯正性。其三是建设途径的开放性。校内环境布置与更新，校内外文化传承和创新实践的场所等，为课程文化建设提供了开放的时空。

5. 全员性

核雕课程文化着眼于学校文化的整体建设，面向全校师生，依托全校师生，服务全校师生是基本的宗旨。在课程实施上既体现全员参与性，又关切特长学生的培优需求。学校将借助核雕课程教材，编制课程纲要，根据不同年级、不同年龄的学生层次制定教学目标，使所有学生都能在校本课程学习中获得锻炼、感悟和成长。

三、项目内容

1. 学校核雕课程文化的物态建设

学校整体地势背山面水，面向风光旖旎的太湖，背靠气势雄伟的穹窿山，文化历史源远流长，文化积淀十分深厚。校园亭台楼阁粉墙黛瓦、花窗廊影的建筑风格，既体现了苏式古典园林的传统韵味，更蕴含着香山工匠巧夺天工的建筑文化。我们通过与共建学校——宝带实验小学的相互交流，学习借鉴成功经验，在学校原有建筑的基础上，规划建立核雕艺术廊、核雕名家精品陈列馆、核雕学习坊（专用教室）等文化景观物态。建设物态性学习载体，呈现趣味化教学资源，形成充分展现“道器相融、意趣天成”的文化特色，并具有浓郁核雕课程文化氛围的教学环境。

2. 学校核雕课程文化的常态建设

学校核雕课程建设，不是单一的知识传授，而是知行合一，欣赏与参与并行。我们将继续加大力量，投入资金，组织编写并应用相关校本教材，以两周一节必修课的方式组织实施。同时，在核雕课程的实施过程中，提升学生艺术、思维、审美等方面的综合素养。通过成立学生社团，举行文化节，开设讲座，开展交流会、展示周、论文赛、现场表演赛、作品义卖等活动，激发核雕课程的学习热情，培养自主积极的学习方式和巧妙合作的意识，掌握达成“意趣天成”的基本技能。

3. 学校核雕课程文化的资源库建设

学校核雕课程建设涉及的内容丰富多彩。我们需要不断整合各种相关的文化资源，并且让这一文化资源库日益丰盈。1. 依托师生兴趣特长的文化资源积累；2. 依托学校硬件资源和区域文献资源的检索和积累；3. 校外核雕大师、非遗传承人等文化建设资源的走访与建档；4. 共建学校以及社区、家长、专家文化资源的借鉴与深度融合。着眼校本核雕课程特色化、观照地域文化的发展、考量学生成长的需求，我们将建立核雕名家库；开辟舟山核雕村、核雕名人馆等校外课程基地；勾连共建学校、联盟学校，共享课程专家资源。

4. 学校核雕课程文化网络的平台建设

学校核雕课程建设需要有具体可感的成果展示。在学校核雕课程文化实体展示平台的基础上，我们准备进一步加强网络平台的建设。首先是建立学习平台，为学生提供最现代化的信息服务，拓展文化视野，开阔文化心胸。其次是开辟微信交流平台，让学生和爸爸妈妈一起加入文化特色建设的课程微信群，随时随地与学习小组的老师、同学交流作品（成果）、分享学习资源，及时释疑解惑。再次，创建学校核雕课程文化互动论坛。通过这些平台，集思广益，分享收获，推进核雕课程文化建设的进程。

四、项目实施路径

（一）推进思路

1. 校际联动策略

一是与共建学校宝带实验小学紧密联系，虚心学习，主动参与，实现资源共享，促进质量提升。二是注重与其他特色项目学校之间的联系与交流，虚心学习，取长补短。

2. 分解实施策略

我们将核雕课程文化建设全面融入学校各项工作中，以项目推进来促进学校各项工作的内涵性发展。从物态文化建设到校本选修课程实施，分工成立各个专题项目组，做到人人有项目，项项有人负责，形成分工合作、项目互补的机制。

3. 平台展示策略

系统规划组织一年一度的核雕课程文化节活动，让学生有展示自我的平台。积极参加校外的各类展示、表演主动走出校门，提高创作水平。

4. 以评促建策略

要从学校实际出发，分析认识优势和劣势，积极申报参与相关评比，通过参评不断提高特色办学水平，提高学校特色文化建设的美誉度。

5. 合作研究策略

学校核雕课程的开发，需由多方面的人员进行合作。开发的主要力量，应是本校教师，也要想方设法与相关专家、研究学者联系，保障课程建设的专业性。积极拓展校外资源。拟寻求社会力量在财力、人力、物力等方面的支持。

（二）进度安排

1. 项目起始阶段（2015 年 4 月—2015 年 5 月）

成立小学核雕课程文化建设项目领导小组，广泛收集资料，分析学校特色文化建设已有研究成果，找准切入点，拟定实施方案。

2. 项目启动阶段(2015年5月—2015年8月)

成立小学核雕课程文化建设项目专家小组,召开专题研讨会,对项目研究的内容、方法进行论证,举行项目启动仪式。

3. 项目实施阶段(2015年9月——2016年12月)

依据项目实施方案,在不断的实践中反思、调整,探究相对优化的策略,总结阶段行动研究经验。

(1) 在大量实践中,精选课程建设案例,编辑成集。

(2) 通过现场会、观摩会、论坛等形式,巩固成果,推广经验,完善实施过程,实现共同提高。

4. 项目总结阶段(2017年1月—2017年4月)

对本项目实施的过程性资料进行系统分析,形成项目成果报告,并将专题论文汇编成集,为做好下一轮推进工作和研究奠定基础。

五、项目实施的保障条件

1. 共建保障:由江苏省文明单位宝带实验小学为共建单位,充分依托,同步共进。

2. 组织保障:成立项目学校领导小组,明确项目组成员的分工和职责,将各项工作分解到个人。

3. 制度保障:明确各项规章制度、落实相关奖惩制度,保证项目研究的正常开展。

4. 经费保障:落实相关经费,建立项目专项基金,保证研究活动、教师培训和成果总结推广所需要费用的落实。

5. 管理保障:建立项目研究台账资料;采用文字、图片、声像等多种形式收集过程性资料;设立项目管理小组,定期检查实施进展情况。

6. 成果保障:及时收集整理教师研究过程中的论文报告、实验随笔,定期编撰《项目阶段研究成果》,总结推广研究经验。

六、项目实施的预期成果

(一) 阶段成果

1. 开发并使用核雕课程系列校本教材。

2. 汇编课程实施案例、核雕作品集册。

3. 组织市级学校核雕艺术展示观摩活动。

(二) 终期成果

1. 形成文化建设机制，参评特色文化建设示范校。

2. 培养更多小小文化传承人，使教师在课程建设中不断成长。

3.《度假区中心小学核雕课程文化读本》

七、项目工作成员及分工(略)

（2015 年 4 月）

从构想到实践　由课程向文化

——“核雕课程文化”建设启动实施阶段情况汇报

一、基于学校整体规划背景下的核雕课程文化项目

度假区中心小学随着苏州太湖国家旅游度假区的设立与开发易地重建。硬件的改善并不代表原有乡村学校办学底子薄弱的现状立即得以改变。学校在整体发展规划的构想下，精心选择提升学校办学品位的文化项目——核雕课程文化，这不仅仅源于中国核雕第一村——舟山村离学校仅一步之遥，更重要的是它代表了国家非物质文化遗产中吴文化精致精巧的核心文化元素。它亦与学校“至善”校训精神相一致。

二、基于学校实际发展格局下的项目实施阶段情况

核雕课程文化建设于2015年9月正式成为江苏省校园特色文化建设项目，根据项目建设计划和推进时序设计，目前项目的建设已经顺利启动并进入全面实施的初级阶段。至此，项目建设工作主要围绕以下三个方面展开。

1. 思路形成：注重基础，着眼实践

思路虽然更多的是设想和计划，但思路的形成过程则是核雕课程文化建设实施的基础。暑假期间，学校召集校内外教师、学者、核雕大师、课程文化建设专家等就项目建设思路进行讨论，形成并论证项目建设方案，为项目建设的落地奠定了坚实的基础。

思路的形成即让大家都清楚目标达成的路径与方式。我们的思路简言之就是一个中心：“与古为新，道器相融”的核雕课程文化。两条途径：各类核雕文化活动；以核雕文化创新国家课程校本化实现方式。三种平台：①学生核雕社团平台；②名家大家定期授艺平台；③动手动脑工坊平台。四类条件：①组织落实。成立核雕课程文化建设领导小组，学校主要领导任组长。②人员（人才）落实。（包括邀请核雕大师传授核雕技艺）③经费落实。④时间和进度落实（时

间表、路线图）。

思路的形成，使项目的建设从纸上走向行动，今年8月，学校成立由校长为组长的核雕课程文化建设领导小组，组建了核雕课程文化建设工作小组，进行了明确的分工与工作管理职责培训，积极与共建学校宝带实验小学进行了管理沟通互动，9月，核雕课程文化建设启动实施，由此，也标志着项目建设从构想进入实践阶段。

2. 资源建设：放大格局，有序推进

资源建设是课程文化建设的基础，根据项目建设方案，学校将在原有建筑的基础上，规划建立核雕艺术长廊、核雕名家精品陈列馆、核雕学习坊（专用教室）等物态性学习载体；垒筑核雕课程文化信息集成、交流的网络化、活动化平台；开掘核雕课程文化各种资料的收集渠道；建立课程实施、文化传承的师资团队；准备核雕工艺使用耗材，呈现趣味化教学资源，形成充分展现“道器相融、意趣天成”的文化特色，并具有浓郁核雕课程文化氛围的教学环境。项目实施启动以来，学校以宽视野、大格局的物态建设理念，精细筹划，分步有序进行。

第一步，指向课程文化的校内物态建设。根据课程教学室场需求的紧迫度，首先设计建设核雕教学专用教室，经过一个多月的努力，以核雕工坊命名的专用教室已经建成，室内不仅以展板的形式图文并茂展示了核雕材料、核雕工具、核雕流程、核雕鉴赏的内容，悬挂了核雕艺术大师、非遗文化传承人的介绍，陈列了核雕名家的精品名作，还把核雕工作台放进工坊。学生在工坊学习，就能充分体验核雕现场带来的真实感和获得感，使学习知识、实践技术、欣赏艺术、传承精神相融相生。同时，学校主动与校核雕高级导师——核雕工艺大师周建明、李晓青、须培金磋商，综合三位导师的建议，根据学校的实际条件，在校内开辟空间，建成了核雕大师工作室，为学生领略大师精湛的技艺，感受大师高雅的意趣，体会大师诲人的风范，形成耳濡目染式的教育引领提供了氛围和空间。另外，纳入校内课程基地物态建设内容的核雕文化廊和核雕名家精品陈列馆的建设，也将在年内进行设计和论证。

第二步，着眼立体构建的校外基地开辟。舟山核雕村被誉为中国核雕第一村，与学校仅有一步之遥，校内三分之一的孩子也来自舟山核雕村，核雕工艺与文化的传承，核雕村是重要基地。前期，学校与核雕村已经建立了良好的联系、互动机制，着眼于核雕课程文化建设，学校与核雕村的关系更加紧密。目前，双方已经就核雕课程文化建设基地、核雕教学实践基地挂牌的时间、基地承担的职责义务、教学实践服务等达成了一致，11 月，将举行挂牌仪式，届时舟山核雕村作为核雕课程文化基地的身份将正式确立，这也将为学校核雕课程文化的建设贡献更加立体的浸润式空间。

第三步，致力于创新集成的资源平台的垒筑。教师资源网络（微信）交流平台的建设也已经开始设计，预计年内就可发挥功效。同时，核雕文化节等活动平台的打造也在设计和准备中。

3. 课程文化：不断培育，有效践行

校本课程与课程校本化都要着眼于全体学生。即课程作为核雕文化的载体要让所有孩子选择到适合他们学习的课程。根据学校课程规划方案，核雕课程在校本课程序列中属于“香山工艺类”，在国家课程校本化运作中，为创造性地实施的综合实践活动课程，由此，培育践行核雕课程文化形成了三个层次。一是通过动手学到了核雕技艺（技艺课程）。如 2014 年 6 月参加世界语言大会的联合国教科文组织驻双国大使及多国教育官员参观了我校学生的核雕作品无不啧啧称赞；二是通过欣赏核雕作品（鉴赏课程），激发学生的才情与趣味；三是让所有的孩子得到核雕文化的浸润（核雕艺术综合实践课程），感受博大精深的民族文化的魅力，唤醒学生灵魂深处的爱国之情。因此，我们的核雕课程文化也是一体多元的设计。一体就是学生主体，多元就是让学生能在多种课程内容与课程形式中选择到适合的内容与形式，充分做到“分类分层，必选任选”。

建设核雕课程文化，核雕课程自身的文化建设也是学校关注的重点，着眼于核雕课程的有效实施，今年 9 月，经过课程专家的多次指导与论证，核雕课程纲要正式出台，纲要中对课时安排、课程背景、课程目标、课程内容、课程实施、课程评价等都作了说明和规定，课程纲要的出台，明确了课程定位，保证了的课程实施时间、空间，和教学的有效性、评价的可操作性。由此，每两周一节的核雕课和每周一次的核雕社团活动正常进行，形成了从普及到提高，从技艺到人文，课程文化螺旋提升的良好态势。

在核雕课程常态实施的同时，学校还关注核雕课程的德育价值的挖掘，把核雕课程纳入公民道德实践活动课程内容，努力使核雕课程走向核雕课程文化的凝聚与发展，所设计的相关方案和实践过程获得区评审一等奖。目前，学校已经将核雕课程文化纳入到少年队特色活动之中，由此，核雕课程文化培育和发展的阵地与载体不断增加并趋于多元，使核雕课程文化不断增值。

在课程推进和文化挖掘、培育的过程中，学校对核雕课程师资团队的组建和培养不遗余力，一方面，采用1+1的教师模块（1个学校兼职教师+1个校外特聘高级导师）担当课程教学和社团活动指导的任务，另一方面，建立每两周1次的专题教研与课程实施培训制度，邀请课程专家定期来校，通过纲要修订、专业学案研制、课堂观察、标准评估与发展的交流、集中讲座等方式，发展教师的课程开发和实施能力，使课程文化在教师的发展中不断生成建构与传播。

三、基于项目优化推进视野下的行动思考和努力方向

核雕课程文化建设项目启动2个月来，目前各项计划正在有条不紊地按照方案时序进行，项目建设的各项经费也保障有力。下阶段，对于项目的建设，学校将努力把握以下三个方面：

1. 抓牢核心项目。着力进行“核雕课程”的开发建设，不断提升课程自身的文化建设。根据课程实施的实际情况，不断修订、修正课程纲要，完善课程内容，进行教材建设，进行课堂教学方式、实施模式创新研究，建立课程的专题科研机制，使核雕课程的建设日臻成熟。

2. 抓实资源建设。已经建好的核雕工坊要充分发挥作用，抓紧进行为本课程特设的其他场馆和各种校外基地、展示平台的建设，竭力进行校内外核雕艺术的师资团队建设，保证核雕工艺耗材等所有项目经费的落实等。

3. 抓好增值发展。不断挖掘核雕艺术的人文、德育价值，使核雕课程开发对其他校本课程产生示范引领作用，不断加强核雕课程与其他相关课程的互相影响和渗透，调研并总结核雕课程开发产生的社会效应。

核雕课程文化建设从方案设计到启动实施，始终受到吴中区教育局、度假区管委会和共建学校宝带实验小学的倾力支持和帮助，特别是共建学校对项目建设的过程进行了全程指导，不仅派出学校客座专家给予指导和引领，还派驻课程教学指导人员到学校挂职、任职，牵手项目建设。区教育局则定期为学校请来课程专家和校园文化建设专家，有效引领项目发展。度假区管委会除了关心学校发展，特别在项目资金上给予全面、全程、全额的保障。这些支持，都是学校核雕课程文化建设项目持续推进和活力永续的源泉所在。

五年级(上册)语文课程纲要

课程类型：必修

教材：苏教版义务教育课程标准试验教科书 2015 修订版

授课对象：五年级(5)班

背景

本学期是高年段的第一学期，在学生语文学习中具有从中年级向高年级过渡的承上启下的作用。从学生的学习基础来看，这个阶段的学生已经具有独立识字的能力，能初步掌握在语境中体会词义的理解方法，能够初步把握文章的主要内容，体会文章所要表达的思想感情，具备了一定的品味语言，应用语言的能力，能够感受文本表达的喜怒哀乐和情感，并与他人交流阅读感受，有一定阅读面并积累了较多的语言材料，基本养成了课外阅读的习惯。在写作方面，也能尝试用自己平时积累的材料，配合自己的日常观察，表达自己的内心感受、抒发自己的情感。从口语交际和综合性学习方面来看，这个阶段的孩子也已经具备一定的综合性学习的能力，能够在教师的指导下通过活动进行语文学习，也较为乐意与人交际，掌握交际的基本方法。

从学习内容来看，本学期教材主要安排了七个单元的主体内容，并且分别在开始和结尾部分设计了“培养良好的学习习惯”“学和做”两部分的内容，融识字、写字、阅读、习作、口语交际、综合性学习为一体，进行板块式的呈现，体现了教材编排与学习螺旋上升的基本原则。教师应在课程实施中关切学生的学习状态，引领学生以自主、合作、探究为主导的学习方式，探求适应高年级学习的有效途径和方法，为学生高年级学习的开展做好指导。

因此，本学期应该继续加强语文知识的学习和语文能力的训练，同时要充分利用教材，使学生在语文实践中积累学习方法，培养健康情趣，培植文化根基，形成初步的语文素养。

学期总目标

1. 通过随文读写的方式，增强识字、理解的能力，并在临摹、多练的过程中，养成良好的书写习惯，学会欣赏汉字的结构美。

2. 通过披文入境的阅读指导，增强学生在语境中理解感悟词句的能力，通过体验教学活动，不断沟通学生与文本的对话，体会文本表达的思想感性和内在意蕴。通过反复的诵读、吟咏，能有感情地朗读课文，受到阅读作品的启发。通过积累阅读，形成良好的课外阅读习惯，积累语言素材，开阔认知视野。

3. 通过例文的解读，学习不同题材组合进行写作的方法，通过观察、交流，丰富写作素材，在写作中表达自己的真情实感。通过范文评例、相互提出修改建议等活动，提升习作的修改意识，并初步学习修改的方法。

4. 通过真实情境中的交流活动，学习交流的礼仪、交际语言的使用，逐步形成发言的能力，并关注交际语言的优美和贴切。

5. 通过组织校园活动和社会活动，培养综合学习能力，通过图书馆、网络学习体验，提升多种渠道获得信息的意识和能力，并在活动中辨是非，明美丑、善恶。

课程内容(略)

第1课时，分享本学期课程纲要

最后2课时：1课时期末考试，1课时评价

课程实施

一、课程资源

1.《义务教育课程标准实验教科书五年级上册(语文)2015修订版》

2.《五年级(上册)语文练习与测试》

3. 五年级阅读书目(吴中区教育局关于各年级阅读书目的建议)

4. 必要的教学资料：教学光盘

二、学习活动

1. 课前预习：背景查阅；词语识记、理解；主要内容的把握；课文正确朗读。课前交流后进入新授学习。

2. 课前2分钟进行古诗词诵读，一个学期完成20首古诗词的诵读。

3. 以体验教学为语文教学主要途径，在课文阅读中引导学生通过品味、思辨、想象等方式，进行体会和感悟，交流感受。(具体结合课文的实践活动，在专业教学案中体现)

4. 综合性学习活动“说名道姓”，按要求先进行调查，写成调查记录，再以课堂交流的形式，版面制作呈现的方式展示学习成果。

5. 整理本学期识字、阅读、习作、口语交际的知识内容，形成复习资料。

6. 对学期学习进行总结，并选取一学期中自己最喜欢的1个活动，写一篇小感悟。

课程评价

本学期的课程评价由过程性评价和结果性评价两部分组成，成绩以百分制呈现，过程性评价占30%，结果性评价占70%。

一、过程性评价

过程性评价(30分) = 预习 + 实践 + 阶段性成果

评价项目	评价要素	评价等第
预习	能根据预习要求完成预习(根据等第得分为5,3,1)	A. 完成，并有自己的想法；B. 完成预习要求；C. 完成一部分
识字与写字	能正确读、写生字、词语(根据等第得分为5,3,1)	A. 正确读写；B 正确读写达到90%；C. 正确读写达到80%
阅读	积极主动参与阅读体验活动，认真进行古诗词诵读，主动进行课外阅读(根据等第得分为5,3,1)	A. 活动参与积极，水平超过平均值；B. 活动参与积极，在水平线上；C. 结果在水平线下
写作	根据课标要求，对平时课堂练笔、习作情况进行评价(根据等第得分为5,3,1)	A. 文笔、感情表达、书写均好，B. 能写清内容，表达情感，C. 基本达到要求
口语交际	情境交际活动积极参与，能进行有效的交际表达(根据等第得分为5,3,1)	A. 敢于交际，善于表达，B. 敢于交际，能说清楚，C. 愿意表达，能说明内容
综合性学习	积极主动参与学习活动，能够在活动中自主、合作地进行学习并交流学习感受(根据等第得分为5,3,1)	A. 活动参与积极，水平超过平均值；B. 活动参与积极，在水平线上；C. 结果在水平线下

二、结果性评价(70%)

以期末考试成绩(满分100分)卷面成绩的70%计入。

三、学期总评成绩结果呈现

根据吴中区教育局规定，学习总评以四个等第的形式呈现。

回望课题——升华教学实践

我一直梦想做一个研究型教师。

研究，让我从盲目走向自觉；

研究，让我从随意走向有机；

研究，让我从感性激发走向理性升华。

坚持以问题为导向的课题研究，它让我比以往更接近于实现“做一个研究型教师”的梦想。

研究，让我在后来的学校管理工作中视野更开阔，信心更坚定，思路更宽广。

“小学校本课程开发”研究方案

一、问题的提出

第三次全国教育工作会议已明确提出，要调整和改革课程体系、结构和内容，改变课程脱离社会发展和学生发展的实际状况，培养学生的实践操作能力。到2005年，我国中小学课程将有重大改革，课程内容将趋于综合，已有课程门类将减少。随着课程改革的推进，国家、地方、学校三级课程体系将逐步建立起来。校本课程开发这一课题已摆在每一个教育工作者面前，自觉建立以学校为本位的课程结构，将是推动学校发展，深化教育改革，全面推进素质教育的必要条件。

素质教育要求在新的时代背景下，培养能适应社会进步和发展的建设性人才，张扬人的个性和特长发展的同时又要兼顾全局，提倡人的创新精神和实践能力。要适应这种素质教育的新要求，学校必须要凸现实施课程的主体性，根据学生的发展选择和开发课程，使教育更具有生命力，对社会发展有更大的推动作用。

长期以来，在我国形成的自上而下的课程“研究—开发—推广”模式，现已受到空前的挑战：一是市场机制的普遍建立，计划经济模式下的中央集权体制被打破，教育改革赋予学校前所未有的办学自主权，学校也自然而然地成为课程编制的主体角色之一。学校如果只是完全按部就班地做国家课程计划的“执行者”，只是在课程之外打教育教学改革的“外围战”，则不可能真正成为办学的主体，担负起课程实施的重任。二是课程专家负责编制课程，而学校教师只是执行课程计划，这既容易造成课程编制脱离千变万化的学校实际，又否定了广大教师的积极性与创造性，易使广大教师对新课程方案产生抵触情绪，“以不变应万变”，而任何教改“若没有教师的充分理解以及在课堂上的充分支持，就必定失败，而且多半是代价高昂的失败”。三是从专家研究到开发实验，再到推广这种自上而下的课程编制方式，一般周期长，缺乏灵活应变能力，不能及时反映迅速发展变化的科技进步成果和社会改革形势，尽管不断地小修小补，但总体看来，课程变革往往滞后于社会变革。鉴于此，中共中央国务院《关于深化教育改革，全面推进素质教育的决定》指出，要“试行国家课程、地方课程和学校课程”。《国务院关于基础教育改革与发展的决定》也已明确提出，要调整和改革课程体系、结构和内容，改变课程脱离社会发展和学生发展的实际状况，培养学生的实践操作能力。到2005年，我国中小学课程将有重大改革，课程内容将趋于综合，已有课程门类将减少。教育部《基础教育课程改革纲要（试行）》和《关于开展基础教育新课程实验推广工作的意见》又进一步强调要逐步建立起国家、地方、学校三级课程体系。校本课程开发对学校发展具有重要的意义，它既有利于学校课程管理和决策民主化、课程资源优置化；又有利于教师专业精进，学生素质发展和学校特色化。由此，校本课程开发已成为当前我国课程改革的重要内容和途径。将是推动学校发展，深化教育改革，全面推进素质教育的必要条件。

地处苏州市区的我校，处于经济飞速发展，科技日益精进，国际交流频繁的大区域中，人们对学校的期望值也越来越高，学校的生存和发展，就必须适应周围的教育环境，而选择和开发校本课程，就更切合苏州这座具有悠久历史，在新时期又发展迅猛的城市。我们作为一所省级实验小学，有整洁美丽又能启智育人的校园环境，有网络教室、多媒体电化教室及闭路电视系统等全市一流的教育教学设施，且是区内的英语教学特色学校。在“九五”期间我们进行了以课堂教学为主的教学法改革，探索了“九制”课程体系下的教师的教和学生的学的问题，使教师进一步明确了课堂教学中教师的主导地位和学生的主体地位，使教师更新了教育观念，掌握了教学常规，提高了教学效益，增强了科研意识，提升了专业素养，教师队伍呈不断优化态势。为了进一步深化教育教学改革，提高教育质量，加速师资队伍建设，发展教师专业素质，进一步提升学校英语教学特色层次，进行校本课程开发的研究，围绕不同学生的学习需要，以学生为主体，使符合教的课程走向符合学的课程，使课程本身也为学生的学习而存在、发展。

二、课题的界定及研究目标

1. 概念界定

“校本”指课程开发活动是学校发起的，并在学校中实施的。强调对学校及当地社区资源的利用，特别是学校与校外专家的交流与合作。因此，校本课程开发实质上是一个以学校为基地进行课程开发的开放民主的决策过程，即校长、教师、课程专家、学生以及学生家长和社区人士共同参与学校课程计划的制定、实施和评价活动。它涉及学校教育的各个方面，如学校组织结构优化、教师在岗培训、教育资源选用和社区参与等多种相关措施。“校本”主要落实、体现在这样四个方面：校本研究、校本培训、校本课程和校本管理。

“课程”是一种有计划地安排学生学习的过程，使得学生获得知识、参与活动、丰富经验。从本质上说，它是开放的、民主的、科学的。因此，课程不仅是一种过程，一种结果，而且还是一种意识。

“开发”是一项计划、方案的具体细节的确定，既包括一项制定好了的计划，也包括这项计划中具体内容的确定。

我们认为，对于“校本课程开发”的界定在字面上务必把握两个基本点：一是学校为本；二是课程开发。在内容上，必须考虑到校本课程开发所隐含的新的教育理念和课程假设。与此同时，还必须考虑到我国的国情、语言习惯以及小学教育的实际。

基于上述思考，我们把“校本课程开发”界定为是在学校现场发生并展开的，以国家及地方制定的课程纲要的基本精神为指导，依据学校自身的性质、特点、条件以及可利用和开发的资源，由学校成员自愿、自主、独立或与校外团体或个人合作开展的，旨在满足本校所有学生学习需求的一切形式的课程开发活动，是一个持续和动态的课程改进的过程。具体而言，这个界定包括以下几个方面的要点。

（1）课程开发活动

即必须是属于课程范畴的学校实践活动。不包括学校在不触及课程内容的前提下所进行的课堂教学方法的改革、学校内部管理制度改革等。学校的课程开发活动至少可以从以下四个方面来分析。①课程开发的幅度或范围。它包括整个学校课程结构的调整，如科目的增减和组合，课时比例的调整，不同科目之间的整合；部分课程的开发；个别课程的开发；隐性课程的开发，如校园文化环境的设计、有特色的实践活动的开展等。②课程开发的方式。它包括以下五种方式：课程引入，如引入由国家提供的课程开发项目，或引入他校开发的课程项目等；课程选择，如在国家或地方所提供的课程项目单中选择所要开设的课程项目，在不同版本、不同编著者的不同风格的教材中选择适合自身特点的教学材料及配套资料等；课程改编，有对国家规定的核心课程的某种形式的改造以适应具体的教学情境，有对引入的校外课程的重新改组，也有对学校自身开发的课程的进一步改进，等等；课程整合，有对不同学科的整合，有学科与活动的整合，有同一学科内部不同教学内容的整合；课程创新，如学校自己开发新的课程项目或单元，学校自编教材，或自行设计某种具有特色的校园环境或社会活动专题。③课程开发所涉及的课程因素。一般来说，一个完整的课程开发过程大致涉及这样几个课程因素：目标的确立、学习经验（或称内容）的选择和组织、课程方案或计划的实施以及学习内容和结果的评价等。④课程开发所持续的时间。从诸多国家的校本课程开发的实践来看，校本课程开发的时间有长有短，可长可短。

（2）学校本位

这是指学校所做出的上述任何关于课程开发的决定或所采取的上述任何的课程开发活动方式，其立足点、出发点和落脚点必须是学校自身。这可以从以下五个方面来理解。①以学校为基地。课程开发的全部活动要素，从计划的制定，内容的设计到相应评价体系的建立，都是在实际的教育现场——学校中发生并一步步展开的。②以学校为基础。学校是否开发校本课程？在多大幅度和范围内开发校本课程？采取什么样的开发方式和策略？对诸如此类问题的回答必须以学校自身的性质、条件和特点以及可利用开发的资源为依据。例如，必须考虑到学校自身所确立的新的教育理念和育人目标；学校的性质；学校的优势和弱势；本校学生在某个或某些科目的学习上所存在的特殊问题和特殊的学习需求；本校教师队伍的整体素质及个别特点；学校所在地社区的特点及周边环境；学校已形成的校风和传统；等等。③以学校为主体。首先，校本课程开发不是对外部指令的服从和执行，它是学校主动的开发行为。其次，校本课程开发不是对国家课程的无条件实施，它允许并鼓励学校在领会国家课程的基本精神的前提下，根据自身的条件和特点进行适当的调整、改编或整合，是对国家课程的一种校本化的课程实施。最后，在校本课程决策共同体中，虽然需要校外的专家、学者和相关教育行政人员的指导和帮助，但参与决策的主体成员仍然是学校内部的成员。在这里，学校是真正的课程开发主体，学校成员，特别是教师成了课程开发的主人。④以学校为整体。首先，不论校本课程开发所涉及的范围是全部课程还是部分课程或单项课程，不论所采取的方式是选择、引入，还是改编、重组或新编，都应该考虑到学校整体的教育目标和学生整体的学习需求。其次，所有类型的课程开发活动都应该以学校内的相关人员或者由学校的校长、教师、学生、家长以及校外课程专家、教育行政部门的官员等组成的学校共同体的集体审议和决策为基础，绝不是某个人一时的心血来潮或思想上的偏执。最后，校本课程开发不能混同于教师本位课程开发。因为，课程本来就是一个整体的概念，它是学生在校获得的学习经验的总和，任何单个科目的变动都会影响到其他科目。因此校本课程开发不能理解为单个教师孤立、随意的孤芳自赏的开发自己感兴趣的课程，也不能包括个别教师孤立的课堂教学设计。最后，校本课程开发不能混同于教师本位课程开发。因为，课程本来就是一个整体的概念，它是学生在校获得的学习经验的总和，任何单个科目的变动都会影响到其他科目。当然，校本课程开发的主体可以是个别教师，这是说，开发项目的具体承担者可能是某个教师，但项目本身并不是以纯个人的意见或观点为依据的，而是以学校共同体的集体审议为基础的，或由个别教师提出但得到了共同体的认同和支持的。⑤以满足学生的学习需求为宗旨。不论是国家统一的核心课程，还是学校自主开发的校本课程，它们的根本宗旨应该是一致的，即旨在满足学生的学习需求，促进学生的发展。但是，国家统一的核心课程是以学生的一般学习需求为基础的，难以估计每个学校的每个学生之间的差异。

(3) 自主、自愿

最理想的校本课程开发应该是学校完全自发开展的开发活动，无论是学校完全自发地进行的课程开发活动，还是主要由校外的某个研究项目或改革计划而激发的开发活动，都应该以学校的自主、自愿为前提。

(4) 一个持续、动态的过程

校本课程开发不能是一时的心血来潮，它是一个有组织、有目的、有计划的行动过程。在这个行动过程中，学校通过不断地发现问题、反思问题和解决问题实现自我的不断完善和课程的不断改进。因此，校本课程开发是一个开发与研究相结合的过程，是一个课程不断改进的过程。

2. 预期目标

目前我国小学校本课程的实际情况是有其实而无其名。虽然目前有不少学校都有一定课程开发的自主权，事实上也在探索开发校本课程，但这些实践基本上是凭经验，没有多少明确理念或技术的支持。随着课程权力的再分配和学校自主权的加强，校本课程开发研究将是今后我国课程革新的焦点。本研究的主要目标是：

(1) 研究目标：①有效执行上级颁布的基础教育课程文件，确保课程计划与课程标准的严肃性；②结合学校的实际，合理安排课程，优化教学过程，提高课程的适应性；③研究学生多样化发展的需要，开发或选用适合本校特点的、可供学生选择的课程；④满足教师专业发展的需要，提供必要的培训，创造教师参与开发课程的机会；⑤建立教师、学生及其家长、社区人士参与学校课程管理的有效机制；⑥逐步构建起具有宝带小学特色的校本课程体系，成为对国家课程计划和地方课程计划的有效补充，从而更好地体现本校的办学特色，更好地满足不同学生的个性兴趣与需求，建起一支适应课程改革的领导班子和教师队伍群体，促进教师的专业发展等。尝试为小学校本课程开发确立一些规范。

(2) 教育目标：学生整体素质得到良好发展，学生个性潜能得到开发。具体地讲，学生在人文素质、科学精神、综合实践能力、个性特长等方面均能得到提高和发展，使学生成为既具有扎实的基础，又具有开拓创新精神和自我发展能力的人。

三、理论依据

校本课程发展兴起于20世纪70年代，当时在许多国家成为课程改革非常重要的一个环节，并且成为教育改革的口号之一。我国校本课程的实施尽管起步较晚，但积累了不少有益的经验。

在20世纪80年代，课程多样化的问题已引起课程学者的关注。有学者指出，课程开发有国家、地方、学校三个不同的层级，但一般趋势是，学校在课程开发中起着创造性的作用，课程开发的主体是第一线的教师。因此，要有扎根于学校的以学校为主体的课程开发。个别学者还对“以学校为基础的课程改革”作过介绍，指出学校肩负着为青少年安排学习经验的特殊使命，因此，根据学校的实际去解决本校课程问题的改革方式应得到极大重视。

20世纪90年代以后，教育界开始认识到课程管理体制改革的重要性，并进行了积极的探索。吕达教授首次明确提出了中小学课程的三级管理构想，主张中央、地方和学校各司其责。随后，学者们从不同的角度对三级课程问题进行了较为深入的讨论。于是,校本课程开发问题开始受到关注。课程学者们围绕着校本课程开发的基本理念、本质、特征、价值、条件、制约因素、类型、操作模式、评价等进行了理论探讨,这就为校本课程开发的实施奠定了初步的理论基础。

在教育政策层面,以1985年《中共中央关于教育体制改革的决定》和1986年《中华人民共和国义务教育法》为标志,正式开始了教育权力下放和办学形式多样化的改革进程。但直到90年代后期,课程决策权才开始部分下放到学校。1996年颁布的《全日制普通高级中学课程计划(试验)》规定,学校应该"合理设置本学校的任选课和活动课",这部分占总课时的20%~25%,从而改变了以前学校、教师在课程开发中完全被动的角色,在政策上肯定了学校和教师在课程开发中的权力。随着1998年《面向21世纪教育振兴行动计划》和1999年《中共中央国务院关于深化教育改革全面推进素质教育的决定》两个纲领性文件的颁布实施,国家明确提出了试行国家课程、地方课程和学校课程(即校本课程)的要求。在此基础上,教育部制定了《国家基础教育课程改革指导纲要》,进一步明确了"建立国家、地方和学校的课程三级管理模式"。其中,对学校的课程权力作出如下规定:"学校的职责:义务教育和普通高中阶段的学校在执行国家课程和地方课程的基础上,依据教育部颁发的《学校课程管理与开发指南》,从实际出发,参与本社区学校课程具体实施方案的编制,同时,结合本校的传统和优势、学生的兴趣和需要,开发或选用适合本校的课程,并报上级教育主管部门审批。学校有权力和责任反映国家课程和地方课程在实施中所遇到的问题,同时建立学校课程的内部评价机制,以保证学校的课程实施与国家课程、地方课程在目标上的一致性。"从此,我国校本课程的实施有了政策保障。

目前的中小学课程不能适应知识经济时代的要求已成为社会的共识。时代的发展呼唤有创新精神和实践能力的人才,人才的培养则呼唤以人的发展为中心的中小学课程。每一个人都是不同的单个人,促进每一个人的发展,就必须尊重每一个人的个性。进行校本课程开发不仅能针对学校的差异性形成本校的办学特色,而且能着眼于更重要、更具体的学生的差异性,给予学生更大的发展空间。

为了迎接新世纪的挑战,我国课程管理体制改革的步伐明显加快,目前教育部重新规划的义务教育课程计划已经出台,也将在更大程度上增加地方和学校的课程决策权。形势的发展给我国校本课程开发的实践提出了迫切的要求，也注入了强大的动力。校本课程开发作为民主开放的课程决策，作为教育制度内权力与资源重新配置的过程和课程理论与课程实践不断丰富的过程，尊重学校师生的独特性与差异性，它能够弥补国家课程开发所不容易兼顾的具体学校环境和师生的独特性与差异性，成为国家课程开发的重要补充。

就我国校本课程实施的实际情况看，校本课程开发的形式主要有这样几种类型：一是课程引入，即引入由国家提供的课程、开发项目或引入他校开发的课程项目；二是课程选择，即在不同风格的教材中选择适合本校特点的教学材料及配套资料等；三是课程改编，即对国家规定的核心课程加以改造以适应具体的学校和教学情境，或对引人的校外课程重新改组，或对学校自身开发的课程作进一步的改进等；四是课程整合，有对不同学科的整合，有学科与活动的整合，有同一学科内不同教学内容之间的整合等；五是课程创新，即学校自己独立开发部分有自己特色的课程而不依赖于外部提供课程或教材，特别是少数条件比较好的学校已经实现了完全自主的校本课程开发，如北京景山学校等。但多数学校基本上是以发展活动课程或活动课程 + 选修课的形式为主。随着我国校本课程开发的发展，一些学校开始由"活动课程或活动课程 + 选修课"的自由课程发展形式走向真正意义上的校本课程开发之路。例如，江苏锡山高级中学在原来的"活动课程 + 选修课"的基础上，根据国家和地方教育行政部门的指导性文件，进一步明确本校的教育哲学或办学宗旨，并通过调查、评估学生的需要以及社区、学校课程资源，确立了校本课程的目标、总体结构、教学计划以及评价框架等，形成了比较有特色的校本课程开发计划。

而我校的课程构建以有关课程论，教育哲学思想为基础，以当前教育改革的新趋势、新要求为方向，把发展学生人文科学素养、综合实践能力、探究学习能力等为重要内容，试图通过设置新课程、编制新大纲和教材、制定新的周课时计划，来全面实施具有我校个性化的校本课程改革方略。

四、研究的原则

1. 发展性原则。着眼于人的发展，从整体育人的角度出发，优化培养目标，坚持以学生的可持续发展为宗旨，协调影响学生发展的各种因素，深入进行课程、教材、教法等的相应改革。

2. 整合性原则。超越不同知识体系，而以关注共同要素的方式来安排学习的课程开发活动。其目的是减少知识的分割和学科间的隔离，把受教育者所需要的不同的知识体系统一联系起来，传授对人类和环境的连贯一致的看法。

3. 前瞻性原则。一是要在培养的人才规格上要有超前意识；二是要针对当前或面临的教育发展的新要求进行校本开发；三是要迎合国家课程改革的方向，与之相适应。

4. 个性化原则。因人制宜，因材施教发展学生个性特长，让学生有选择地进行有关课程的学习，参加有关活动，从而得到相应的锻炼。

5. 实践性原则。结合当前形势，培养学生创新精神和实践能力，让学生在实践活动中得到发展，是校本课程实施的重要目标和操作要求，要引导学生积极参与，勇于实践。

五、研究的主要内容

1. 以综合实践活动为载体，促进学生和谐发展

课程的综合化是当前课程改革的趋势。目前我们小学开设的自然、社会（包括综合后的科学、艺术）等综合课程其实仍是分科的，结构化的，比较偏重知识性，具有较强的分科性。不同学科间存在内容重叠、交叉，耗时多的现象。这不符合学生身心发展的内在规律和逻辑。而传统的实践课程也具有分科特征，它仍是在分科价值取向支配下的实践课程，是以分科课程为主导的、为中心的，还具有某种离散性。我们所探索的综合实践课程是一种新课程。它以德育为主线，充分利用学校校园和区域环境中的教育教学资源，融自然、社会、劳动、科技等课程中应用性、生活化的内容，和语文、数学、美术、音乐、体育等相关知识汇合于一体。它既不同于以知识为中心的分科课程，又不同于结构化、知识化的综合课程，也不同于分科化的实践课程，它具有多元性、发展性、灵活性、开放性、创新性、合作性、生活性、可操作性和主体性等特点。这是对以前综合课程的突破，也是对实践课程的升华。为使综合实践课程全面反映以培养创新精神和实践能力为重点，能激发学生身心潜能，促进人格和谐发展，体现素质教育和课程改革的精神，我们将从社会和儿童的现实生活出发，按认识事物的线索或解决问题的线索去考虑学科内部知识内容的整合或学科之间的综合；从儿童的需要出发，按儿童现实生活的组成部分去考虑学科与儿童活动的联合；从社会

的需要出发，按社会实践的领域和相关内容去考虑学科与社会实践的联合等。据此理念排出一至六年级的综合实践课程内容结构表和综合实践活动主题。通过开设综合实践课，组织学生开展体验式、问题解决式、主题研究式学习活动，并充分利用和开发学校及周边社区的课程资源，在实践中培养学生自己发现问题、思考问题、并通过自主学习和协作更好地解决实际问题的素质和能力，同时使学生掌握信息的收集、调查、归纳及发表和讨论等等学习方法、思维方法，以及养成积极地、创造性地解决问题的态度。使各门学科中所学的知识和技能等相互联系和深化，在实践中得到综合运用。

2. *以"双语"教学实验为突破口，凸现学校的办学特色*

在英语教学初具特色的基础上，大力开展双语教学实验，积极探索如何在"国际理解教育"的背景下，在"多元文化"的情景中，注重培养学生开阔的视野和接纳的心态，促使学生在珍视、继承民族文化的同时，承认并尊重异域文化。让英语成为每位学生今后生存与发展的基础，并从英语特色教学走向双语特色学校。①努力创设和营造学习英语的环境和氛围。"双语教学"必须为学生提供优良的英语语言环境，营造学习英语的良好氛围。如在校园布置中英文对照的图片和文字，使学生在潜移默化中学习英语；利用外国友人来校之际，鼓励学生亲自与外宾交流，通过自己的亲身体验学好英语。②加强师资配备和培训。我校英语教学由 18 名本、专科毕业的教师和 5 名外籍教师担任。学校特聘上海复旦大学外文系主任朱永生教授、上海英语特级教师施嘉平老师和吴中区英语特级教师、名师等专家为导师，经常来校指导工作。此外，学校还与南京师范大学外国语学院联合办学，把我校作为其教学科研基地，现已有 30 多位青年教师在函授英语大专班毕业，一支双语教学师资队伍正在形成，实施"双语教学"有了基本的师资准备。全校三到六年级，每班每周都开设 4 节英语课，其中每个年级都有 1—2 个班级开设一节数英活动课。进行"双语教学"尝试活动。学校成立了以校长为首的英语特色教学和"双语教学"研究小组，积极研究构建宝带实验小学英语教育活动体系（即以"课堂教学"为主，以"英语沙龙"、"每日一练"、"兴趣小组"和"接待外宾"等活动为辅）和英语教学评估体系（即"教学考核、汇报活动、对外交流、英语考级"等）。在英语教学和双语教学活动中，教师有意识地进行材料的收集和整理，慢慢形成具有学校特色和符合本校学生英语学习水平和英语学习需求的英语和双语教材。

六、操作过程和要求

1. 依据学校的特色建设和学生的社会发展，对现有课程进行必要的重组。改 40 分钟/课时为 35 分钟/课时，在严格控制学生在校时间的基础上，尽量扩大校本课程的空间，提高单位时间的利用效率。

2. 实施校本课程教学的教师，采用双向选择的方式，学校公布课程开发的总体思路和基本框架在校内进行招标，教师根据自己的兴趣和教学特长选择科目报名竞标，学校再采取择优录取和协调优化的方式，确定校本课程中各科的任课教师，以此保证此课程中各科的基本教学时间和教育质量。

3. 校本课程的教材由本校教师在有关专家和领导的指导下编写，校课题管理组先探讨出台校本课程教材编写的体系、总体思路和要求，由校本课程各科教学的承担教师编写各科教学计划并根据计划实施教学，在实践中不断修改、调整、筛选、积累、编撰，最终形成具有学校特色的校本教材。

4. 在实验的过程中注意观察，重视过程的记录和个案的跟踪记录，及时根据实验的实际情况不断调整研究行为，使实验顺利进行。在此基础上做好资料的收集、整理、筛选和归类，据此进行思考，积累点滴的体会和经验。

5. 在课程的开发过程中，遵循循序渐进的原则，依据学校课程的成熟条件，分课程的初步开发，课程开发的不断优化，和课程开发逐步完善三个时期来进行，切忌一蹴而就、急功近利的心态。使我校的课程开发轨迹形成从无到有，从有到精的良性发展态势。使校本与国本、地本相生相融，相互促进和发展。

6. 在积累经验的基础上，进行深层次的思考和理性地提炼，形成系列化的理论、实践研究成果。

七、校本课程的评价

校本课程是学校自主开发进行的，没有统一的外部评价标准，学校制定自觉自律的内部评价标准十分必要。一方面，要对课程本身的作用效果进行评判；另一方面，也要对学生知识、能力和个性的发展作出科学的评价。

1. 定量评价。从现行的教育评价方法来看，定量评价仍是最重要的手段之一。同样，对于校本课程开发、实施的评价，定量评价是一条重要的评价标准，特别是对于校本课的评价，主要侧重于此。在建立和实施课程的每一个阶段，对课程的开发、落实及学生的整体发展情况作出量化的调查、分析并据此作出客观的评价。

2. 定性评价。对于校本的评价，特别是综合实践活动课（校本德育课）主要以定性评价为主，针对教师对所承担学科的达成度和教师参与课程建设过程中对课程实施的对象（即学生）的发展进行观察、调查、访谈等调研之后作出的判断和据此写成评语，重视对学生作出发展性的评价，重视教师在开发中的收获、体会、提高和发展。

八、研究的对象及方法

1. 研究对象：学校全体学生

2. 研究方法：

（1）文献信息法。根据课题研究的方向和内容，通过图书馆、报刊检索、网络检索等方面途径，搜集整理中外校本课程开发的研究成果和成功经验的文献资料，为课题的实验与研究提供科学的理论指导和经验借鉴，保证课题研究的科学性和先导性。

（2）教育调查法。通过实地调研、访问调查、问卷调查和数据测量等方式，获得学生的学习需求、教师的开发能力、社区环境资源，以及实验前、中、后的各种数据，进行分析、整理和研究。

（3）教育实验法。通过制定一个通盘的、周密的、安排合理的、科学性强的校本课程开发方案；根据课题目标，利用一切手段或变换条件，进行调控，以便在最有利的条件下进行实验与研究。

（4）实验总结法。通过对课题的整个过程进行主观回顾、反省、总结，对课题研究的措施、产生的现实和成果之间关系的感性认识，上升到理性认识的高度。

（5）行动研究法。注重平时的观察积累，注重个案的跟踪记录。建立学生成长记录袋。

九、研究的步骤

1. 校本课程设置阶段：2001 年 2 月—2002 年 2 月；学习课程开发的相关理论，进行课题的方案制定，为课题实施作好物质和心理的充分准备。

2. 校本课程实施阶段：2002 年 3 月—2005 年 12 月；按方案实施校本课程

的开发研究，开设校本课，编写校本课程教材，在实践中不断调整实施策略，收集、分析、筛选、整理有关资料，总结积累经验，作出适时的过程评价。

3. 校本课程的评价、总结阶段：2006 年 1 月—2006 年 7 月。对校本课程的开发研究进行总结和评价，并在此基础上进行理性思考，形成系列化的理论、实践研究成果。

校本课程的开发、实施与思考

——主课题阶段工作报告

“小学校本课程的开发与研究”是我校“十五”主课题，意在通过课题的研究、开发适合学校、学生发展的新课程，并在实施新课程的过程中，提升学校的办学水平，培养学校教师的科研素质，培育一代世纪新人。课题实施一年来，我校积极作好课程的开发和实施工作，现将有关的实施情况和体会记述如下。

一、学课程理论，慎重开发部分校本课程

开发校本课程是教育新形势下我校发展的重要举措之一，但这是一项需在正确理论指导下，实施操作极为严谨又富含创造性的工作。但对我们来说，对校本课程开发的认识还很不够，甚至在相当大的范围内还缺乏基本课程意识，更不用说校本课程开发的意识与能力。认识上的贫乏必然导致实践中的混乱与盲目，因此，我们把工作着眼点放在校本课程开发的理论学习与研究上，为校本课程的开发作理论铺垫与思想准备。

1. 由教科室牵头，组织全校教师学习锡山中学校本课程开发研究的成果，并以讲座的形式，宣讲课程开发的有关理论及我校进行校本课程开发的目的意义，消除教师对校本课程开发研究的畏难情绪。

2. 开辟科研信息窗，收集有关课程开发的信息提供给教师，使教师把握当前课程开发研究领域的热点问题及发展趋势。

3. 多方寻找课程理论专著，组织兼、专职教科员进行导读式学习，使一部分教师在此方面先走一步，培养在具体课程开发中的骨干力量。同时请区教科室的专家来作专题讲座，开展研讨活动，使校本课程的开发深入人心，成为全体教师的共同愿望。

在学习了相关的课程理论之后，我们制定研究方案，着手校本课程开发的工作。在教科室与教导处的协同之下，根据现阶段学校的师资状况，我们按照现有课程计划对地本、校本这一块的课程进行开发，分别开设了“校本德育”、

“阅写指导”和“英语听说”三门必修课，及“劳动实践”、“信息科学”两门选修课。在进行课程开发时，我们秉持谨慎的态度，力争以小的切入口来透视大的教育现象产生的效能，使校本课程的开发逐步展开，使开发课程成为推动学校教育与师生发展的有效方式。

二、严格管理操作，实施校本课程开发工作

校本课程的开发是一项科学性的工作，这决定了开发工作必须严谨、规范，同时这一课题关系到学校、教师、学生的发展，故必须考虑其伦理性。基于以上考虑，我们对校本课程开发的操作进行了严格的管理，以保证此课题的顺利实施并能取得预期研究效果。

首先，校教科室在研究了课题方案之后，分阶段制订了实施计划。然后再按照阶段计划进行操作。本阶段(课题实施的第一阶段)我们按照实施计划，科导合一，选任校本课程的担课教师，按照学期课时计划，把校本课程纳入学校总课表，把“人”与“课”这一校本课程开发的两个重要动因落实到位。

第二，我们针对校本课程教材选用难的问题，采用教师收集教学内容，组织教学的方式，使教师成为教材的选用者、集结者。为此，我们给担课的教师发了一本笔记本，记录教学内容，发备课本，记录教学过程，并要求教师在上课后在自己满意的教学内容和教学方式上作记号，为日后的选编教材作实践准备。在这样的操作中，教师成为校本课程开发的中心力量，使教师真正成为课程的开发者、创生者、实践者。

第三，教科室集校骨干教师成立了课题实施研讨组，定期进行学习，举行研讨活动，定期互查汇报、研究工作的进展情况，收集课题研究的相关资料，推动课题的健康运作。

三、课题实施的几点思考

1. 随着新一轮课改，学校的开发课程与课改课程产生重合，但存在必修与选修的区别。课程的设置方面，留给学校的空间并不多，所以设置有效课程是学校课程开发的关键。如何处理好国本、地本、校本之间的关系此为思考之一。

2. 新课程标准要求教师成为课程的研究者、开发者和实践者，在实际操作中，这必须要以观念的转变和理念的提升作思想后盾，面广量大的师资如何进

行有效的培训，同时过于严密的管理体制与教师创造性地开发课程需要的空间如何协调，这是思考之二。

3. 我校以英语教学为特色已闯出了一条新路，现已成为市第一批双语实验学校，我校的校本课程开发如何关注学校特色建设，成为学校特色建设的强调推动力，这为思考之三。

总之，在课题研究工作中，我们澄清思想认识，在实践中也收获了理论水平的提高与专业素质的发展，同时也反思了课程开发工作的艰巨，我们将不断调整思路，不断创新，把课题研究进行到底。

（2002 年 11 月）

整合校园资源，开展校本德育研究的方案

一、课题研究的背景

2004年2月中共中央国务院印发了《关于进一步加强和改进未成年人思想道德建设的若干意见》。5月党中央又召开全国加强和改进未成年人思想道德建设工作会议，胡锦涛总书记在会上发表重要讲话。进一步加强和改进未成年人的思想道德建设是历史赋予我们教育工作者的庄严使命和神圣职责.20世纪以来，科学技术的惊人发展使经济建设突飞猛进，物质领域空前繁荣。但与此同时，人类也面临着道德滑坡的世界性难题。纵看现行的我国学校教育智德分离，德育与学生日常生活分离。德育过程，不是完全依照学生品德心理发展规律，带有明显的唯理性倾向，重理性知识传授，轻感性体验内化；重外在理智控制，轻内在情绪调节。德育忽视学生的主体地位，情感体验，造成知行不一。环境无疑对人有潜移默化的作用，小学生又是最具可塑性的个性群体，所以创建良好的校园文化环境，根据区域优势和本地区青少年的德育状况，有步骤地整合校园资源，开展富有针对性的校本德育，促进小学校本德育的开展，促进学生良好的道德品质的形成应是十分有效的。通过对该课题的研究，有利于提高对校园德育资源开发与利用的效能，有利于使学生在学校和社区所营造的教育环境中健康成长。

我校一向重视校园文化环境的建设，重视校园环境对学生德育的作用。几年来，我校在环境建设上投入了大量精力与财力，如今不仅成为了一所花园式的学校，更是一所在环境建设上处处体现人文性、区域性、历史性、国际性、时代性，洋溢着浓浓爱国情的学校，"诗景廊"、"各国风情文化展版"等独具匠心的设计和布局受到了省、市乃至国家级有关专家的肯定。"十五"期间，我们顺利地进行了"校园文化环境建设与德育的研究"这一市级课题，使我们对于校园文化环境的德育作用有了更加深刻的认识，对于校园中的德育资源的挖掘和利用也进行了一些尝试，取得了一些进展。这些研究的积累为新课题的选择和研究提

供了决策支持和探索基础。从课题的内在联系来看，都存在德育途径与德育效果的关系研究，从这个衔接点，再着眼于创学校特色，使学生收益更多的角度，开辟新的视角即展开校本德育的开发和研究，这是进行新层次的深入研究，有利于学校办学的发展和德育的有效开展。

随着国家课程改革的不断深入，实现国本、地本、校本的课程整合和互补是学校向更高办学层次迈进的发展之路，也是课程改革中国家对一些学校的建设要求。所以，进行校本德育的开发和研究是学校自身发展的要求，也是繁荣课程，丰富德育课程本身的需要。我校愿在这一新领域付出努力，作出尝试。

二、课题相关研究情况及分析

1. *本课题在国内外同一研究领域的现状与趋势分析*

我们这一课题应归属于校本德育的研究范畴，在此领域中，国内外同一研究领域的现状与趋势如下：

(1) 德育是学校工作的核心。尽管世界各国社会制度、意识形态、经济发展水平存在巨大差异，但将德育放在学校工作的首位已成为共识。各国都把强化德育作为治国安邦、复兴民族精神、维护民族团结、减少青少年犯罪、促进社会政治、经济、文化发展的重要手段。

(2) 育人目标各国不同。美国强调培养儿童参与社会政治生活的能力，在塑造国家精神的同时，更加注重发展儿童承担社会责任和创造新生活的品质；英国则强调让儿童了解人们在社区、国家及世界中的相互关系，以及全部生活领域中的道德意义；德国注重培养具有面向世界的开放性人格的人；法国是培养自律的自由人；马来西亚以培养学生道德认知力为主线；韩国则把培养学生道德判力作为最高目标。

(3) 德育内容顺应时代发展潮流，涉及到人类社会生活的方方面面，如自由与民主、和平与发展、宗教与伦理、人权与法制、国际理解、协调亲善、生态文明、民族精神、社会责任等。

(4) 德育方法，东西方不同。包括中国在内的东方国家侧重内容型，强调对学生直接进行道德价值观的灌输与强化；而美、英、法、德等西方国家则侧重过程型，注重从道德品质的形成过程对学生进行适当的疏导，培养学生的道德思考力，强调自我教育。我们认为东西方德育发展有相互融合的趋势。

相对而言，国外的校本德育课程建设起步较早，而且长期以来的课程实现模式也使教师自主成为校本课程的建设者。在国内，上海的新教育实验为我们构建学校德育校本化提供了实践的基础和理论的支撑。

2. 本课题与之联系与区别

（1）联系：研究学校德育，提升学生的德性素质。

（2）区别：①研究的具体范围不同，我们的研究限定在校园德育资源的整合应用这一特定的范围内。属于校本德育中的一个专题的研究。②研究的重点不同，我们的研究侧重于通过整合校园资源，优化学校德育，形成学校的德育特色；根据学生的年龄特征和心理特点，从认识层面和行为层面培养学生的道德选择、判断与实践能力，促进学生正确的人生观、价值观的形成。试图探索一条高效的德育途径。③研究的切入点不同，我们的研究侧重于学生的道德认识和道德实践活动，在实践中体验道德情感，升华道德认知，发展学生的道德意志能力，使学生学会学习，学会共同生活。

三、课题界定与支撑性理论

1. 课题界定

校本德育就是带有学校特色烙印的德育，校本德育就是学校特色化的德育。校本德育系指在国家德育大纲及有关德育文件的指导下，结合本校实际自主开发和整合校园德育资源，构建专题德育课程，实施专题德育实践活动，目的是提高以德性素质为核心的学生的整体素质。

2. 支撑性理论

（1）主体教育论

柯尔伯格指出：“同教师和成人一样，儿童有他们自己的关于价值观问题的思维方式，因此，正确的方法是将儿童称作‘道德哲学家’。将儿童看作道德哲学家，指的是能自发地形成他们的道德观念，这些道德观念又形成有组织的思维方式。”这说明个体的德性品质的形成和发展具有个体的主体特征，是个体主动地与环境互动的结果，活动可使个体既有素质和所处的社会环境成为影响个体主体发展的现实因素。

（2）道德认知发展理论

皮亚杰、柯尔伯格、艾里克森等人研究认为个体的道德发展是分阶段的过程，它揭示出道德认知与人的成熟过程相关，由低级向高级阶段发展，由他律向自律发展。高中阶段是学生世界观形成的关键时期，这个时期的学生主体自觉性和道德认知水平较高，通过道德实践活动促其加强自我道德修养，完善其道德品质，实现他律向自律转化是我们学校德育校本化、特色化研究的理论支撑。

(3) 生活教育理论

德育源于生活并依存于生活。德育是一种内在需要，而不是在生活之外的某种为了生活的准备。德育回归生活，势在必行。德育只有走进生活融入生活，才能实现其目标。

四、理论假设与研究目标

1. 理论假设

道德规范是可以灌输并可以强化的，而道德情感体验、道德行为养成，不是靠灌输所能够完成的。环境造就人，我们假设道德情感、意志、行为是在道德实践活动中生成并发展，那么，在校园中，在环境给予学生的耳濡目染中，学生能渐渐形成优良的德性。我们的实证研究如果能够证明这点，那么校本德育模式就是成功的，而传统的德育模式就必须修正。

2. 研究目标

(1) 科学界定本课题“校本德育”的内涵，构建校本化的专题德育课程及科学的评估体系，使铸魂工程有一个良好的载体。我们将试图通过本课题的研究，革除现行德育过程中忽视主体的弊端，尊重学生的主体地位，充分发挥“道德哲学家”(柯尔伯格语)们的主观能动性，注重校园文化的设计和积累。在德育实践中，改变德育重理轻情的状况，既晓之以理，更动之以情，更多地关注学生的道德情绪体验。让德育深入学生的心灵，构建新型的德育范式。

(2) 构建校本德育实践活动的操作体系。

(3) 形成校本德育特色化的保障机制。我们将试图通过本课题的研究，重新认识教育的目的，更新教育观念，探索特色化学校德育建设的新途径，构建便于操作的德育工作平台，提高德育实效，提升教育品位。

五、课题研究的实践意义与理论价值

作为一所处在城区的省级实验小学，学生接触的社会现象比较复杂。大部分学生的生活比较优越，接受各种信息的途径较多，学生经受的诱惑也较多。这对学生的道德水准要求颇高。作为学校，如何使素质教育落到实处，确实提高学生的综合素质；如何准确定位我们的学校发展方向与生存能力，激发学校持续发展的生命活力；如何使我们的德育深入学生心灵，变成学生生命的灵魂，激发学生的学习热情、生命活力，使学生成人、成才，这些一直是我们反复探索的问题。学校德育校本化、特色化的研究就是我们的应对之策。我们试图通过我们的探索，为学校德育提供一个范例，也为学校德育理论界提供一个鲜活的个案。

六、研究方法和措施

1. 研究方法

观察记录法：在课题研究期间，经常对学生的言、行进行有目的地观察并定期做好记录，了解学生在开展校本德育的不同时期，学生道德行为的具体情况，指导下阶段工作。

行动研究法：研究者注意对实验对象的长期观察并形成一定的个案，为实验的顺利进行提供信息，保证课题评价的客观、公正。

经验总结法：通过对课题研究过程中具体情况的掌握和控制，进行归纳、分析、综合，使之系统化，提炼经验，形成理论。

2. 研究措施

(1) 积极组织，形成课题的管理、研究网络，配备强大的研究阵容，以校长为龙头，把课题研究落到实处。抓住研究要害，开展科学、规范的研究。

(2) 完善学习、培训制度，使课题研究人员在理论学习中增强科研实践能力，在课题实践中丰富理论素养，提高科研水平，为本课题的顺利开展服务。

(3) 在课题组中形成合作、互助的氛围，发挥群策群力，集思广益的作用，在课题研究中实现资源共享，促进本课题的研究工作。

(4) 进行校园资源建设和开发、利用时，在很大程度上要投入大量经费进行硬件的配置，其中包括校园的绿化、图画的挂贴、布置等，在课题研究中，我校将竭尽全力，尽量提供经费保证。

七、实施步骤

1. 准备阶段(2005 年 1 月～2005 年 8 月)

(1) 完成方案的制订及课题申报工作。

(2) 健全学习研究、交流制度。

2. 实施阶段(2005 年 9 月～2007 年 7 月)

(1) 组织课题组人员学习有关理论,组织外出参观学习,借鉴他人经验。

(2) 在实施研究过程中进行阶段性有针对性的调查研究,不断修正实施方案,促使课题研究顺利开展。

(3) 经常收集、整理有关资料,为归纳和分析课题提供实践依据。

3. 总结阶段(2007 年 7 月～2007 年 12 月)

汇总本课题研究成果,完成课题结题报告及相关资料的整理,做好结题工作,为成果鉴定提供服务。

有效的校本德育初探："渗透、实践、养成"

——"整合校园资源，开展校本德育的研究"中期报告

一、当前学校德育存在的问题

纵观现今学校的德育现状，我们认为主要存在以下问题：

(一) 德育理念存在误差

教育的根本在于育人，使人为善，其核心是道德。在学校教育中，一般只把品德教育作为"工作"对待，虽制定了一整套的"制度"约束教师的德育行为，以加强德育，求良好的德育效果，但这种德育"工作化"的思想却在无意中改变了德育的性质，使德育从"教育目的"沦为了"教育手段"，最终削弱了学校的德育功能，甚至导致越加强德育"工作"，德育"工作"面临的困难越多。

正如华师大黄向阳教授所述，教育包含使人为善的意图和努力，德育就是代表这种教育意图和努力，它不是一项具体的工作，而是一切教育工作最终必须落实的目的，是全体教育工作者的共同责任。因此，淡化德育的"工作意识"，强化德育的"目的意识"，应是学校重建全员德育机制需要解决的观念问题。

(二) 德育流程出现断层

教育有其自身的规律，德育也是循着教学生知、引学生辨、导学生行、巩固习惯行为的过程渐进的。知、情、意、行统一，才是有效的德育。教育的外延应等同于生活的外延，在德育过程中，从德育知识的传授到德育行为的养成应该是一个不间断的过程。而今的学校德育却往往不是按照学生的品德心理发展规律展开，而是带有明显的唯理倾向，重理性知识传授，轻感性体验内化；重外在理智控制，轻内在情绪调节，重表面的头头是道，轻实在的行为实践。如此德育忽视学生的主体地位，情感体验，生活实践，造成知行不一的低效状态。

(三) 德育目标缺乏土壤

长期以来，在学校德育目标实施过程中，存在与学生生活实际脱离，与学生身心发展年龄特征脱节的现象。小学生高举"热爱祖国"的旗帜，中学生叫响

"关心集体"的口号,大学生实践"城市文明公约"等相关的公民道德守则。如此不切生活实际的口号式教育使学校德育刻上了"假、大、空"的烙印。德育的关注点和学生实际的生活阅历、理解能力和情感发育等社会化因素的不协调,使德育流于形式,造成了德育目标与德育现实的巨大落差。德育从生活出发,回归现实生活应是有效德育的呼唤。

(四) 德育方式相对滞后

在科学技术迅猛发展的时代,学生获取信息的渠道愈加宽广,知识更新也不断加快。网络成为学习伙伴,也成为不良思想和不良行为的蛊惑者和教唆者。而学校的德育方式却仍然"以不变应万变"。殊不知这种不变的方式已经滞后于时代发展的要求,一本书,一堂课,一间教室的空间格局已经被打破,学校教育,特别是学校德育的有效之路必须融进时代的因素,德育途径的拓宽势在必行,德育方式的时代化、有效化亟需探索和践行。

二、提高德育实效的措施

综上所述,开展有效的德育,已经成为教育刻不容缓的重任。由此,切实提高学生思想道德素质,不断改进和发展学校德育,真正把德育落到实处,使其取得实效任重而道远。带着这样的思索,我们认为,学校应有大德育观,即"学校无小事,事事育人;学校无闲人,人人育人",学校德育重在"一草一木总关情",贵在"细微之处见精神"。为此,我们从利用校园资源入手,开展校本德育的研究,期望能够以我们的行动探寻一条有效的小学德育之路。由此,结合本课题的情况,谈谈一孔之见。

(一) 无处不在的教育——彰显德育的渗透性

人自出生就受到各种各样的影响,而有目的的影响活动便是一种"教育"。"环境造就人",是因为环境对人有熏陶的作用;"近朱者赤,近墨者黑",是因为人与人之间有相互影响的作用。故而,学校的一切人、事、物都对学生的成长产生影响。整合学校的所有资源,充分挖掘其中的德育因素,使德育充盈在学生学习生活的整个时空,在各种教育引导中体现德育,使德育在学校工作的各个领域中得以渗透,必将对孩子这一可塑群体产生强有力的教育作用。如学校的环境建设中,独具匠心地营造德育氛围,就能使其具有启智育人的双重功效。

1. 绿化,创建花园般的校园环境。学校立足于把校园环境建设成"陶冶学生情操的花园，育人启智的学园，发展兴趣的乐园”，精心构思，巧妙设计。学校校园里建起了由紫藤和长春藤组成的百米“绿色长廊”和造型优雅别致的艺术廊、充满童趣的蘑菇亭、蘑菇凳。铺设草坪，栽种各种花草树木，使校园处处鸟语花香，天天春意盎然。让绿色陶冶着孩子们情操，净化着孩子们心灵。

2. 诗化，营造优雅的育人氛围。学校在设计校园环境时，不仅注重自然环境的美化，更着力于校园文化环境的优化。我们在“承传民族文化，培养国际意识”的办学理念的指导下，开辟了集古诗文和世界自然文化遗产为一体的“世遗诗景”传承廊，还构建了“名师经典”诵读廊、“万国风情”展示廊……力争让校园内的每个字、每幅画、每块墙壁都能成为发展兴趣、陶冶情操，启智育能的好教材。校园内丰富的德育内容与校舍、校貌、自然物及各种设施浑然一体，成了校园环境的有机组成部分，如同一本打开在学生身边的育人书本，时时刻刻都在熏陶教育着每一个学生，陶冶着每个孩子的心灵。

3. 童化，建立平等的师生关系。平等的师生关系给学生营造了一个宽松、民主、和谐的生长环境。学校要求教师树立“蹲下看学生”的理念，与学生交朋友（童化），实行师生互动。要求教师投入满腔热情，用个性的魅力去唤醒学生鲜活的心灵。在教学过程中，要求教者充分发挥学生的自主作用，把教学的过程变成师生共同研讨、互相合作的过程，把学习的成果变成师生互相促进、共同努力的结果，让学生的主体性和教师的主导性得到尽情张扬。

学校的工作千头万绪，学校的德育无处不在，学校在各学科的教学中注重德育内容的渗透，学校在各种活动的开展中关注德育的延展，为学生营造德育氛围，使学生浸润其中，渐渐形成良好的德性素养。

（二）身体力行的教育——突出德育的实践性

有效的德育，一定要有知行统一的实效。只有理论的说教，没有行动的引导和实践，最终造就的也许只是说话的巨人行动的矮子。所以，在此思想的指导下，学校以活动为载体，让学生在实践活动中把德育知识转化为具体行动，显现德育的实践性特征。

1. 开展了“情系宝带”系列教育活动。我校地处苏州城南的宝带桥畔，因与桥相伴而起名宝带实验小学。历史悠久的宝带桥，其文化、名声，以及造桥人无私奉献的博大胸襟，无疑是一本最好的德育教科书。与桥同名的我校紧紧抓住这一育人优势，将宝带桥立为学校的德育基地，并组织开展了“情系宝带”系列活动。通过活动，帮助学生了解我国悠久的历史和灿烂的文化，知道我国古代劳动人民用勤劳和智慧凝聚成了一部古代文明史，引导学生传承民族文化，增强爱国爱校情感。

2. 开展了“早一天保护环境，多一份生命保证”生态保护系列教育活动。为了让生活在城市里的孩子能亲近自然，了解更多的自然知识，从小树立生态环境意识，学校构建了一个“接近自然、陶冶情操、育人启智、发展兴趣”的生态园。整个生态园由一个占地近十亩的莘园、一条自然科学廊和整个校园绿化组成，是师生们开展系列教育活动的乐园。使学生增强了环境保护意识，还将这些生态意识带到了社区，争做义务生态环境宣传员，起到“一代人”带动“两代人”的辐射教育效果。

3. 开展了“知中华、爱中华”系列教育活动。每学期学校都充分利用校园内布置的“祖国各地”“世遗景点”等“知中华、爱中华”爱国主义系列文化，并根据不同年级提出不同要求，组织学生分层次学习了解丰富的中华历史文化。几年下来，各个年级的学生已经积累许多知识，他们对祖国有了更深刻的认识。

4. 开展国际理解教育活动。为进一步让学生了解世界，从小就具有远大的理想和抱负。近年来，学校开展了树立国际意识强化国际理解的教育。通过每年举办外语节・外国文化周活动，在“主动参与、自主学习、积极交流、和谐合作、重在体验”的活动原则要求下，全校师生搜集资料、设计节徽、制作节卡、绘制电脑报、手抄报……人人投入，个个参与，盛况空前。这些活动，把校园文化建设和德育活动融在一起，不仅锻炼了学生与外国朋友的交流、交往的能力，也使他们对世界文化有了更多了解，而且从中学到了许多做一个国际人的道理。

德育的最终目标是指向学生健康成长，德育的最高境界是让学生实现自我教育、自我生长。在实践活动中，帮助学生体验德育主体的角色，激发他们参与的积极性，增强其实践的有效性；帮助学生提高对道德行为美丑甄别的能力，并懂得讲正气扬正气，能坚持正确的行为，不断修正自己的不良行为。活动把传授知识与实际生活链接，使知情意行得到了协调发展。

（三）无微不至的教育——坚持德育的养成性

小学的德育，面对的是幼稚而纯洁的小学生。“好习惯是人一生的财富”，养成教育在小学德育中占重要地位。我们认为养成教育是提高小学生道德素质的主要抓手，近几年来，我校以“行为规范伴我行”“好习惯助成长”等为道德建设的主题，以丰富多彩的实践活动为道德建设的载体，开展“养成教育”，强调教育、实践、体验的有机统一，坚持在“小、细、实”上下功夫，切实提高学校德育实效。

1. 从学习生活的小事上下功夫

学校要求教师利用晨会、班会班队活动等，在组织学生学习、背诵《中小学生守则》、《小学生日常行为规范》的基础上，从“走、坐、站、说、看、听、说、读、写”等这些与学习生活紧密联系的小事进行有计划有组织的反复训练，使学生在学习训练中有实实在在的收获和进步。特别是住校生，从一天生活“起床——睡觉”各环节抓起。做到生活德育化、德育生活化。教师深入到学生生活中，注意了解学生生活细节，把握学生思想脉搏，加强心理辅导，通过推心置腹的谈心和体贴入微的关心，引领学生以健康的心态面对学习生活中的困难和挫折。特别是学困生贫困生及离异家庭的孩子，有一定的心理障碍，我们从疏通心理工作做起，以生活中的小事入手，真正把德育工作做到学生心里。学校德育领导小组采用听课、观看活动、学生座谈会、护导检查、调查问卷、班主任交流会等形式，扎扎实实进行检查督促，了解学习宣传实施情况，及时作出相应部置，促使每一项措施落到实处，使学生从知晓到逐步形成稳定的行为习惯，从而将《守则》《规范》内化为个体的道德心理结构，凝聚为优秀的道德品质。

2. 从可操作的细则上做文章

道德规范、准则要求必须具备可操作性，这是道德养成中必须坚持的最基本原则。未成年人道德素质的培养，不仅要使受教育者明了道德原则、规范、准则的基本要求，而且要使他们具体知道如何去做。只有可操作性强，才能使未成年人特别是小学生易于理解和遵循。学校根据上级文件精神研究制订了一些操作性强的制度和细则，例《小学德育纲要》实施细则、《公民道德建设实施纲要》实施细则、贯彻落实《中共中央国务院关于进一步加强和改进未成年人思想道德建设的若干意见》实施细则、《开发利用校本德育资源实施细则》等。把《中小学生守则》《小学生日常行为规范》的每一个要求制定出符合学校实际和学生年龄的实施细则，让行为规范落实在学生在日常学习生活中落实在行为之中。如制订《小学生日常礼仪规范》《一日常规检查内容和要求》《文明学生评选方法》《文明学生、优秀学生干部评比制度》等，这些规章制度是《守则》和《规范》的细化，操作性强，学生对这些要求容易接受和遵守。如：“上学时，见老师，行个礼，问声好”“上下楼梯，右行，轻声，慢步，礼让”“吃饭时，不敲碗，不翻、拣菜，不撒饭粒，不挑食，不浪费”。

3. 从知行统一的实效上花力气

道德建设的过程是知情意行和谐发展的过程，最终目的是让学生在参与活动的过程中深化道德认识，践行道德规范。因此我们立足于活动形式的多样化，活动结构的多层次。如全校性的活动有：①读书活动，评出读书好少年；②雏鹰争章活动；③讲文明树新风活动，评选“文明礼貌小标兵”“十佳文明学生”；④烈士纪念碑前重温入队宣誓活动；⑤开发利用校本资源，开展德育实践活动。各年级各班还根据各年级段的特点，开展形式多样的班队活动，这是德育工作常抓不懈的重要抓手，如“我爱我家，我爱我班”“做班级小主人”“庆六一，我与家长同欢乐”“我给父母写封信”。开展这些活动时根据学校实际和学生特点，进行精心设计和组织安排，尤其注重内容鲜活、表现新颖、格调高雅、参与面广、吸引力强、实效性佳。学生通过动脑动手，亲身体验，道德情操得到陶冶，道德习惯得到养成，道德境界得到升华。

“十年树木，百年树人”，学校德育需要每一位教育工作者上下而求索。学校的德育之路漫长而艰巨。处在德育的新环境中，在德育面临前所未有的文明冲突和文化碰撞中的无序与困惑时，教育者务必保持清醒，进而以犀利的目光透视时代印迹，寻找德育新的契机，促进德育的成长，使德育在新时代背景下走向成熟。

整合校园资源，开展校本德育研究结题报告

一、实验研究的背景及意义

20世纪以来，科学技术的惊人发展使经济建设突飞猛进，物质领域空前繁荣。但与此同时，人类也面临着道德滑坡的世界性难题。纵看现行的我国学校教育，“应试教育”还是顽固地坚持着不肯退出阵地。再看德育过程，不是完全依照学生品德心理发展规律，带有明显的唯理性倾向，重理性知识传授，轻感性体验内化；重外在理智控制，轻内在情绪调节。德育忽视学生的主体地位，情感体验，造成知行不一。2004年2月中共中央国务院下发了《关于进一步加强和改进未成年人思想道德建设的若干意见》。5月党中央又召开全国加强和改进未成年人思想道德建设工作会议，胡锦涛总书记在会上发表重要讲话。党中央、总书记把加强和改进未成年人的思想道德建设放到极其重要的位置，这也是历史赋予我们教育工作者的庄严使命和神圣职责。如何提高德育的针对性、实效性性呢，如何把《意见》的精神落实到具体的教育工作的方方面面呢，广大教师特别是德育工作者都在努力探索积极工作着。

环境无疑对人有潜移默化的作用，小学生又是最具可塑性的个性群体，所以创建良好的校园文化环境，根据区域优势和本地区青少年的德育状况，有步骤地整合校园资源，开展富有针对性的校本德育，促进小学校本德育的开展，促进学生良好的道德品质的形成应是十分有效的。通过对该课题的研究，把《意见》精神细化，有利于提高对校园德育资源开发与利用的效能，有利于使学生在学校和社区所营造的教育环境中健康成长。

我校一向重视校园文化环境的建设，重视校园环境对学生德育的作用。几年来，我校在校园环境建设上投入了大量精力与财力，并且在环境建设上处处体现人文性、区域性、历史性、国际性、时代性。“十五”期间，我们顺利地进行了“校园文化环境建设与德育的研究”这一市级课题，使我们对于校园文化环境的德育作用有了更加深刻的认识，对于校园中的德育资源的挖掘和利用也进行了

一些尝试，取得了一些进展。这些研究的积累为本课题的选择和研究提供了决策支持和探索基础。开辟新的视角即展开校本德育的开发和研究，这是进行新层次的深入研究，有利于学校办学的发展和德育的有效开展。

随着国家课程改革的不断深入，实现国本、地本、校本的课程整合和互补是学校向更高办学层次迈进的发展之路，也是课程改革中国家对一些学校的建设要求。我校作为一所处在城区的省级实验小学，学生接触的社会现象比较复杂。大部分学生的生活比较优越，接受各种信息的途径较多，学生经受的诱惑也较多。这对学生的道德水准要求颇高。作为学校，如何使素质教育落到实处，确实提高学生的综合素质；如何准确定位我们的学校发展方向，激发学校的持续发展的生命活力；如何使学校德育深入学生心灵，变成学生生命的灵魂，激发学生的学习热情、生命活力，使学生成人、成才，这些一直是我们反复探索的问题。学校德育校本化、特色化的研究就是我们的应对之策。我们试图通过探索，为学校德育提供一个范例，也为学校德育理论界提供一个鲜活的个案。在区教科室的支持下，《整合校园资源，开展校本德育研究方案》2005 年 9 月在市教育学会正式立项开始实施，我们课题组迈出了尝试的步伐。

二、实验研究所采取的措施

1. 加强师德规范教育

教师的思想、行为、作风和品质，无时无处不在感染影响着学生。教师的为人师表，可以促进学生品德结构的形成，这一切似乎看不见、摸不着，但又实实在在地、具体地体现在日常教育工作中，是一种无形的环境，是一种精神氛围。加强师德规范教育，无疑是首要工作，我们采取的措施是：

第一，加强政治理论学习。我们提出了“重塑师魂，外树形象，内练硬功”的工作目标，组织教职工学习《教师法》等法规文件，学习《中小学教师职业道德规范》《公民道德建设实施纲要》，学习全国优秀教师先进事迹，采用邀请专家作讲座、举行师德报告会、观看师德教育的 VCD、录像片等多种形式，加强教师职业道德规范的学习，促进教师形成正确的职业理想、职业道德、职业行为。学校还多次组织教师利用政治学习时间开展了师德建设的讨论，并广泛征求了教师对师德规范内容要求及如何加强师德建设方面的意见和建议。

第二，开展各种主题教育活动。例 2004 年的“千名教师访万户”，2005 年的“争创学习型组织、争当创新型人才，树新时代教工形象”、“青蓝文明岗”，2006

年的“知荣辱、树新风”、践行“八荣八耻”，2007 年的“学回信、做孟二冬式的好教师”以及每年开展的“争先创优”、“巾帼示范岗”等主题活动。这一系列教育活动的开展，促使教师的敬业爱岗思想的树立和稳固，使为人师表、率先垂范的师风也更加深入人心。

第三，建章立制，强化制度管理。根据《中小学教师职业道德规范》和《苏州市深化素质教育，丰富校园生活，促进学生全面发展的三项规定》，我校先后制订了《宝带实小教师在校常规》、《宝带实小教师队伍建设规划》、《宝带实小师德规范要求》等规划制度，特别是建立了师德考评制度，做到平时考查与期末考核相结合，个人自评、教师互评、行政考评相结合。每学年举行一次“满意班主任”“满意任课教师”评选，由学生和家长投票。考核结果列入个人档案，与年度奖惩挂钩，并作为职务聘任、晋级晋职的重要依据。

第四，发挥师德典型的榜样和示范作用。自 1998 年始，我校已评出三届“十佳教师”，评选出区级以上“优秀教育工作者”、“优秀班主任”、“师德先进个人”和“育苗奖”等 60 多人次。召开多次教书育人交流会、师德楷模报告会、表彰优秀教师等活动。我们把这些先进事迹逐步整理出来，2006 年在校刊《莘园》上开辟“爱心乐章”栏目，刊登了 14 位优秀教师的爱生事迹，至 2007 年底在学校网站上已发帖 30 多位教师的先进事迹，同时利用各种媒体对优秀教师的先进事迹进行大张旗鼓的宣传，用先进典型鼓舞和激励教师，形成优良师德风范，推进全校教师师德水平的提升。

2. 整合校园德育资源

学校的环境布置，大家都很重视。但往往会出现这样一个现象：这边一个口号，那边一个名人名言，走廊里一块黑板报，路边一块标语牌，看似很花俏很热闹，但并不形成体系，也就是说环境布置毫无章法，有的甚至花了很多钱，而并没达到预期目标。有的成人化、口号化，学生并不从中受益，造成“两张皮”现象——校园环境布置是一套，而老师平时对学生的教育又是一套。校园布置五颜六色，学生并不喜欢，并不关注。为了避免这种现象的产生，我们着重进行了校园德育资源的整合：

(1) 环境布置主体德育化。我校的环境布置是根据“承传民族文化，培养国际意识”办学理念，按“爱国—求知—做人—成才”这一主线实施的。爱国主义教育是校园的主旋律，像校园中的荷花池把它设计筑成“中国版图”形，在紫藤长廊里挂上了中国的世界遗产版面，在主楼梯上制作了34个省级行政单位的综合性介绍版面，“爱国主义教育”内容在校园里随处可见。从中国地图、世界地图到五大洲各国简介，每一个字、每一个版面、每一块墙壁都由主线相连，如同一本打开在学生身边的育人书本，时时刻刻都在熏陶教育着每一个学生，使他们每天都接受到了生动形象的爱国主义和历史文化教育。

(2) 校园环境布置不断更新提炼。根据校园德育资源整合要求，为了更好地实施课题，我校对环境布置不断更新。实际上，随着教改的不断深入，教育理念的不断完善，校园环境布置必然得到提炼，这样的更新实际上是丰厚校园文化的底蕴，进一步优化育人环境。2006年我校利用暑期校舍维修，对校园环境布置进行了一次更新。原“世界遗产廊”中展示15处景点图片，现增至31处，还在版面上增添了古诗文，使学生在观赏图片时咏读古诗文，体验中国古代文化的博大精深。特别是对教学楼环境布置进行了精心设计，精致布置。现在，走进连接南北两座教学楼的通道走廊就像是走进知识的殿堂。四楼的主题是“创造我的太阳”，内容是校史教育。我们认为：爱国首先要从爱学校的一草一木开始，从爱家乡的一山一水做起。所以二楼通道布置的主题是“传承华夏文化”，展示“吴中揽胜”版面53块，介绍“吴中古今名人”20人，反映“苏州今昔”版面18块，还有“姑苏繁华图”等版面。三楼的主题是“涵咏名师经典”，在提供三千册图书作为开放式读书廊的同时，挂出中外名人名言16块，介绍少儿读物版面22块。底楼的主体是“借鉴万国风情”，展示的内容是一年一个国家的文化，这与每年的外语节相连。四个层面的布置又用南北两个楼梯串联起来，南楼梯是34个省级行政单位介绍，北楼梯有“少数民族”、“京杭大运河”、“儒家文化”、“中国功夫”、“国粹京剧”、“汉字文化”、“戏曲之母·昆曲”、“十二属相”等中华文化瑰宝版面连接起来，形成一个整体系列。经过新一轮的布置，校园环境在原来的基础上有了更浓的文化气息，更富有育人特色。

3. 编写德育校本教材

本课题立项后，我们曾编写过《宝带实验小学学生思想道德建设分年级分学期实施细则》等实施课题方案的一些操作方法，效果并不理想，主要原因还是师生手中没有教材。因此，2006年我们下了狠劲，花了很多精力物力，依靠本校骨干教师，以学校环境文化为蓝本，以原制订的《校本德育资源开发与利用的实施细则》为线条，编写德育校本教材。在编撰中，我们注意突出“校本”：第一，教材以校园景物和师生活动为基本内容，使自然与人文和谐其中，体现学校资源在学校德育中的强大张力；第二，教材全部由本校教师编写，是教师群体智慧的结晶，体现了学校德育"主力军"的教育追求；第三，教材注重引导学生在校园内开展丰富多彩的德育实践活动，使校园成为学生德育的实践基地，体现了知、情、意、行统一发展的德育目标。

第一套校本教材《宝带絮语》共有低、中、高三册，分别供三个学段六个年级的学生使用。每册14～18课，遵循学生年龄特点和认知规律，把"爱祖国、爱家乡、爱学校"，"绿色、生态、环保"，"培养国际意识"，"争做文明小公民"等方面的内容，按照年级高低，由浅入深，由易到难的原则，采用"读一读、看一看、做一做、问一问、想一想、议一议、试一试、数一数、填一填、找一找、查一查、画一画、写一写"等方式进行编排。《宝带絮语》已在2006年下半年出版发到师生手中。

2007年我们又编辑了校本教材《古韵今咏》，把老祖宗传下来的蒙学《三字经》《百家姓》《千字文》，以及部分古诗词、诸子百言编辑成册，提供给学生作为课外阅读读本。《古韵今咏》发下去后很多学生甚至家长爱不释手。

4. 开展校本德育活动

有效的德育，一定要有知行统一的实效。只有理论的说教，没有行动的引导和实践，最终造就的也许只是说话的巨人行动的矮子。所以，在此思想的指导下，学校以活动为载体，让学生在校本实践活动中把德育知识转化为具体行动，显现德育的实践性特征。

(1) 开展"情系宝带"系列教育活动。我校地处苏州城南的宝带桥畔，因与桥相伴而起名宝带实验小学。历史悠久的宝带桥，其文化、名声，以及造桥人无私奉献的博大胸襟，无疑是一本最好的德育教科书。学校紧紧抓住这一育人资源，将宝带桥立为学校的德育基地，并组织学生开展了"情系宝带"系列活动。走出校园，来到宝带桥畔，通过"走宝带、看宝带、洁宝带、摄宝带、测宝带、画宝带、写宝带、讲宝带、护宝带、唱宝带"等活动，帮助学生了解我国悠久的历史和灿烂的文化，知道我国古代劳动人民用勤劳和智慧凝聚成了一部古代文明史，引导学生承传民族文化，增强爱国爱校情感。有学生编写这样的童谣："从前造了宝带桥，今天造了宝带校。古老的桥，年轻的校，共同培育新一代，我们都爱宝带桥，我们都爱宝带校。"在说、唱、玩中学生得到了教育，受到了启迪，增强了爱国爱校的情感。“宝带桥的保护和开发”是2006年10月江苏省中美合作项目“公民教育实践活动”听证会展示活动我校的展示课题，我校学生在市、区旅游、规划、文管部门专家面前，陈述了“我们的问题”、“现有的政策”、“我们的方案”、“我们的行动”等四个方面的探究过程和成果，并回答了专家、领导提出的问题。教育部、省教育厅、市人大有关领导和美国公民教育中心有关负责人观看了我校展示的版面，并连连称赞孩子们讲得好。

（2）开展校本教材教学活动。以自编校本教材为蓝本，以班级为单位，以学生自学和教师指导相结合的原则，课堂指导和课外实践相结合的原则，由浅入深和由易到难相结合的原则，坚持校本和适当拓展相结合的原则，开展校本教材教学活动。实施的方法是：每学期，各年级由年级组长牵头，组织教师制定《宝带絮语》教学计划，设计教学方案，并统一上传至学校服务器上的校本德育教材实施的专题文件夹中；教师可在晨会、班会、队活动等课程中实施教材。在实施过程中把校园作为大课堂，把德育变为看得见，摸得着的具体事物，充分发挥学生的主体作用、注重引导学生自学自悟。《古韵今咏》编成下发后，早晨、课余琅琅的咏读声时常在校园里回荡，中华传统文化在琅琅的咏读声中在幼小心灵中渐渐地扎下了根。

（3）开展国际理解教育活动。为进一步让学生了解世界，从小就具有远大的理想和抱负。近年来，学校开展了树立国际意识强化国际理解的教育。通过每年举办外语节·外国文化展活动，在“主动参与、自主学习、积极交流、和谐合作、重在体验”的活动原则要求下，全校师生搜集资料、设计节徽、制作节卡、绘制电脑报、手抄报……人人投入，个个参与。每次活动结束后，我们把活动资料整理，编辑出版《小苏州放眼大世界》，现已编出6册，作为学生学习资料。这些活动，把学习知识和德育活动融在一起，不仅对世界文化有了更多了解，而且从中学到了许多做一个国际人的道理。

（4）开展“文明礼仪伴我行”活动。“弯腰拾一拾，校园更美丽”、“队礼敬一敬，学生更文明”是学校开展的文明礼仪教育活动的主题词。同学们从小事做起，从身边做起，从日常行为做起，争创文明班级，创建和谐文明校园。组织全体少先队员积极参加团中央，全国少工委等单位发起的“全国青少年文明礼仪普及活动”。同学们在老师的引导下，先后开展了“知晓礼仪”、“体验礼仪”“礼仪竞赛”等一系列有效的礼仪普及活动，在活动中学礼仪，生活中用礼仪，在平时的学习生活中互相督促，逐步养成讲文明懂礼仪的良好习惯，逐渐成为能自主修身的新时代学生。

（5）开展班级文化建设。班级文化的建设，是一项细致而漫长的过程，在这个过程的行进中，就是要把班级建设成一个温馨的家，营造出一个和谐的学习氛围，建立起一个民主平等的师生关系和友爱合作的兄弟姐妹关系，创造出一个团结向上的班集体。我们把教室的布置作为突破口，因为教室是学生学习、生活、交际的主要场所，是师生情感交流的地方，整洁、明丽、温馨的教室环境可以激发感情、陶冶情操，给人以教育启迪。自开展班级文化建设后，各班的生物角、图书角、阅报角，黑板报、学习园地从内容到形式焕然一新。有些班级把全班同学的照片贴成一个家，把争章竞赛表设计成一棵大树，用不同颜色的树叶表示不同的结果，把优秀作业展示设计成一个家庭成员的劳动成果展示。把大家讨论出的班风、班级公约，集体获奖证书贴在最显眼处。特别是到了元旦、"六一"等重大节日，教室更是装饰得漂漂亮亮，像家里办喜事似的。教室布置的构思设计操作是师生共同完成的，这是一个师生建立感情的契机，是教师走进学生心灵的桥梁，是学生接纳教师的过程。一个好的教室布置就是师生共同创造的精神财富，围绕这个精神财富创造的活动也是学生一个锻炼教育提升的过程。当然班级文化建设，不仅看这个班教室布置得如何，更要看这个班级的学习氛围、学风、班风如何。我们要求各班做到：为自己班级甚至每个小组或小队起一个响亮的名字；设计一个大家能接受的班徽；讨论确定班风口号；制订一个班级公约或班规；为班级运动队设计一个锻炼目标；为班级拉拉队设计几句鼓励口号；制订个人奋斗目标或班级奋斗目标；建立班级文学社、书画社、小乐队、武术队等社团并为之起个好听的名字。这些与学生学习生活密切联系的具体活动的开展使班级显得生机勃勃，文化建设丰富多彩。

德育的最终目标是指向学生健康成长，德育的最高境界是让学生实现自我教育、自我生长。在实践活动中，帮助学生体验德育主体的角色，激发他们参与的积极性，增强其实践的有效性；帮助学生提高对道德行为美丑甄别的能力，并懂得讲正气扬正气，能坚持正确的行为，不断修正自己的不良行为。活动把传授知识与实际生活链接，使知情意行得到了协调发展。

三、实验的成效

1. 教师的政治和业务素质普遍提高。通过一系列学习和活动，全体教职工以“三个代表”重要思想为重点的政治理论素养明显提高；适应素质教育需要的新的教育观、人才观、质量观普遍确立；以教育为业、奉献为荣、育人为本、助人为乐的价值取向广为认同；以德治教、以德修身、以德育人的行为准则自觉遵守；关爱学生、严谨治学、勇于创新的优良师风普遍形成。能自觉地担负起加强和改进学生思想道德教育的历史责任，一支师德高尚、业务过硬、素质优良的教师队伍逐渐形成，重塑新时期教师的新形象，争做人民满意的人民教师蔚然成风。2006 年有 5 位中层以上管理人员分别获苏州市“十杰”教师、苏州市“双十佳”教师、苏州市优秀教育工作者、苏州市教育科研先进个人称号。教师 6 人被评为市、区学科、学术带头人，有 25 人次获得区级以上荣誉和表彰。2007 年有 2 位年轻干部走上中心小学校长、副校长的岗位。43 位教师在区解题基本功竞赛中获奖，其中 11 位教师获得一等奖；在区评优课上课比赛中，20 人参赛，15 人获一等奖，其余获二等奖，3 位教师参加市评优课活动获得一等奖。

2. 学生的思想道德素质和实践能力明显提升。走进校园，校园内窗明地净，很少看到有乱扔现象，尊师爱友，文明之花处处开放，爱学会学，成果喜讯时时闻报。例在团中央、关工委等全国八部委联合组织开展的“全国青少年文明礼仪普及活动”中，我校有 31 名学生获奖，六(3)班张语嫣同学还被评为“全国文明礼仪之星”。2007 年 7 月 19 日，德育处高柏青老师代表学校上北京人民大会堂参加了“全国青少年文明礼仪普及活动”颁奖活动。我校因成绩显著被评为“全国青少年文明礼仪教育示范基地”，同时还荣获了活动的“优秀组织奖”。2007 年学生参加苏州市 100 分钟限时阅读赛有 391 人，其中特等奖 18 名，一等奖 51 名，在苏州市“蒲公英”作文大赛中，我校 1 241 名学生参赛，58 人获特等奖，147 人获一等奖，193 人获二等奖，279 人获三等奖，获奖总人数为 677 人。2006 年 8 名、2007 年 7 名学生被评为区“学科十佳”，陆阳被评为区文明诚信小公民、徐笑被评为区“八荣八耻”小先锋、陆戎飞被评为区十佳阳光少年、林秋彤被评为区十佳少先队员、张亦凡被评为区立志好少年、彭宇琦被评为市优秀小公民、陆俊其被评为省优秀少先队员，据不完全统计，两年中，学生在各级各类竞赛中获奖达 4 000 多人次。

3. 学校德育成果累累。2006—2007 年，我校先后被评为中国师德建设示范单位、全国青少年文明礼仪教育示范基地、全国中小学信息技术创新应用示范学校、全国学校文化建设金奖、全国少年儿童“节约、环保、创新、实践”成果奖、第三届全国校园文艺汇演暨第八届全国校园春节联欢晚会金奖、2007 年全国校园文化先进单位、省青少年科技教育先进学校、省“金钥匙”科技竞赛先进学校、省绿色学校、省文明学校、省五一巾帼标兵岗、市依法治校先进学校；市特色文化学校；市教育信息化先进单位、市爱国卫生先进学校、市先进青蓝文明岗、市中小学创建书香校园先进单位以及区级获奖获表彰 20 多次。这些成果的取得与本课题的实施是密不可分的。

4. 校本德育资料的积累和编辑成册。在实验的过程中，已积累了一定数量的资料，已编辑印发了《宝带絮语》低中高 3 册，共计 1 万多字，可供各年级段循环使用；以图为主的《小苏州放眼大世界》6 册；以文字为主的《古韵今咏》1 册，近 3 万字；其他文字资料数十万字。

四、存在的问题及其思考

1. 对德育校本资源的开发利用还须更重视。虽然大多数教师通过多次培训逐渐提高了重视程度，但还有少数教师特别是年轻教师重视还不够，尤其在教学时间紧张的情况下，往往会把德育校本教材丢在一边，全力扑在主要学科上，不能完成校本教材教学计划，达不到要求的活动量。这是因为目前课程多，教学时间少，有些学生做作业动作慢，订正多，时间不够用，而年轻教师缺乏经验，会顾此失彼。因此还须统筹兼顾，作好更周密的安排，年级组长、教研组长要多帮助引导年轻教师学会“弹钢琴”。

2. 校本教材有其自身的局限性。由于编写者的局限性，自编德育校本教材免不了有它的局限性，加上施教者本身的理解操作水平程度不一，势必实施的效果不一致，受教育者受益程度不一致。种种因素影响着研究的效果，因此在今后使用校本教材中，一是要加强检查管理，督促实施操作者努力完成教学计划；二是要发挥操作者本身的主观能动性，发挥他们的聪明才智，创造性地运用校本教材，挖掘校本资源的潜能，以其达到最佳效果。

3. 开发利用校本德育资源，仅是整个学校德育工作的一部分，在充分利用校本教材，开展校本活动的同时，还要做好其他德育工作，运筹帷幄，使各项工作融合在一起，追求最大的德育实效，向德育要质量，办出人民满意的教育。

苏州太湖国家旅游度假区中心小学教师专业培训需求的调查报告

一、调查背景

“教育振兴，教师为本。”一支专业水平过硬的师资队伍，是提高办学水平和人才培养质量的关键因素。近些年来，各级教育行政部门不断完善教师培养培训体系，制定和实施教师队伍建设规划，不断丰富培训项目、培训层次和培训内容，积极拓宽培训途径，努力创新培训方式，着力提高培训覆盖面，“国培计划”、省、市、区级培训，以及校本培训如火如荼，教师的专业发展水平得到了切实提升。但是，教师对日益升温的培训参与度如何？培养和培训项目的效益如何？培训活动如何更加契合教师的发展之需等相关的问题，正引起越来越多教育人士的广泛关注和思考。

二、调查目的

全面了解我校教师专业发展状况，摸清学校不同教龄层次的教师对学习培训的不同需求，为教师提供更合宜的培训项目提供参考，为我校寻求师资培训机制突破和创新奠定基础。

三、调查说明

1. 调查对象：学校在职教师，调查涵盖了所有学科，老中青三个教龄段，基本能反映出该校教师的专业培训需求。

2. 调查时间：2013 年 4 月

3. 调查形式：问卷调查

4. 调查过程：

（1）由课题组核心成员共同协商，确定调查问卷内容，课题组组长编制调查问卷。

（2）问卷制作完成并通过无错测试后，教科室蒋洁主任组织教师集中填写调查问卷。

（3）调查完成后，由课题组副组长徐苹老师对调查统计数据进行整理和分析。

（4）撰写调查报告。

5. 调查内容：

调查问卷表主要分两大部分，第一部分是教师的教学基本情况，内容涉及教师的现代教育技术的应用、教学资料的选择途径、教学反思的状况等。第二部分是对教师培训需求的调查问卷，内容包括学习进修的愿望、需要的知识类型、欠缺的教育教学专业能力、喜欢的集中培训形式、活动授课教师、培训考核评价方式、关注的培训因素、最佳的集中培训时间等十一个方面。

6. 抽样方法：随机抽样调查

7. 样本概况：共发放调查问卷 56 份，收回有效问卷 56 份，问卷有效率达 100%。

四、调查汇总与分析

（一）教师的教学基本情况统计

1. 现代教育技术普遍采用

本次调查统计显示，如今的教师在授课过程中，基本使用了计算机、投影仪、视频展台等现代教育技术与传统教学相结合的教学手段，摒弃了一本教材、一本教案、一块黑板、一支粉笔等相对传统的教学手段。教学辅助资源的丰富性为提高教学效益提供了更加有力的支撑，教师大多以制作课件为主，同时会结合学科特点自制一些教具、挂图等，教学手段的运用比较灵活多样。

2. 教学资料来源途径多样

我校教师普遍在教学中注重经验的借鉴，用心学习、吸收同行的有效方法、优质成果，并通过购买和借阅资料、书籍，上网搜寻。新型的资料搜索方式，如网络搜索、远程图书馆等已然成为多数教师选择资料的首选渠道。但是也有部分青年教师仍感教学参考资料缺乏，没有丰富的教学资源可充实课程教学。

3. 教学反思习惯逐渐养成

目前,笔者所在学校的广大教师在授课结束后,普遍会写教学后记、教学体会,对自己的课堂进行自我评价,近一半青年教师有意识地进行教学经验的总结,教研论文的撰写。而35周岁以上的教师撰写教研论文的比例却不到10%。

(二)教师培训需求情况:

1. 学习进修意识比较强烈,实践性知识的学习更受教师青睐

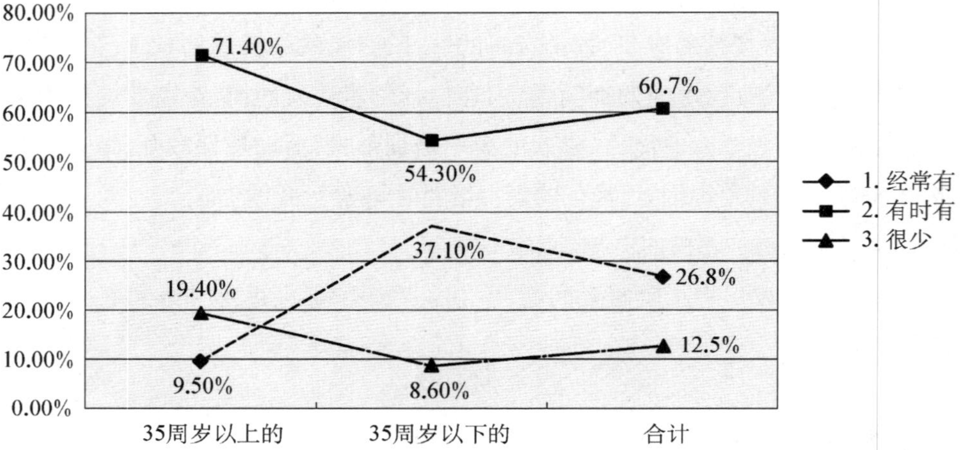

图1 教师的学习进修愿望

表1 教师教学中最需要的知识情况统计表

	35周岁以上	35周岁以下的	合计
任教学科专业与前沿知识	38.1%	77.1%	62.5%
对课改、新课标、新教材理解与把握的知识	80.15%	97.1%	91.1%
青少年学习心理方面知识	28.6%	48.6%	41.1%
教师专业发展方面的知识	28.6%	54.3%	44.6%
教育理论	14.3%	40%	30.4%
信息技术	19.4%	45.7%	35.7%
论文写作	0%	37.1%	23.2%
教师基本功	19.4%	42.9%	33.9%

调查结果显示,教师普遍在教学中认识到了自己的不足,87.5%的教师希望能参加进修、培训学习,这在青年教师中反映得尤为迫切。有91.4%的青年

教师表现出了对提升自己专业素养的意愿，37.1%的教师强烈渴望通过继续教育，充实和提升自己。

其中，教师最需要的知识分别为“理解与把握课程改革”、“课程标准”、“课程教材”等方面的知识，其比例高达 91%，其后依次为任教学科专业与前沿知识、教师专业发展方面的知识、青少年学习心理方面的知识、信息技术、教师基本功、教育理论、论文写作。

表 2　教学中感觉欠缺的教育教学专业能力情况统计表

	35 周岁以上	35 周岁以下	合计
多媒体、信息网络的应用能力	61.9%	31.4%	43%
分析处理教学内容、整合课程教材能力	28.6%	71.4%	55.4%
教育科研和论文撰写能力	71.4%	60%	64.3%
运用现代教育教学评价的能力	38.1%	25.7%	30.4%
课堂教学的组织和监控能力	14.3%	42.9%	32%
课堂教学活动的实施能力	0%	22.9%	14%
设计教学、实施教学方案的能力	0%	40%	25%
科学的教育方法和创新教育能力	38.1%	60%	51.8%
人际交往与师生沟通能力	0%	2.9%	1.8%
其他	0%	0%	0%

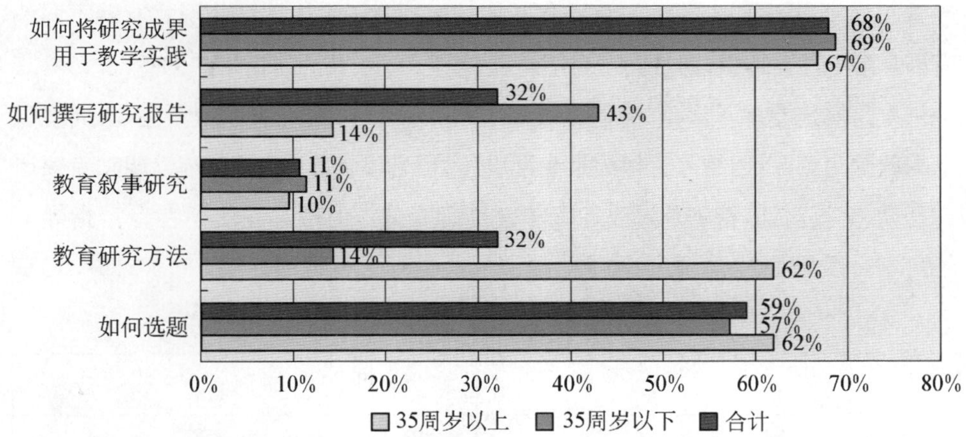

图 2　教师感兴趣的教育科研学习内容情况

何种专业能力比较欠缺呢？调查统计表2、图2表明，64.3%的教师认为自身的教育科研、论文写作能力需要增强，教师感兴趣的科研学习内容分别是：如何将研究成果用于教学实践，占67.9%；如何选题，占59%；教育研究方法和如何撰写研究报告，均占32.1%。其中35周岁以上的教师对教育研究方法的学习兴趣要高出年轻教师47.6%。

但与上述情况矛盾的是，调查统计表4却显示只有23.2%的教师认为自己缺乏论文写作知识，甚至35周岁以上的教师没有一人提出写作知识的学习需求，这是否意味着现在的教师缺少的不是写作方面的知识、技巧，而是实际的写作表达能力呢？

而在其他能力方面，两个年龄段的教师感到自身欠缺的方面明显不尽相同，61.9%的35周岁以上的教师认为信息技术应用能力有待提高，而在35周岁以下的青年教师中，71.4%的人感觉要提高分析处理教学内容、整合课程教材的能力，60%的人认为要努力提高科学的教育方法和创新教育能力。设计教学模式、实施教学方案能力、课堂教学活动的实施能力却不被35周岁以上的教师重视，这一点引人深思。是否教学一定年限后，教学的设计能力和课堂实施、调控能力真的游刃有余，无需提升了呢？

2. 培训需求偏爱名师，课堂教学型培训更受欢迎

教师喜欢的是哪些形式的培训呢？调查结果表明，教师都青睐观摩名师课堂教学，这一比例高达71%。也因此有89.3%的教师欢迎经验丰富的教学一线骨干教师进行授课。但是，两个年龄段的教师对于集中培训的形式有着不同的喜好：在年轻教师中，喜欢同行介绍经验、教学展示、共同研讨形式的达65.7%，其他依次是实地参观考察型、专题沙龙型、案例评析、参与式培训型。在35周岁以上的教师中，57.1%的人选择的是专家讲座、报告型，52.4%的人希望能和专家研讨互动、交流对话，特别是课改专家和教科研人员。值得关注的是在专家指导下的自学—反思型，以及高校教师的授课形式受到了教师的冷遇。

表3　集中培训的形式

	35周岁以上	35周岁以下	合计
专家讲座、报告型	57.1%	28.6%	39.3%
与专家研讨互动、交流对话等	52.4%	11.4%	28.6%

续 表

	35 周岁以上	35 周岁以下	合计
观摩名师课堂教学型	66.7%	74.3%	71.4%
案例评析、参与式培训型	38.1%	40%	39.3%
专题沙龙型	19.4%	42.9%	33.9%
同行介绍经验、教学展示、共同研讨型	19.4%	65.7%	48.2%
在专家指导下自学—反思型	0%	5.7%	3.6%
实地参观考察型	9.5%	45.7%	32.1%
在专家的指导下进行课题研究型	4.8%	11.4%	8.9%

表 4　喜欢的培训活动授课教师

	35 周岁以上	35 周岁以下	合计
课改专家	19.4%	54.3%	41.1%
高校教师	0%	31.4%	19.6%
教科研人员	33.3%	48.6%	42.9%
经验丰富的教学一线骨干教师	85.7%	91.4%	89.3%
教材编写者	14.3%	34.3%	26.8%
教育行政部门领导	4.8%	5.7%	5.4%

(3) 培训动因多为提质，期望丰富知识、更新理念、获得技术

教师参加培训的动因是什么？87.5%的教师的出发点是为了提升自身专业素质，提高教学技能。其中在青年教师中，71.4%的人认识到在职继续教育是教育改革发展之需，52.4%的教师是因晋升职务之需。广大教师普遍期待通过参加培训，获得有用的新知识、新理念、新技术和新技巧，尤其是青年教师更加渴望通过培训，厘清教学工作中存在的一些模糊概念、模糊认识，提高教学的技巧、提高反思的品质，提升教学行为的科学性和有效性。

表 5　教师参加培训的动因的情况统计表

	35 周岁以上	35 周岁以下	合计
晋升专业职务需要	14.3%	52.4%	25%
获得继续教育学分	23.8%	23.8%	17.9%

续 表

	35周岁以上	35周岁以下	合计
力争成为学科骨干或带头人	4.8%	14.3%	7.1%
教育改革发展所需	14.3%	71.4%	32.1%
提升自身素质，提高教学技能	76.2%	94.3%	87.5%
增强竞争力，以另谋发展	9.5%	14.3%	8.9%
听从上级主管部门和学校安排	9.5%	17.1%	14.3%
其他	0%	0%	0%

表6　教师对培训效果的期望情况统计表

	35周岁以上	35周岁以下	合计
获得可用的新知识	90.5%	71.4%	78.6%
获得新理念	66.7%	77.1%	64.3%
理顺教学工作中的一些模糊概念	19.4%	51.4%	39.3%
获得可以在工作上应用的一些有效的技巧或技术	33.3%	80%	62.5%
帮助对过去的工作进行总结反思	4.8%	23.8%	10.7%
其他	33.3%	0%	12.5%

3. 培训评价呈多样化，偏爱短期培训，注重课程和师资

对于培训考核的方式，教师的接受形式不尽一致，趋向多样化，有43%的老师建议采用提交教学案例或现场说课的方法，34%的教师认为应根据培训课程完成相应的作业，27%的老师接受提交论文或撰写培训心得的考核方式。

影响培训满意度的主要因素，首要是培训课程与师资，有71.4%的教师关注这两方面，青年教师的关注度为82.9%。其次是培训管理与服务，而非食宿等物质环境因素。对于参加培训天数，教师普遍认为2～3天比较合适，看来，短期培训广受欢迎。

表7　培训考核评价方式

	35周岁以上	35周岁以下	合计
考试	33.3%	8.6%	17.9%

续 表

	35 周岁以上	35 周岁以下	合计
根据培训课程完成相应的作业	42.9%	28.6%	33.9%
提交论文或撰写培训心得	42.9%	20%	26.8%
提交教学案例或现场说课	47.6%	40%	42.9%
建立基于培训课堂表现的纪实档案	4.8%	8.6%	7.1%

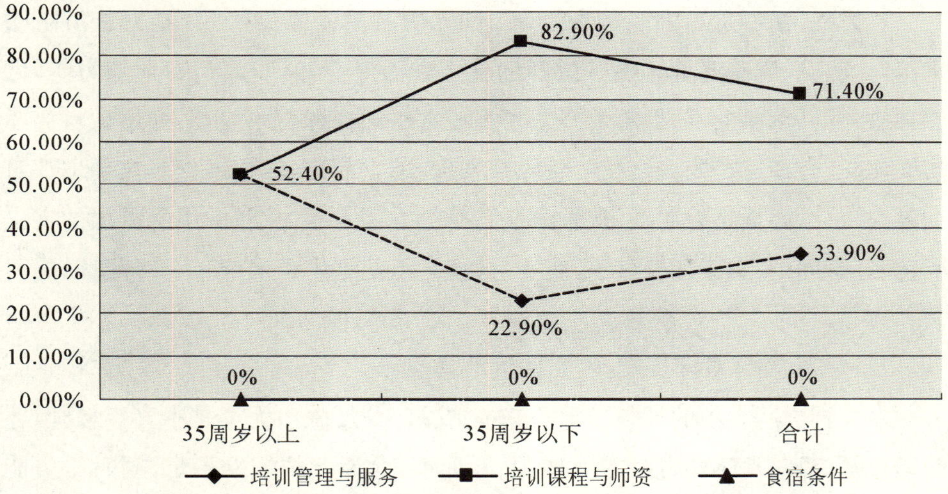

图3　影响培训满意度的主要因素

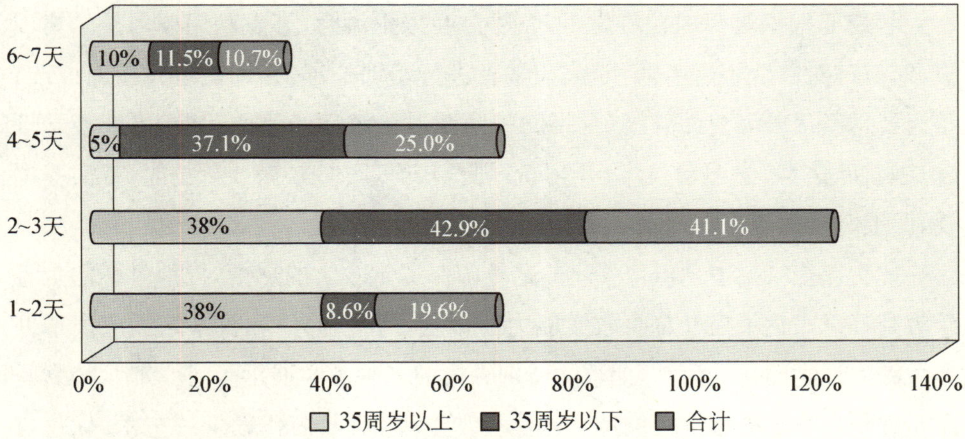

图4　一次集中培训的最佳时间

回望课题——升华教学实践

五、讨论与建议

1. 顺势而定，力求实效，把准培训目标

提升校本培训效益，首要的是制定出适合的校本培训目标。目标的制定顺应教师的发展之需，因此在培训之前，能尽可能地摸清教师的发展需求，了解他们在专业发展缺失的基础上，制定出合宜的校本培训目标，这样的培训才能更加有效地促进教师专业能力的持续提升。

具体来说，一是培训目标要“明”，目标切忌模模糊糊一片，能力求清晰明了，具体明确，明确要具体提升教师的什么方面专业知识，或是专业能力等，做到一培一得，循序渐进，螺旋上升。二是校本培训目标要求“实”，即培训目标要切合实际，合理可行，有针对性，忌好高骛远，凌空而设，不接地气。三是培训目标要求“小”，即从小处着眼，从教师最需要的方面入手，从教学中暴露出的突出问题、疑难问题、尖锐问题入手，有实效性，甚至是雪中送炭，给予教师急需的引领和指导。

2. 关注需求，与时俱进，设置培训内容

本次调查问卷中的教师教学的基本情况部分反映出无论是中青年教师，还是老教师，都时常感觉自身专业知识、专业能力、专业技能的不足，同时希望能与时俱进，能有机会通过培训，了解前沿知识，掌握新技术，提升对课改、新课标、新教材的理解和把握，运用现代教育方法。

学校要根据教师内在的学习需求方向，未雨绸缪，开发利用校内外的培训资源，有针对性地聘请名师、专家和学者进行培训指导，有计划地开展新课改、信息技术新手段等方面的培训，帮助教师及时了解新课改的动向，更新教学理念，吸收新信息，学习新技术，开拓新视野，获得新知识，提升新技能，夯实基本功，跟上时代的步伐。

此次调查结果中还值得关注的是教师对课堂教学的热情，特别可喜的是青年教师普遍表达了提升自身教学能力的诉求。各级部门和校本培训应多举办有关课堂教学的研讨活动，如教师特别钟情的名师教学展示等，让教师，特别是年轻教师在直观的教学实例和示范中借鉴学习，吸收内化教学的艺术，优化自身的课堂教学。

当然，一方面要充分考虑教师的学习需求，另一方面也要激励教师敢于啃硬骨头，不能因为教育科研难，教师畏之，惧之而不作要求，而是设置好坡度，请专家学者对他们进行一步步的指导，使教师懂一点科研，学一点科研，做一点科研，逐渐提升教育教学工作的科研含量，引领教师走上一条科学发展之路。

3. 适度定时，优化课程，调整培训方式

在职培训，因参培者是一边工作一边培训，教师既要保质保量地按时完成教学任务，还希望能保质保量地完成培训学习，于是，培训的时间问题常常困扰着教师。在调查中，他们大多倾向于“短、平、快”式的培训时间，两三天的培训时间最受欢迎，一星期以上的培训时间的接受度相对较低。

培训者要重视课程的设置和师资的配备，调查统计结果表明教师对于培训是否满意，不在乎食宿等物质条件，看重的首先是培训的课程和师资，尤其是在青年教师中，有八成以上注重这两方面。教师期待优质的课程，如能指导教学实践，解决课堂教学实际问题的课程，期待优秀的培训者，能给予他们高品质的教学。其次，培训组织者要关注培训的管理和服务，特别是远程网络培训，新颖的培训方式和先进的培训平台，往往会让初次触这张“网”的教师感到无措，不知如何网上学习，因而相关的服务要紧紧跟上，帮助教师顺利登“网”入“室”，展开学习。

传统的培训方式往往是以“一人讲，众人听”的模式进行，这种灌输式的模式缺少了互动，也往往会让学习者缺少积极的思考，较难收到理想的效果。培训者要积极改变这一传统模式，创新培训形式，比如借鉴或引入“世界咖啡”、辩课等新型的方式，以进一步优化培训效益。

4. 完善评价，加强反馈，提升培训效益

培训的实施效益如何，是培训组织者应密切关注的问题。一方面，培训项目的实施者要采用有效的评价方法，引导参培者踏实认真地学习。要防止水过无痕，而不是聆听了、观摩了，就结束了。通过综合评价，督促学员投入学习全过程，学、思、写、用相结合，切实能真正听有所得，见有所获，学有所悟，甚至得到提升。

另一方面，作为培训的实施者，也要加强自我反思和评价。投入了财力、物力、人力、精力，却收效甚微，高耗低效，教师的教育教学工作仍是乏“力”，不是培训组织者愿意看到的结果。但是假如这样的事实摆在面前，就需要静下心来反思，反思培训项目的问题出在哪里，反思如何避免让培训流于形式，走过场，反思如何最大化地利用好培训资源，提升培训效益。教师培训效果的评价又涉及一系列的问题，原本经常采用的是“培训学校为主的评价方式”，培训学校既扮演教练员又充当裁判员的双重角色，往往使评价的作用失真。为此，要建立第三方的评估组织或机构，通过下发调查问卷，了解培训的效果，倾听对培训项目的建议和意见，跟踪观测培训的效果，找到培训效益不佳的症结所在，明确培训要改进、完善和努力的方向。

总之，教师培训是教师成长的重要途径和助推器，同时也是一项艰巨的工程，是一个需要持续研究的长期课题。有了对培训效益的高度关注，加之且反思且探索的攻坚克难精神，师资培训一定会焕发新的生机和活力，更加有力地推动广大教师的专业成长，提高教师的从教幸福指数。

关于小学生核雕的实践和研究

——公民教育实践活动案例

一、确认和选择所要研究的问题

我校位于苏州市吴中区西部的香山街道，太湖之滨的香山，历史悠久，文化底蕴深厚，风景优美，物产丰富，是著名的花果鱼米之乡。据《香山小志》记载：“香山梓人，巧者居十之五六。又有雕工，专将竹根、竹节、黄杨、紫檀、以及象牙、牛角、桃核、橄榄核、刻山水人物、花卉鸟兽等玩品，精巧有致，雅俗共赏。”明清时期，是核雕的繁盛期，出现了“凡文人必手持折扇，有折扇必有核雕扇坠”之盛况，精湛而玲珑多巧的核雕被人们争相佩带和收藏。

民国十九年(1930)前后，香山街道舟山人殷根福，原习牙雕，后转核雕，他精心雕刻的十八罗汉头像，串成手串，在上海老城隍庙永兴斋店内出售，旋即售空。殷氏的核雕艺术由殷根福儿子殷荣生、女儿殷雪芸和徒弟等继承下来，形成殷派。在苏州核雕被列入第二批国家级非物质文化遗产代表作名录的今天，业内人士常常怀念他将技艺传承于后世的业绩。

香山街道舟山是殷氏的老家，是近代核雕的发源地，这里有核雕手工艺的传统。80多岁高龄的须吟笙是殷派的传承人，他雕刻的十八罗汉等头像最为著名。近年来，舟山还出现了宋水官、周雪官、须培金、周建明等核雕能手，他们刻苦钻研，精益求精，精品力作不断获得奖项并引起轰动。

核雕是舟山村特有的民间手工技艺，它以其独特的工艺，丰富多彩的变化，充分体现了中国人民的智慧和深厚的文化底蕴。如今核雕已经作为舟山村独特的产业，蓬勃发展，在村里不管是老人还是小孩都能摆弄几下。

我校位于舟山村附近，有近300名学生来自核雕家庭，学校的核雕社团也开展得蓬勃有序。为此，我们选择“关于小学生核雕实践研究”这一项目，意在通过该实践活动让学生了解核雕，学习制作核雕的方法与技巧，感受中国优秀的传统民族文化，认识核雕艺术的重要性；培养学生热爱劳动，勇于创新，动手实践的能力；在制作实践中学会合作，增进友谊；培养学生热爱生活，具有高雅的审美情趣，并学以致用，创造性地美化生活，美化校园，提高自我品位。在具体的实践过程中，学生们不仅能获取知识，还能亲身体验劳动，亲自感受传统工艺文化的存在。同时，动手实践、创新思维、合作探究能力均得以培养，艺术审美情趣得到进一步提升。

二、研究和制定解决问题的方案

1. 成立校“小学生核雕实和践研究”课题领导小组

组长：夏静

组员：瞿正秋、李喆、李超、范华琴

2. 成立校核雕工作室。

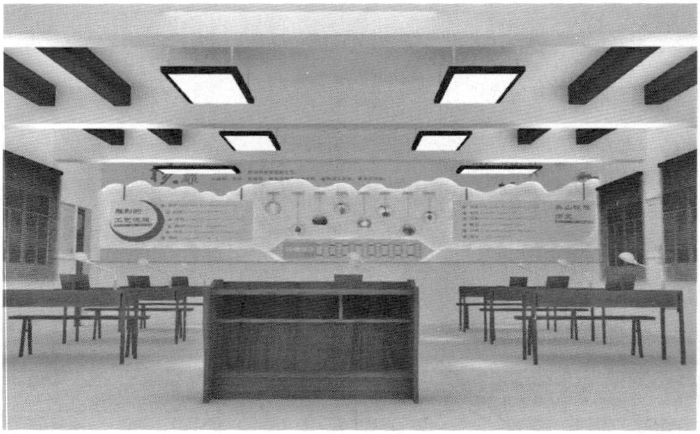

3. 开发核雕工艺校本课程，把核雕纳入课程，作为课程改革的突破口。

4. 开展“核雕大师进校园”活动。聘请舟山村核雕大师×××为校外辅导员，聘请核雕名人×××为学校核雕工作室导师，指导小学生开展核雕实践活动。

5. 具体措施：

(1) 学习主题、活动安排：

单元一

课时1：分享课程纲要，第一周周二下午第四节，初步了解核雕的工艺，明确课程主要学习内容以及了解课程背景。教师提前编排好课程纲要。

课时2：《核雕历史》，第二周周二下午第四节，多媒体介绍核雕的历史，了解核雕的历史由来。要求教师准备多媒体资源。

课时3：《认识核雕大师》，第三周周二下午第四节，多媒体介绍核雕大师，了解核雕大师的生平以及代表作品，知道他们的雕刻风格。教师要准备多媒体课件。

单元二

课时4：《核雕原料》，第四周周二下午第四节，了解核雕的原料，认识橄榄核原料的分类。要求教师准备不同种类的橄榄核。

课时5：《核雕橄榄核主要产地》，第五周周二下午第四节，了解核雕橄榄核——乌橄榄的主要产地，手艺人的进货渠道。要求教师准备多媒体资料。

课时6：《核雕工具》，第六周周二下午第四节，课堂教师展示核雕工具，介绍各种工具的不同用法，使学生了解何种工具适合雕刻何种内容。要求教师准备好核雕的各种刻刀以及多媒体课件。

课时7：《核雕雕刻技艺》，第七周周二下午第四节，教师演示核雕雕刻的不同技法，学生能知道有几种方法，了解不同技法的区别。教师示范时可以借助投影，提醒学生注意安全。

课时8：《核雕题材》，第八周周二下午第四节，认识核雕的各种题材内容。要求提前准备各种题材内容的核雕成品。

课时9：《核雕制作流程》，第九周周二下午第四节，学习制作核雕的流程。要求提前准备多媒体资源及视频。

课时10：《走进核雕村》，第十周周二下午第四节，组织学生实地参观舟山核雕村、体验核雕制作过程。要求教师提前联系好舟山村村民。

课时 11：《学生实践操作》，第十一周周二下午第四节，学生实际进行雕刻，教师注意指导，提醒学生雕刻时注意安全。

课时 12：《核雕修改、评比》，第十二周周二下午第四节，学生对上节课雕刻的内容进行展示、互评，了解自己不足的地方，进行修改。教师需要结合学生的想法、有意见的指导学生修改。教师组织学生进行投票选出前三的作品，进行奖励。也可以请其他教师共同参加评比，投票，保证公平性。

单元三

课时 13：《核雕保养》，第十三周周二下午第四节，了解核雕保养的注意点。要求教师准备多媒体资料。

课时 14：《核雕市场调查》，第十四周周二下午第四节，组织学生进行一次核雕市场调查，了解现阶段核雕产业的发展情况，认识核雕的价值。要求教师之前先指导学生市场调查的方法。

单元四

课时 15：总结所学核雕的知识，第十五周周二下午第四节，学生根据所学核雕知识，谈谈自己对核雕这一传统手工艺的想法。

（2）评价活动

一、评价内容

评价依据三维目标，主要评价学生对知识与技能的掌握情况，学习方法与过程体验，情感态度价值观的形成等。

1. 学生对该课程的兴趣程度；

2. 学生在学习过程中的表现：如自主性、合作性、探究性，过程体验等；

3. 学习的效果，个性发展，人格塑造。

二、评价方式

1. 自我评价：教师确立评价项目和评价方法，由学生对自己在课堂活动中的表现进行自我评价；

2. 相互评价：可以是同桌之间、也可以是小组之间，通过多种途径进行交流、评价；

3. 教师评价：教师通过观察、交流、学习过程中的情况记录，以及各种形式的问卷、多种形式的作业等对学生进行评价。

三、评价结果

教师可根据每个学生参加学习的过程表现及完成作业的情况等进行综合评价，结果可分为“优秀”、“良好”、“合格”、“待努力”。

四、评价说明

教师评价实际上是教师审美观的流露，对学生而言是一种审美观的示范。教师要善于发现不同气质的学生作品所蕴含的不同美感，多给予积极的评价，不能以个人好恶来规范学生的风格，更不能用成人认为重要的审美标准来评价作业效果。评价的积极反馈能使学生珍视自己的个性，同时汲取有益的特点，形成良性循环，为积极的创造播撒种子，使每个学生更好地从集体中汲取智慧。

教师要经常组织学生进行作品展评，展出有特色的作业，还可以设立特别创造奖。评定成绩也要以创造性为重要依据，努力弘扬创新精神。充分开发核雕文化资源，抓住小学生的好奇心、创新意识，上好这门课。

（3）实践方案（选例）

实践方案 1

<table>
<tr><td>单元</td><td colspan="3">一单元</td><td>单元课时</td><td>2</td></tr>
<tr><td>主题</td><td>《认识核雕大师》</td><td>总课时</td><td>1</td><td colspan="2">第 1 课时</td></tr>
<tr><td>背景分析</td><td colspan="5">我校位于舟山核雕村附近，故很多学生对于核雕并不陌生，也会摆弄几下，但是关于核雕的历史，大多了解得不多。本节课系统的学习、认识核雕大师的生平，了解核雕大师的代表作品及其历史地位。</td></tr>
<tr><td>教学目标</td><td colspan="5">1. 使学生认识核雕大师、了解核雕大师的生平及代表作品。
2. 学生能了解核雕大师的历史地位，感受传统手工艺的源远流长。</td></tr>
<tr><td>评价设计</td><td colspan="5">（针对上述目标，设计评价任务）
能说出从古至今核雕的大师及其代表作品；能浅谈核雕大师的历史地位。</td></tr>
<tr><td>学与教活动设计</td><td colspan="3">一、复习导入
老师：有些同学对核雕很有兴趣，也了解一些核雕的历史，请他们来说说知道的有关核雕历史。
指名学生谈核雕历史。
老师引导：我们知道了一些核雕历史，还要了解一些核雕大师。今天这节课我们就来专门认识核雕大师，了解他们的生平。
二、简介核雕大师：
（一）殷根福
1. 殷根福简介。
殷根福：苏州著名橄榄核雕大师，吴县舟山村人，其刀法雄健、形简意赅，世称“殷派”。殷根福初学竹雕，继学牙雕，再学核雕。此后，他专事核雕，专雕罗汉头像，并成为殷氏的独特艺术品。
欣赏作品，了解风格。
教师课件出示殷根福作品，并介绍。
学生了解：殷根福刻制的罗汉头像，挺刀爽劲，厚朴凝重，脸部表情自然，双眼传神，十八个罗汉个个不同，神采各异，形象生动，被誉为“殷氏罗汉”。
殷氏开创的罗汉头像与以往的雕刻相比亦有所创新。殷氏罗汉无需画图，只要吃准五刀，即鼻头一刀，眼睛两刀，耳朵两刀，是为“定位”。</td><td colspan="2">（备注或反思）
第二环节主要介绍舟山村的两位核雕大师生平以及作品。使学生能够了解其作品风格，进一步认识到核雕的艺术价值。
在总结中了解自己这节课所学知识掌握的程度，巩固所学内容。</td></tr>
</table>

续 表

	（二）须吟笙 1. 须吟笙简介。 近代核雕名家，舟山核雕的代表性人物，写意罗汉头的鼻祖，苏州舟山须派罗汉的创始人。 2. 欣赏作品，了解风格 出示须老作品，学生欣赏。 教师介绍其风格：须老作品刀法粗犷、简洁，人物特点抓的准，写实。尤其人物刻画的惟妙惟肖，寥寥数刀即可展现人物风采。代表作有橄榄核雕《杨家将》、《十八罗汉头》和《吉庆有余》。 四、全课总结。 谈话：这节课学习了什么？你能说说我们认识了哪两位核雕大师吗？他们的作品风格是怎样的？	
备注	本次课程在室内进行。	

实践方案 2

<table>
<tr><td>单元</td><td colspan="3">二单元</td><td>单元课时</td><td>第 6 课时</td></tr>
<tr><td>主题</td><td>核雕制作流程</td><td>总课时</td><td>1</td><td colspan="2">第 1 课时</td></tr>
<tr><td>背景分析</td><td colspan="5">舟山村的部分学生虽然会摆弄几下核雕，但是对核雕工艺的制作流程大多不清晰，故开设本课，探究核雕工艺制作的流程，帮助学生进一步加深对核雕工艺的认识。同时也能在制作过程中安全方面起到有效的作用。</td></tr>
<tr><td>教学目标</td><td colspan="5">1. 使学生能够初步了解核雕制作的流程，知道核雕工艺制作时的注意点。
2. 学生能够根据所学知识，结合之前学习的内容，设计一张核雕的画样。
3. 通过学生自主学习、动手设计，培养学生的创新能力。</td></tr>
<tr><td>评价设计</td><td colspan="5">（针对上述目标，设计评价任务）
1. 知道核雕制作的流程。
2. 了解核雕制作过程中的注意点。
3. 设计创新、精美的核雕画样。</td></tr>
<tr><td>学与教活动设计</td><td colspan="3">教学过程：
一、导入主题。
教师：同学们，你们以前做过核雕吗？能说说核雕是怎样制作出来的吗？
生：根据自己平时做核雕的经验说说自己是怎么制作核雕的。
师：其他同学听清楚了吗？
生：不是很明白；没听懂……
师：一些同学可能会做核雕，但是完整的制作流程却</td><td colspan="2">（备注或反思）
通过提问学生核雕是怎样制作出来的，使学生意识到虽然自己会雕几下，但是完整的制作流程却并不清楚，从而产生学习的欲望。</td></tr>
</table>

	不一定知道，所以我们今天就一起来学习核雕工艺制作的流程。 二、了解制作流程。 舟山核雕的制作过程主要有选料、画样、定型、取舍、细雕、钻洞、修细、打磨，这八个步骤。 课件出示各部分过程的详细内容。学生自学。 学生说说核雕制作过程的具体内容。每一部分需要注意的地方。 三、设计画样 师：同学们，我们了解了核雕工艺的制作流程，你们想自己试试制作一个核雕作品吗？ 师：下面我们先一起来观看一段大师创作核雕作品的视频。 师：由于时间和材料的限制，这节课我们就制作到第二个步骤。请你们在选择适合自己要创作的核雕题材的橄榄核，再进行画样。 生：先设计好自己想要创作的题材图形，再根据自己的设计选择合适的橄榄核原材料，最后完成画样这一步。 四、总结 师：组织学生以小组为单位展示核雕画样。 学生将自己的核雕画样进行展示，通过自评、互评，选出最好的设计。 总结：你从这节课中有什么收获和体会？对于核雕艺术有了什么新的认识？	使学生明确了解制作核雕的具体步骤，知道各部分过程的注意点。 根据实际情况，让学生能够体验核雕制作的其中一个步骤，激发学生的创新意识。 通过展示、多样的评价方式，使学生对学习核雕进一步产生兴趣。
备注	本次课程在室内进行。	

三、举行模拟听证

1. 参与人员：学生 10 人左右，核雕专家 1 人，校领导 3 人。

2. 模拟听证的问题举例：

问题 1：舟山核雕可雕刻些什么内容？

回答：从题材来看，我们舟山核雕的内容题材可多啦！有神仙人物系列，如罗汉、弥勒佛等。有吉祥如意系列，如有十二生肖、避邪神兽等，有历史民俗系列，如四大美女、桃园三结义等。有景物花草系列，如梅兰竹菊等；有风景山水系列，如苏州园林等，有核船系列，如各种各样的船；有书画合璧系列，正面是历史故事，反面是书法作品等等。

问题2：核雕的制作工具有哪些？

回答：雕刻刀的种类有很多，有平口刀、圆口刀、斜口刀、三角刀、掏肉刀等。平口刀、圆口刀、斜口刀、三角刀可分为大号、中号、小号，根据自己雕刻的特点可分的更多，但性质都是一样的，只是大小不同而已，最小的都可以小到毫米。

问题3：核雕的雕刻步骤分为哪几步？

回答：舟山核雕的制作过程主要有选料、画样、定型、取舍、细雕、钻洞、修细、打磨八个步骤。

问题4：新出品的核雕该如何保存？

回答：新核雕的存放很有讲究，最妥当的方法是：存放在封口袋或配套的锦盒内，再放置于抽屉、大盒子内，如此，冬季的空调、太阳光的直射，都不会对核雕产生伤害。需注意的是，存放于封口袋内，用不着把口袋全部系紧，应留一点缝隙，让空气内外均衡。核雕存放的气候，以5～27摄氏度为宜。挖空核的内部就能防止虫蛀。

四、小结与反思

通过本次活动，学生对家乡香山有了更深的了解，特别是舟山村的核雕艺术。看似小小的一枚橄榄核，却能在一双双巧手下变化出各种各样的图案，可是这个过程却是核雕艺人一刀一刀雕琢出来的，没有他们的艰辛努力，没有他们的细心耐心，我们也不会欣赏到这么多美丽的核雕作品，因此，借此活动，孩子们对核雕艺术家表示崇高的敬意。当然，在本次公民教育实践活动中，最大的收获就是对核雕的历史、作用、图案、工具、工序、销售等各个方面有了比较全面的了解，也终于明白为什么我们舟山人会这么热爱这份艺术，我们也希望能够把这次研究活动的成果展示给更多的人看，让更多的人了解我们的香山文化——核雕艺术，让更多的人投入到核雕的工作中，为我们香山文化的传承贡献自己的一份力量。

当然通过我校举行的此次公民教育实践活动，我们也在思考能否在我校长期坚持实践，为舟山培养更多的传统艺术继承者。

中华传统美德校本化

——传统美德教育在班级文化建设中的渗透

我来自江苏省苏州市吴中区宝带实验小学，我们实验的子课题是中华传统美德校本化。今天我介绍的是：传统美德教育在班级文化建设中的渗透的具体做法。

班级是学生最重要的成长环境之一，班级建设的好与坏直接关系到学生的发展。班级建设的重要内容之一就是班级文化建设。

一、一个温馨的家

何为班级文化，只有搞清它的全部涵义，才能有足够的思想认识，才能全身心地投入，才能真正把各项工作落实到位。笔者赞同这样的观点：所谓班级文化，是指一个班集体内教师和学生共同认可并遵守的价值观念和审美趋向，是由班级全体成员通过教育、教学、管理、活动所创建和形成的精神财富、文化氛围以及承载这些精神财富、文化氛围的活动形式和物质形态，它扮演着传递社会规范、价值观念、科学知识、传统习俗和促进儿童个性社会化的角色。

一个班级就是几十名学生共同的家，把教室（包括宿舍）布置打扮成一个温馨的家，是班级所有成员共同的心愿。一些优秀班主任无不为教室的布置精心构思设计。因为教室是学生学习、生活、交际的主要场所，是师生情感交流的地方，整洁、明丽、温馨的教室环境可以激发感情、陶冶情操，给人以教育启迪。有些教师认为，何必花那么多的时间去把教室打扮得花花绿绿，教室里没有这些布置，不是照样上课。有这些闲工夫，还不如多批几本作业。但从我的观察了解，整洁明丽、布置精巧的教室的班级，它的班风学风好，正气足，而那些乱糟糟，学风不好的班级，教室里基本上没有什么布置。

如何建设一个温情的家，教室可做哪些布置呢？一些发达国家的教室设计与我国是不同的，根据“生活即教育”的理念，他们教室面积大，分学习、阅读、电脑、教师办公区等多部分，教室布置生活化、家庭化。如果我们的教室大也可借鉴。如果我们的教室很挤，空间不大。我们有“螺丝壳里做道场”的传统，靠师生的智慧，也能把教室布置出我们的特色。我校自开展班级文化建设后，有些教室里布置生物角、图书角、阅报角，黑板报、学习园地，从内容到形式焕然一新。有些教室把全班同学的照片贴成一个家，把争章竞赛表设计成一棵大树，用不同颜色的树叶表示不同的结果，把优秀作业展示设计成一个家庭成员的劳动成果展示。把大家讨论出的班风、班级公约、集体获奖证书贴在最显眼处。特别是到了元旦、六一等重大节日，教室更是装饰得漂漂亮亮，像家里办喜事似的。这些布置本身就是一个载体，如果没这载体，老师的教育思想、班级的共同目标、学生的愿望如何展示。而且，教室布置的构思设计操作是师生共同完成的，这是一个师生建立感情的契机，是教师走进学生心灵的桥梁，是学生接纳教师的过程。一个好的教室布置就是师生共同创造的精神财富，围绕这个精神财富创造的活动也是学生一个锻炼教育提升的过程。

开展宿舍文化建设是班级文化建设的重要组成部分。宿舍文化的建设更要有“家”的感觉。住在同一宿舍的一般就是同班同学，几个人就是一个“小家”。家庭化、生活化的味道可更浓些。这是德育生活化、生活德育化的最有效的途径。

二、一个和谐的学习氛围

我在前面强调教室的重要性，不是说教室的布置好后，就万事大吉，这些就是所谓的班级文化。如果这样理解就太肤浅了。班级环境布置的真正的目的不是为了布置而布置，而是为了营造一个和谐的浓浓的学习氛围，在这样的氛围里学习，对好的学风的形成有积极的意义。我们曾在一个班级实验过，这个班级的学生来自 10 多个乡镇，四年级时来到我校，他们吃住在学校。根据这个情况我们与班主任一起设计班级文化建设方案，组织开展班级文化建设活动，主要通过以下几个途径操作：1. 班队活动；2. 学科渗透；3. 早读晚自修；4. 宿舍生活。一个学年的实验，学生在以下几个方面收到实效：

1. 早读晚自修非常自觉。在班主任老师不在场的情况下，学生能自觉地按时早读。没有迟到或乱糟糟的现象。晚自修时教室里静静的，或看书或写作业，下课铃声一响，都能自觉地关灯关门窗，排队到宿舍。

2. 课堂讨论热烈。不管是个别发言还是小组讨论，发言的量和度都是欣喜的。新教育实验中的构建理想课堂“六度三层”“三个基本性质”,得到较好的体现。教师在课堂上,给与学生充分的自由,鼓励学生发问、怀疑,甚至反对教师的看法。这个班级的学生都敢于发表自己的见解,因此许多校内外的教师上公开课,都愿借这个班上课。

3. 作业很少有拖拉。很多教师经常为班中那么几个学生拖拉作业而烦心,实际上学生拖拉作业也与班级学风有很大的关系。在这个班学生拖拉作业的情况很少出现,这也要归功于班级文化建设,归功于班级有一个好的学习氛围。

4. 爱读课外书。这是这个班级的又一特色。除了向学校图书室借书外,班级自办图书箱,大家把自己买的书放到班级图书箱,供全体同学阅读,从没丢书的事发生。大家以买到好书读到好书为荣,很多学生坚持写读书笔记,多篇习作在各级各类竞赛中获奖或在报刊上发表。

5. 各科均衡发展。作为小学生还在打基础阶段,所以既要让之自由发展,还要让之和谐均衡发展。在这个班基本上做到这一点。有书法绘画乐器英语特长的,更有各科和谐均衡发展的。

因此,班级文化建设,不仅看这个班教室布置得如何,更要看这个班级的学习氛围、学风、班风如何。学生学得是否轻松活泼,是否学会学习,是否和谐均衡发展。

三、一个民主平等的亲子关系

建立民主平等的师生关系,对学生的心理行为会产生积极的影响,能促使学生在良好的气氛中获得高效的学习效果。许多教师和班主任都非常重视这种关系的建立,使教学活动始终充满活力。苏霍姆林斯基曾说过,“请你记住,你不仅是自己学科的教员,而且是学生的教育者、生活的导师和道路的引路人。”师生彼此间互相理解、互相尊重、互相信任、共同促进,是一种亲子加朋友式的关系。在与学生交往中,我们教师善于换位思考,将心比心,任何时候都把自己摆在孩子的位置上,和他们同欢乐,共忧愁,用他们的眼光去观察世界,用他们的思维去考虑问题,用他们的感情去理解周围事物。教师要做到:坚持“爱”字当头,关心学生;坚持“情”字相融,细雨润物;坚持“诚”字相伴,家校互通。通过“爱”的传递,“情”的交流,“诚”的沟通,给孩子建立一种心灵相通、互相关爱、彼此接纳的人际关系,促进和谐民主平等的师生关系,使教育获得成功。

教师对学生平等交流的态度和家人式的关怀在班级文化建设中尤为重要，这是开展班级文化建设的另一目的所在。别林斯基说过："爱，是教育的工具和媒介。"班级文化建设的重要目标之一是促进学生的情感发展，班主任关心、爱护学生，理解尊重学生的情感，平等、真诚地对待每一个学生，让学生在班级中感受到母亲般的温暖，并产生热爱教师的情感，从而形成良好的班级情感氛围。在班级文化建设实验中，我们努力使师生关系达到以下3个目标：一是平等，二是信任，三是民主。

四、一个友爱合作的兄弟姐妹关系

目前在校的90%以上是独生子女，他们一生下来就是父母对他们的关爱，外公外婆对他们的溺爱，他们都以自我为中心，除了不知道关心别人外，劳动观念、自己动手能力、生活自理能力、适应能力很差；缺乏多子女之间的兄弟姐妹之间的交流。互助、友爱、合作是联结每一个学生的心灵纽带。笔者认为，在小学阶段"竞争"要讲，但还是多讲互助友爱合作，到了大学也许要多讲一些竞争。学会尊重他人，团结协作，互相友爱，互相谦让，使独生子女的教育由家庭个体式的教育转向学校集体式的教育即群体教育。学校的教师就是为这些独生子女创设一个"群体生活"的环境。无论是教室漂亮的布置，还是生动活泼的班队活动的开展，还是自主自由的课堂教学都需要全体成员的互助合作、共同努力。这为学生提供了交往活动的机会，让他们与同龄孩子一起游戏、学习、劳动、嬉戏、模仿，甚至"争吵"，在交往中互相理解、沟通童心，共享童年的欢乐。通过儿童群体进行教育，利用孩子乐群心理，帮助孩子结交朋友，建立与发展小伙伴之间的友谊。这是班级文化建设的又一目的。

小学生之间无事打打闹闹、为一块橡皮斤斤计较、这个要报告那个在哭了。繁琐的同学间的小事整天包围着我们的老师，不解决又不好，解决又没个完，备课批作业只能放到晚上。这是教师特别是班主任最大的苦恼。班级文化建设就是要提高学生自理自立自律的能力，把教师从繁杂的班级事务中解放出来。成立班级自治委员会(由学生选举产生人选，与一般由优秀学生组成的班队委成互补)来解决学生间的争端是班级文化建设中经常采取的一种尝试。有一次，一位学生丢了十几元钱，按惯例由班主任处理，但这次班主任交给班级自治委员会处理。通过小委员的努力工作，后来失主找回了丢失的钱。特别是住宿生间的事由自治委员会解决的更是不少。在学习中，学生间友爱合作的空间和时间更多，很多教师采用“一帮一、双帮一”、学习小小组等方法，就是很好的例证。

五、一个团结向上的班集体

团结向上共同进步成为全体班级成员的共同愿景，我们评价一个班级的文化建设搞得好不好，主要看这个班级有没有这个愿景，有没有团结向上的班风和正确的舆论，有没有集体荣誉感，有没有凝聚力向心力。是否让每个学生在这个集体里获得成就感，产生幸福感。为了这个愿景，我们觉得可开展这样一些活动：

1. 为自己班级甚至每个小组或小队起一个响亮的名字；2. 设计一个大家能接受的班徽；3. 讨论确定班风口号；4. 制订一个班级公约或班规；5. 为班级运动队设计一个锻炼目标；6. 为班级拉拉队设计几句鼓励口号；7. 制订个人奋斗目标或班级奋斗目标；8. 建立班级文学社、书画社、小乐队、武术队等社团并为之起个好听的名字。这些活动的开展一定会使班级显得生机勃勃，文化建设丰富多彩。

教师还可根据课程要求，开展一些课程与学生生活紧密联系的活动，例参观美展，观看海洋世界和家乡发展成果展。特别是班际比赛、远足踏青、夏令营等活动同学们特喜欢，在这些活动中最能拉近师生的距离，最能培养体现班集体的精神风貌。

综上所述，我们认为，班级文化的建设，是一项细致而漫长的过程，在这个过程的行进中，要建设一个温馨的家，营造一个和谐的学习氛围，建立一个民主平等的亲子关系和友爱合作的兄弟姐妹关系，创造一个团结向上的班集体，使我们的学生锤炼成“体魄健，品行优，思维活，能力强，知识丰富的一代新人”，这是以学生为本，一切为了孩子的发展理念的具体实践。

（本文为作者在中华民族传统美德教育实验总课题组 2006 年会及实验研究成果展示活动的发言稿）

有效推进微型课题研究的学校教科研管理机制与策略探索

从2009开始，我校为了提高科研的有效性，整体进行了微型课题的推广研究，提倡教师着眼于平时的课堂教学，把课堂问题提升为研究课题，在自己的“一亩三分”地上深耕不懈，在实践研究中收获教科研的甜蜜。

为了对教师的个人课题研究进行及时的指导和适时的督查，学校教科室成员每月组织科研组长对教师的课题研究进行随查随诊。在一次科研例检中，我发现小S老师虽然有自己的微型研究课题，在“加强课文朗读指导，培养学生语感的实践研究”的研究方案上也写了自己的一些研究设想，但是，走进她的课堂，却发现研究方案和她的教学就是“两张皮”，请她拿出教案来看，在教学预设中也并没有比较多的关注朗读与语感能力提高的勾连，无论是预设还是教学实际，她更注重了运用朗读来获得理解，强化理解。要查阅她的研究资料，问到她在确定研究课题之后的学习情况，她说只是看过一些教学杂志，但是没有进行专题阅读。再看她写的研究心得，与她研究课题相关的文字一篇没有。

与小S老师类似的情况还有不少，这些不禁引发了我的思考。

苏霍姆林斯基说过：“要使教师避免教学工作的枯燥乏味，就要把教师引到教育科研这条幸福的道路上来。”进行教育科研既然是一条“幸福的路”，为什么教师都不愿意或者不好好地走在这条路上寻觅并体验幸福呢？是我们教师的研究能力缺失，还是的确从学校的层面来看，我们的理解、认识、机制还存在问题，才使教师即使想采摘这朵美丽的玫瑰，使自己的教育生活更加美妙，但终究还是怕这花朵上的尖刺，而畏难袖手，举步不前？细想之下，也许是以下几个因素综合作用的结果。

1. 教育科研的重心下移到一线的课堂，为教师进行实实在在的研究提供了用武之地，但是，不少教师对教育科研的认识还不够到位，所以，外因在没有内因支撑的状况下，教科研的姿态即使放低，也只是一句空话。虽然推出微型课题的研究方向，更加贴近广大一线教师的实践，但是，进行教育科研一般知识的学习和科研一般流程的培训还是必要的，只有让教师掌握了必要的研究方法，他们才能找到研究的着重点和着力点，才能从“花架子”式的研究转换成真研究。

2. 对于教师微型课题的研究，也要因人而异，应该着眼于教师专业发展的不同层次、不同群体进行不同要求提供不同指导服务。一刀切的研究要求只会使大部分研究课题在平时纷繁的教学中流失，而教师的专业发展也会因为目标规划不到位而受到阻碍。

3. 作为校教科室等基层的教育科研主管部门，不能因为课题是“微型”而忽略了研究流程的指导和监控，恰恰相反，正因为微型课题研究方式的推进，打破了原来学校层面课题一把抓的局面，在看似“散”的研究模式中，更应该凸显教科室指导、服务、监控的功能，否则，微型课题研究难以达到其真正的效能。

基于这样的思考和认识，我认为解决策略主要应涉及到以下几个方面。

一、更新观念，提高认识，把握一个基点

观念决定方向，态度决定一切。在把教师的科研向微型课题领域延伸的过程中，我们不能忽视的是教师个体的智慧和力量。因此，要让教师的意识到位、认识到位、学识到位、方式到位，是微型课题研究有效推进的关键。简而言之，虽然研究课题的着眼点小了，但是，教科研课题的研究者由群体研究转至单体或互动研究，也意味着研究者的力量单薄分散了。因此，不断地促进教师科研观念的转变，让教师认识到科研对教学的促进作用，从理论层面上给予教师“浸染”，并在实践中不断学习掌握适切的科研方法并进行灵活有机的应用，是科研管理应有之义。

由此，我们经常引导老师们“追问自己”：我明白了多少教学理念？我的教学行为实践了哪些新理念？倡导他们多读书，读好教育专著类、学科专业类、教学艺术类、文化修养类的书籍，做一个有“功底”的老师。我们还以教授、专家讲座，优秀教师交流研究经验等方式，使一线教师认识到躬耕于教育一线，做思想的芦苇，联系实际开展微型课题研究的重要性。针对教师在进行微型课题研究的过程中科研方法的掌握不到位的现状，学校又推出了科研学术带头人集中讲解、分散指导及手把手导研帮扶措施，使教师在耳听目染行动的过程中，逐步掌握科研方法，为微型课题的研究推进提供了必要条件。

二、分层要求，面向全体，着眼两个群体

教师是学校科研发展的主要力量，学校科研的发展目的也就是要提升教师的

教育实力，促进学校办学品牌的形成。在制定教师专业发展科研导向要求时，我们采用了“分层管理、相互辐射、整体提升”的策略。在科研分层中，主要着眼两个群体，即教育科研、教学骨干和其他面广量大的教师，通过不同的科研要求的约束和鞭策，使教师在自身专业提升和发展中找到努力的方向，成就自己的发展目标。

第一个群体是市、区学科带头人和教学骨干。充分发挥业务强势及在本校教师业务提升方面的带头示范作用。在日常工作中不断自我提升专业水平。坚持做到以下“六个一”：(1)每学期上好一堂货真价实的示范课；(2)认真带好一个科研组；(3)拜一位名师；(4)指导好一名青年教师；(5)每学期至少写一篇高质量的论文，并在区级及以上刊物发表，每学年至少有一篇论文在市级及以上刊物发表；(6)独立承担一项区级以上专项课题，并扎实进行研究。我们希望通过硬性的指标和内在兴趣的驱动，让这部分教师骨干既发挥独立研讨、学科教学方面的带头作用，同时要善于组织所在科研组开展好校本科研和校本培训，充分利用个人博客等资源，每学期至少写一篇较高质量的论文，结合区级以上的评课选优活动，不断磨练，争取在业务上再上台阶。

第二个群体是其他面广量大的教师(含教龄三年内青年教师及部分教龄已满三年，但业务水准还未达预期目标的教师)。在自觉、严谨做好教学“六认真”工作的前提下，还要做到：(1)结合课堂教学实践和课题研究，校本培训，上一堂较有水准的研讨课；(2)在每月一篇的随笔中(男 50 周岁、女 45 周岁以上不作要求)修改整理成型一篇有一定理论依据和实践经验的论文，并积极参赛投稿；(3)在学科组以上的更大范围内，组织一次专题研讨(可以是网上研讨)。

对尚未达到业务标准的教师加强要求：不折不扣地做好“六认真”工作，特别是在备课方面做到“两个定准，两个写好，两个研究”，即定准科室目标，定准重难点；写好评价语，写好过渡语；研究教法，研究展现教学过程的形式、方法。要自觉拜组内一名业务强的教师为师，定期给师傅检查备课，师徒互听随堂课；每学期向师傅上两堂汇报课，作为期末业务考评项目。

教师们的研究从课堂开始，在教学过程中发展自己的研究，解决实际教学中的问题，开始走上教学即研究的科研道路，获得阳光而诗意的教育生活。

三、因校制宜，去陈推新，优化三种制度

学校重视教科研的一个显性标志，就是规章制度的建立与健全。在制定学

校科研制度的过程中，我们始终把握一个基点：让制度规范、引领、激励学校科研，为教师的专业成长和学校的品位提升护航。

为此，我们在制定教育科研制度的过程中，要充分考虑学校与教师的双向需求，重点处理好以下关系：一是注意把握形式制度与实质制度之间的反差，拉近白纸黑字予以公布的制度与教育教学管理中侧生出的“潜规则”。依靠制度执行力破除学校教育科研的“潜规则”，使制度彰显管理的效能。二是注意把握制度的内在协调性与现实冲突之间的反差。良好的制度是在不同方面、不同层次都相互协调、相互支撑的有机体系。在制订学校教育科研制度时，在学校中至少取得一定程度的认同，因此，制度的制定执行必须通过学校教代会，由此增强制度执行的自觉性。三是注意把握制度规定的刚性与制度约束的灵活或者说软滑之间的反差。制度的确是要约束人、规范人的，但如果一种制度过于突出其刚性，变得不近人情，有时反而会影响大家工作的积极性，这种制度执行的成效也不见得好。所以在制度建立的过程中，必须体现“弹性”的空间。经过不断的努力和踏实的研究，我校已经形成了较好的科研氛围，形成了较为完整的科研管理网络和科研管理制度，是苏州市教育科研先进单位。

1. 完善科研制度。完善和发展《宝带实验小学教育科研管理细则》《宝带实验小学教科室岗位责任制度》《宝带实验小学教科室主任工作职责》《宝带实验小学教科研奖惩制度》《宝带实验小学教科研管理制度》《宝带实验小学教科研档案管理办法》《宝带实验小学教师教科研考核细则》等。

2. 改进学习制度。教科研工作是教育教学工作的先导，开展教科研工作，必须重视教育理论的学习，提高广大教师的教科研积极性。为推动学校教育理论学习机制的建设，我们在五个方面进行了进一步的规范：明确学习内容，编发科研资料，推荐核心教育期刊，利用博客建立教师教育科研学习中心，建立校级科研宣讲制度。

3. 规范课题管理流程。一是把好培训关。按专题、分层次对课题承担者进行培训，指导课题承担者充分论证课题，精心撰写课题研究方案，认真开展课题研究。二是把好申报关。要求教师必须承担某一个课题研究，每个课题都必须制定具体的方案和研究计划，并且按计划开展调查、实验、研究、总结、反思。三是把好普查关。为及时了解立项课题的研究情况，加强课题的过程管理，我们制定了“教育科研课题季报表”“教育科研课题中期报告表”和“教育科研课题普查表”三份表格，要求课题组长认真填报，及时上报。四是把好结题关。严格按照《宝带实验小学教育科学规划课题成果鉴定和验收办法》，做好各级各类课题的鉴定验收和推广工作。

四、扩展时空，促进交流，注意用好四块“阵地”

教育科研活动的正常开展有赖于时间、空间和经费的保证。我们对各类科研活动的时间和形式进行科学的安排，发挥各种平台的作用，把活动的情况纳入平时考核制度的内容中，促进了科研活动的正常和有效。

一是网络博客平台。学校充分利用网络优势，着力建设校园科研网络，开辟教育科研论坛，建立教科研个人博客。我们要求教师把平时点滴的积累凝成文字和思想，与大家共享。有时通过学习和浏览，我们发现了可供大家学习的内容，就通过转载的方式贴到“教育科研学习”栏里，供全校教师参阅。同时，学校网内还专辟“教师随笔”、“学习中心组”、“科研专题论坛”等板块，要求大家积极实践的同时经常反思、总结，教师的博客情况按制度纳入期末的业务考评中。这样既激活了教师的研究动能，又方便了课题管理的统计。

二是课堂教学平台。我校牢牢把握课堂这一教学研究的主阵地，引导教师在教学中发现问题，提炼成教育研究课题，并由此回到课堂教学实践中，运用相关理论指导课堂教学实践，从中探寻解决问题的方法，发现教育教学的一些规律，追求理想的教学。

三是科研团组活动。学校成立了“学习中心组”、“英才社”及“科研课题攻关小组”等科研团组，并根据团组的成立宗旨和建设的实际情况，进行经常性的活动，发扬团组成员的科研协同合作精神以及集体攻关能力，促进学校科研品质的提升。

四是科研刊物交流平台。高质量编好《莘园》和《享受教育》。《莘园》每年出刊一期，发表各类文章100多篇，开设专题栏目，加强理论探讨，贴近教师的教育教学实际，及时推广教师的教育教学经验。《享受教育》每学期出刊4期，发表各类文章80多篇，注重传递国内外教改动态，突出教育教学的前沿思想和信息的先导作用，同时为广大教师提供发表自己教学心得、体会、成果的空间，促进学术交流和教育资源的共享。

（本文发表于《江苏教育研究》2012年第8期）

叶圣陶教育思想观照下的“苏式语文课堂”范式构想

一、引言

2013年苏州市教育局提出“苏式课堂教学”改革项目。随后苏州教育工作者和研究者又先后提出“苏式学校”“苏式语文课堂”等概念。苏州作为具有深厚历史文化传统的现代化城市，又作为教育现代化的先行示范区域，对传统教育的文化资源，不但要追根究底地挖掘，还要承前启后地培育，更要在目标愿景的引领下不断地践行，以形成新时期苏州教育的独特风格与鲜明特色。

二、叶圣陶教育思想与“苏式语文课堂”

叶圣陶是从苏州走出去的一代大家。叶圣陶的语文教育思想至今影响引领着中国的语文教育方向，说叶圣陶语文教育思想是现代中国语文的高度与尺度亦不为过。叶圣陶属于中国，但叶圣陶读书在苏州，教书在苏州，写书也离不开苏州。叶圣陶自身就是一个浸润着吴地文化的文学家与教育家。用叶圣陶教育思想，特别是用叶圣陶语文教育思想指引苏州的语文教学，它的意义和价值——不仅仅是“苏式语文课堂”自身要遵循语文教学之一般规律，更因为是“苏式语文课堂”当以历史传承的态度、眼光，并着眼于现代苏州沉稳、适切、大气又美丽的发展姿态，努力寻求、总结、抽象出符合苏州地域文化的语文课堂特质。在叶圣陶教育思想观照下尝试“苏式语文课堂”之特质概括与范式构想，既是提高当下苏州教育品质之现实需要，也是每个苏州语文教育工作者义不容辞的责任。

三、叶圣陶教育思想观照下“苏式语文课堂”的三类范式

1. 以生命成长为追求的求学问与学做人相统一的“博雅”范式

重视做人，是叶圣陶教育思想最核心的内容。叶圣陶说：“受教育的意义和目的是做人，做社会合格的成员，做国家够格的公民。”叶圣陶早在1932年就提

出“何所为学习?”意思就是让学生明白学习是为了什么,否则就是“盲人骑瞎马”,做人没有了方向,学习也就失去了意义。所以,梁启超当年在清华大学对学生发表演讲开头就明确地说,为什么要进学校呢?进学校是为了求学问。为什么要求学问呢?求学问是为了学做人。学做人是中国千百年一脉相承的教育传统。对中国当下的社会道德,不少有识之士提出批评,这就等于从反面证明并警示我们,怎样做人的教育对学校是多么的重要!党的十八大提出的育人总目标叫“立德树人”;哲学家冯友兰说教育哲学就是让人成为人,而不是仅仅成为某种人。因此,英国 19 世纪大教育家、人类学家纽曼认为,真正的教育“不培养作家,不培养工程师,不培养政治家”,真正的教育就在于把一个人的精神和品位提高到一个“博雅”的高度。博雅的高度也就是灵魂的高度,纽曼认为:“一个灵魂健全的人做什么事情更容易成功。”由此看来,做人是一个大的原则。叶圣陶要求,学生明白学习的目的,就隐含着教语文必教学做人的过程价值要求。叶圣陶的教育思想可谓既简单又博大,它与许多中外大教育家、大学问家观点一致。只是在讨论苏式语文课堂的同时,我们又要有苏州人的意识。以文化的视野看苏州和苏州人,追求生命的品格和重视生命的成长,当是苏式语文课堂的题中应有之义。

什么是基于苏州地域文化与教育传统的生命品格与生命成长呢!虽然它难以给出标准的答案,但吴地苏州最大的特点还是由水的灵动孕育出来的机敏智慧,那小桥流水般的韵律赋予了包括苏州刺绣、苏州园林、苏州评弹,还有昆曲等特有的品质。苏州的这一文化传统恰恰是“苏式课堂教学”的广阔背景。由这广阔背景熏陶而来的苏州人文,便自然相随于雅致的文人品格;相伴于理学家的道德操守;包含着“恻隐之心、辞让之心、羞恶之心、是非之心”的君子风范、隐藏着“止于至善”的人品学风追求。于是,传统中的苏州做人形象便多了一份为他人着想的善良(仁),人的生命追求中不仅仅有“才情趣”的雅致,还有信雅达的德性。其实,叶圣陶的形象恰恰就是苏州地域人文特征之集大成者。叶圣陶温、良、恭、俭、让的君子风范曾得到学界的公认。这也从另一个侧面告诉我们苏州的语文教育工作者“博雅”的苏式语文课堂范式,不仅仅是课堂形式与文本内容,还是语文教师自身的行为及素养。

2. *以习惯养成为要素的邃密与易简相统一的"格致"范式*

叶圣陶曾不止一次地说过,教育是为了让学生养成习惯。习惯是一种相对稳定的行为方式,习惯有好坏之分。叶圣陶所讲的习惯,当然是指的好习惯而非不良习惯。苏州的精致文化往往表现为苏州教育的一丝不苟,那就是邃密重积累与易简重感悟的有机结合。

细致缜密,严谨深邃。邃密的语文课堂使得苏州语文教学养成了注重抓基础,注重抓点点滴滴的积累,注重帮助学生养成认真的习惯。这也正是叶圣陶在苏州甪直学校教学实践的一个明显特质。课堂是课程的学习载体,课堂也是习惯养成的训练场所。良好习惯养成和渴望知识的良好学习态度的形成,是完全一致的。如果要定义"苏式语文课堂"的风格特征,细致邃密、注重积累当是第一要素。第二是易简以注重感悟。中国人讲道天地人,哲学家贺麟讲道,就是指的元学。冯友兰认为道体观念就是大全观念与理气观念。而我们常讲的闻道,就是学知识。但仅仅是闻道,是一种被动的学习,被动的学习就是一种僵化的课堂,学生掌握的只是死的知识。因此,闻道更要问道,问道就具备了主动学习的条件。叶圣陶说语文的课本不过是个例子,例子只是给学生一个感性的入门条件,深入地主动地学习要靠学生主动提出问题,深入思考问题。从苏州走出去的科学大家李政道在多次演讲中提到,学会提出问题比能够解决问题往往更重要。他这里不是讲学会解决问题不重要,而是讲会思考、敢质疑的重要。以语文教学中的作文教学为例,对学生的训练多为机械化一,刻板僵化,如美国SAT的作文要求是"表现出杰出的批判思维",这一点我们做得很不够。如何让学生养成学而思的习惯?如何让学生养成爱提问题爱探究事理的习惯?如何让学生养成热爱真理追求真理的习惯?闻道不可缺,问道更重要,而悟道才是形成良好习惯的根本。这闻道、问道、悟道的线索也是哲学上从量变到质变的规律。这质变与悟道都是感悟以后的创新思维表现。

3. *以能力形成为旨意的教与不教相统一的"自得"范式*

"教是为了不教",是所有语文教师耳熟能详的一句经典教学原则。叶圣陶曾对几位教育工作者说:"我近来常以一语语人,凡为教,目的在达到不需要教。"现在很多学校都研究智慧教育。什么叫智慧呢?智慧就是触类旁通,智慧就是融会贯通,触类旁通、融会贯通是为了无师自通。无师自师就是叶圣陶一直倡导的"自得学习"主张。学生能否"自得"是衡量好教育还是坏教育的根本。

原武汉大学校长，著名教育家刘道玉在《光明日报》上发表文章，《人才是怎样培养出来的》，他考察了中国改革开放以来培养的一批杰出人才，基本结论是杰出人才的成就与名校无关，与硬件条件无关。杰出人才无不是具备很强的自学能力和自得学习的习惯。美国有一所名校叫纽约布朗克斯科学高中，它 1938 年成立，先后有七个诺贝尔物理学奖得主，一个诺贝尔化学奖得主，还先后培养了一批政治家、思想家、文学家、军事家。该校第一任校长莫里斯·迈斯特说，让学生形成自主学习的能力，包括学生与学生之间的相互学习，是该校最重要最成功的一条办学经验。叶圣陶生前批评过一些不好的教育叫“活书橱，人形鹦鹉”，意思就是不好的教育只能教给学生一些死的知识，学生只会像容器一样装装知识，像鹦鹉一样人云亦云。这样的教育无论怎样努力也难出创新型人才。

（本文发表于《写作与阅读教学研究》2015 年第 2 期）

走特色化艺术教育的文化育人之路

——农村小学实施艺术教育的方式与成效例说

苏州太湖国家旅游度假区具有独特的太湖地域文化资源及香山工艺文化。然而，度假区中心小学实际上是由农村小学发展而来，文化信息及相应的艺术教育条件相当欠缺，家长们对孩子进行艺术教育的意识也较为薄弱。学校所在区域周边没有少年宫、青少年活动中心或艺术传习所之类的艺术教育机构（基地）；全校千余学生，除了在学校通过音乐、美术等课程接触艺术之外，以其他方式接受艺术教育的孩子只占5%，而具有一定艺术特长的学生更是屈指可数。据调查，没有自发进行艺术教育的原因，家长“没想到”的占21%，表示“没地方学”的占72%，还有7%的家长表示“没时间”或“太麻烦”。而办学时长大致相当，地处吴中区中心城区的一所学校，全校2 500多名学生，通过其他方式接受艺术学习的高达73%，已形成一定艺术特长的占比47%。调查表明，造成这样巨大差异的原因的确有家庭重视与否的成分，但根本原因，是艺术教育资源严重的失衡。

农村学校不缺艺术资源，缺的是艺术教育资源。鉴于此，度假区中心小学着眼于艺术教育资源的挖掘、统整与盘活，积极创造条件，探索出了一条符合学校实际，顺应社区和家庭期待，促进学生发展的文化育人之路，这就是农村小学的艺术教育特色化道路。

一、充分挖掘香山地域文化资源，多元拓展，形成特色

学校地处太湖之滨、吴中度假区香山街道腹地。如何在离城市中心较远的农村中心小学开展艺术教育？根据学校实际，理清思路，寻求突破，进行艺术特色项目的选择和拓展尤为重要。艺术需要土壤，艺术教育更需要浸润和熏染。一方水土养一方人，艺术的区域特色也呼唤着特色化的艺术教育。艺术特色项目的开掘和选择，需要接地气。小学和小学生都姓“小”，小学生处在兴趣发展的培养期，这样的年龄特征决定了学生对艺术项目的喜好存在不稳定性，也决

定了对艺术项目学习的选择呈现出多样化和游移化的特征。这就要求学校设立艺术项目时,必须着眼学生特点,呈现项目的丰富性和多元性。学校由此确定了充分挖掘香山地域文化艺术资源,多元拓展,形成区域特色的项目选择与拓展思路。

认真考量之后,学校艺术教育特色项目的开掘与选择很快露出水面:学校虽地处偏远,但与"中国核雕第一村"舟山村及书画之乡的郁舍村、蒋墩村毗邻。以"香山工匠"为代表的香山工艺则体现着精巧、独到的苏州传统文化特质。经过反复论证,学校选准核雕和书画两个主要项目,并以此为基础,进一步向歌舞和乐器方面拓展,形成了在香山工艺文化引领下的核雕、书画、乐器、歌舞四大艺术教育板块。经过近两年的实践探索,一个既体现苏州传统文化核心精神,又符合学校实际的特色化艺术教育体系已初步形成,为全面实施素质教育,为学校的可持续发展提供了有力的支撑。

二、有效利用校内外专家资源,规划课程,创新方式

课程是学校教育最重要也是最有效的载体。特色化艺术教育的有效实施与推进,也必须依靠课程落实才可获得预期效能。有效利用校内外专家资源,科学进行学校课程规划、校本课程开发和课程落实的艺术教育,充满了创新因子,带来了教育活力。

创新之一:课程规划特色化。

借助区教育局校外专家助推课程改革项目组成员单位的平台,学校先后邀请崔允漷、杨九俊两位课程理论专家作指导。我们的目标是,充分利用专家、项目单位资源,助推学校整体课程改革,遵循课程规划"分层、分类、选修、必修"的基本原则,在创新艺术课程校本化方式的同时,整合、聚合、融合社会各类相关资源,开发、形成学校艺术教育类特色化校本课程,以更有力地促进学生的艺术学习,促进学生艺术特长的形成,培养学生健康的审美情趣,使其具有初步的审美能力。

经过半年的调研、统筹、论证、修改,学校课程规划方案七易其稿,就艺术教育课程进行国家课程校本化实施策略同时,开发"艺术拓展类"和"香山工艺类"校本艺术课程的规划。课程校本化实施主要在国家艺术课程落实的过程中,根据学校、学生实际,加强艺术欣赏等内容的教学。校本"艺术拓展类"课程属学

生选修课程，包含书法、舞蹈、合唱、器乐、水墨画等各项内容，校本“香山工艺类”课程也列为学生选修课程，主要包括核雕、刺绣、编织等香山手工艺内容。课程规划特色化的顶层设计，使学校艺术教育融会、盘活区域资源，也使地域化、特色化的艺术教育的实施获得了根本保证。

创新之二：师资建设开放化。

特色化艺术课程的落实，师资是关键。学校由于各方面原因，艺术师资数量、质量与城区学校情况相去甚远，如何保证艺术课程的有效实施和课程目标的有效落实，学校的举措是创新师资建设方式。

如书法课程的教学，学校首先有效利用本校书法家李超老师，在校内建立李超书法教育工作室。在此基础上，通过启动“书法名家进校园”项目，聘任郁舍、蒋墩的五位本土书法家为书法课程特聘教师，并与区书法家协会合作，建立区书法家协会传统书法教育基地。校内＋校外的课程师资聚集方式，增强了师资的专业性，促进了教师的专业发展，也使书法课程教学的开展更有序、有效。

核雕工艺“道器相融”，对弘扬苏州“邃密智慧”文化及进行艺术教育很有价值。学校基于地域文化传承、学生资源背景的支撑等得天独厚的条件开发核雕课程。在校内没有此课程师资的情况下，我们先后邀请核雕大师周建明、须培金、李晓青定期来校上课，聘核雕工艺大师为学校核雕课程高级教师，建设核雕传习所（专用教室），建立核雕大师工作室。高水平的师资，固定的学习场所，保证了教学的有效性。

师资建设开放化举措，让一批批德才兼备的书画家、雕刻艺术家和歌舞器乐指导专家进入校园，课程教学师资力量从无到有，由弱转强，更形成了校内外师资合作互动、共同发展的良好态势。大师专家的言传身教和专业引领，也让学校的艺术课程校本化和特色化得到了真正的落实。

三、精心培育社团活动资源，丰富内容，发展特长

艺术教育是一项长久的事业，课程是主渠道，活动是实践场，是展示区，当然更是学习兴趣和个性特长的孵化器。因此，精心培育社团活动资源，让每一位学生都参与到艺术活动中，让每一位学生都至少拥有一种艺术兴趣或特长，借以培养美的品德，塑造美的形象，形成美的气质，是学校艺术教育的应然之举。

度假区中心小学一方面根据艺术课程开发的情况，建立相应的学生社团，

如作为“香山工艺类”课程的延伸，学校成立核雕、书画、刺绣、编织、裱画等学生社团，课内、课外的联结和延伸，促进了学生特长的形成；另一方面，学校又根据孩子的不同兴趣，挖掘、整合资源，先后组建了合唱、舞蹈、二胡、吉他、葫芦丝、竹笛、古筝、评弹等拓展性、发展性兴趣社团，使学生兴趣得以持久发展、稳定并形成个性发展方向。学生社团活动资源的培育、集聚，尽可能地为不同的孩子提供了适切的最佳艺术教育平台，尽可能地给孩子更多的艺术学习选择空间，尽可能地为学生形成艺术特长提供了稳定、持久、专业的辅导力量和练习时空。丰富的学生社团活动资源，也让所有的孩子都能感受到艺术熏陶的氛围，分享到艺术教育的快乐。

近年来，度假区中心小学的特色化艺术教育凸显了良好的教育效益，取得了丰硕的成果。连续两年，学校核雕工作室作为吴中区的唯一代表，受邀参加苏州市吴文化展示活动；核雕社团的学生为联合国驻 22 国教育官员的现场表演，令与会者叹为观止；师生创作的核雕作品参加苏州市组织的义卖活动，受到热捧；书法社团学生连续两届参加省规范汉字书写比赛，连获一等奖；在区教育局校园文化艺术节上，3 名选手获 2 金 1 银；有 2 名孩子的书画作品录用为教育外交礼品；2014 年 9 月，舞蹈社团创作的《茉莉花》作为吴中区义务教育阶段唯一作品，参加“中国梦——我心中的梦”首届苏州市校园舞蹈大赛暨 2014 年苏州市中小学生舞蹈比赛捧得金奖……艺术教育之花在农村中心小学盛开，文化育人之路尽情地向远方延伸。

冰心说过：“花有色香味，人有才情趣，一个有艺术情趣的人也一定是一个对美有追求的人。”这道出了艺术教育在人的成长过程中具有的特殊意义。陶行知说得更加直接：“美是一步到位的道德。”把艺术教育的育人功能表述得如此透彻。美的崇高感和道德的神圣感所形成的通感必然会激发起学生对真善美的向往。

从这个意义上说，艺术是美、是文化、是修养、是境界，艺术是一个人一生的素养。也正是从这个意义上说，艺术教育是最直接最有效的素质教育。沿着探索之路，我们有信心让度假区中心小学的特色化艺术教育取得更大的成效，结出更丰硕的成果。

（本文发表于《江苏教育研究》2015 年第 11 期）

课内课外——向幸福教育出发

我们都想知道“幸福教育的模样”。

幸福教育就是让教育者与受教育者都有一个美丽的心灵和高洁的灵魂。

真正的教育就在于把一个人的精神与品位提高到一个灵魂的高度，一个灵魂健全的人做什么事都更容易胜任。

在与学生共同走过的日子里，自己体悟到了超越物质层面的精神愉悦和幸福获得。

读《呐喊——反思》有感

前几天，我在学校的网志上转发了某网站的一篇《教师的呐喊》。转发时，我将题目改为“呐喊——反思”。文章也引起了许多老师的关注。

初读《呐喊》，觉得很有共鸣，甚至有些怨恨。工作那么繁忙，身心那么疲惫，压力那么大，付出那么多，最后还得不到理解。这其中的滋味，怎一个“委屈”能够表达，怎一个“呐喊”能够替代？

再读《呐喊》，我把自己的经历和思考揉合在一起，在沉静的心态中，关注自己的教学生活，关注自己的职业生存状态。

做了十年教师，过了十年忙忙碌碌的教学生活。十年的磨练，我们应该已经成为流水线上的熟练工人，但当我们面对教育教学工作的时候，却从来没有轻松的感觉。虽然有些工作已经能够得心应手，一旦面对教育、面对学生，我们就不能不充满责任感和使命感。

我想，我们不可能成为一名熟练工人，未来的十年，我们还将继续忙碌。“老师的工作在很大程度上是重复性的”，我觉得这不是一个了解教师工作的人说的话。想想自己每天的工作，上课、下课、批作业、教育学生、组织参与各种比赛——每天真的都是在进行重复劳动吗？不是——重复的只是形式而已，因为我们面对的学生是不可复制的独立个体，基于此的教育教学也是无法预设的。教育是复杂的，决定着每一个教师的工作都会是繁忙的。委屈的是我们的忙碌与付出不一定能够得到全社会的理解和认可。

一切与教学、教育相关的行为都是有价值的！这意味着我们的工作需要付出时间，更需要投入精力和精神。时间的长度我们无法左右，那么，谁来拯救你，我的老师？——当然是自己！

冷静地想一想：老师们，我们要分清轻重缓急，在有限的时间中调适自己，劳逸结合。

（2005 年 5 月 11 日）

以生命的名义：追逐梦想

——听特级教师管建刚讲座有感

管建刚，在芸芸众生中，是个普通的名字；管建刚，在特级教师的群体中，也是一个普通的名字。在聆听了他“从村小教师到特级教师”的讲座后，在我们的认识中，管建刚，这个名字是战胜苦难，敢于奋斗，坚持梦想，成就自我的象征。

苦难，从来都是一种磨砺

讲起管建刚老师的经历，最让人揪心的是他因病休学，病到连医生都觉得无望的那些日子。管老师说，因为生病，特别怕失去生命，所以，师范毕业的他对自己的要求是“马马虎虎教书，认认真真养病”。生命，对任何人来说都是至高无上的，可以想象，在那段随时有可能失去生命的日子里，他的内心是怎样的恐惧和焦虑。每天都在煎熬与等待中度过，这种折磨，足可以消弭人的勇气和希望。为了活命，管老师轻慢了工作；为了活命，管老师成了半个医生；为了活命，我们可以想象他一定付出了所有的努力。生命就是一切，没有生命，何谈其他。令人庆幸的是，管老师不仅战胜了病魔，还成为了一名省特级教师，清瘦却幽默的他，一定比任何人都懂得生命的意义。在这样苦难的经历中，我看到的是管老师坚韧的心和对生命的渴望，在经历了生死考验之后，管老师一定比我们更了解生命的价值感，这也注定管老师一定不会辜负自己所拥有的人生。

奋斗，从来都是一种勇气

管老师说，奋斗是一个看似奢华的词。是的，没有梦想的人不会去奋斗，往往安逸于知足常乐的生活之中；没有渴望的人不会去奋斗，往往满足于随遇而安的时光之中；没有勇气的人不会去奋斗，往往停步于优柔寡断的抉择之中。管建刚老师有梦想，有渴望，更有勇气！无论是物质层面还是精神层面，我们可以从管老师的讲座中，想象和感受到他看的书，他涉猎的领域，他关注的人，他在意的事情，他为了教学做的研究，动的脑筋，想的法子……这是真正的奋斗，虽然管老师说来轻描淡写，但可以想见，他为此花的时间、花的精力。奋斗，千方百计朝着自己认准的方向努力，他以这样瘦弱的身体，以曾经重病的过去，以内心执着的信念，直面教学上遇到的每一个问题，认真地，竭尽所能地去研究，去解决。聆听他的作文教学之路，我们不禁感慨，真正的研究就是这样，为师者的奋斗就是这样，成功也就在过程中绽放。没有奋斗，就没有今天的管建刚。于是我想到一句歌词：有梦想谁都了不起，有勇气就会有奇迹！

坚持，从来都是一种智慧

管老师说，他一年出一本书，不是因为他能写，是因为他坚持记录下自己教学的点点滴滴。从1998年到2010年，十年时间，他从一个村小教师成为了省特级教师，不是因为一年一本书哗众取宠式的速成，而是十多年如一日的坚持不懈。认准了方向，不断地奋斗，坚韧不拔。由此，他攻克了一个又一个教学实践中的“小问题”，累积成了管式作文的“大学问”。管老师说，“十年磨一剑”不是一句激励的话，而是一种感叹。的确，当我们看到别人成功时，往往看到的是他们头上的光环，而很少注意到他们成功背后的艰辛与坚持。十年，人生能有几个十年？细细想来，成功真的不是一句轻松的话，弹指一挥间，年年岁岁，轮回更替，在这年复一年中，你为之奋斗又努力不懈的是什么？如果我们在教学实践中也能如管老师一样，不断研究，不断实践，随时记录，那么，我们也一定能应了朱永新先生的那句话：坚持数年，必有所成。当然，我们未必要成为一名特级教师，至少，我们有自己的方向，有自己的研究，有自己的成果。

讲座，让我们认识了一个以生命的名义追逐梦想的管建刚。讲座，也让我们收获一则真理：只要敢于面对人生苦难，鼓足信心和勇气努力奋斗，用执着和坚持守护梦想，我们也能获得人生的愉悦，实现生命的价值。

（2011年9月1日）

江苏省小学语文骨干教师培训有感

这次，我经过学校推荐，有幸参加了江苏省小学语文骨干教师培训班的学习。这次学习从暑假开始，其间听讲座，参观考察，座谈交流，写小结，进行公开教学，写论文，进行论文答辩，历时 40 天。这次培训对我来说，真是洗了脑子，增了见识，也添了担子，现在利用有限的时间向大家汇报我最深的感受，分享我最新的收获。

油然而生自豪感

原因之一：在一次学员的交流活动中，谈到自己所在的地区和学校，当他们得知我来自苏州时已经开始投来羡慕的目光，当我又向他们介绍我校的创建史，告诉他们我们学校每个教师都有一台联网电脑进行无纸化办公，有三个网络教室，每个教室都有电脑、实物展示台和背投时，组上的其他学员都瞪大了眼睛，有一些学员甚至以为我在吹嘘，一本正经地问了我一遍又一遍，从他们的眼神和话语中，我真有一种自豪的幸福感。

原因之二：有一次，我们学习信息技术，导师教我们制作幻灯片，这对我来说并不是难事，因为我们学校刚刚进行了专门的培训。让我惊奇的是，在我们班上竟然还有人连“幻灯片”的名称都没有听说过，所以在学习制作的过程中，我也能做起“老师”的角色。这其实就是学校给予我的先行一步的自豪。

原因之三：在培训的过程中，我们参观了许多学校，其中有百年老校，也有刚建几年的新兴学校，让我无比自豪的是，在这些学校中，没有一所学校有我们这样完善、领先的教育教学设施。有的学校虽然有很漂亮的教学楼，但与我们充满书香气，洋溢人文性，弥漫和谐味的校园相比，仍有差距。

自然涌起危机感

培训期间我得到许多教育发展的信息。东洲实验小学以“每天感动学生”为根本宗旨，以综合实践活动课程为抓手，在省内外已有一定的知名度。海安实验小学迁了新校址，在校中办起了住宿部，凭借百年校龄和发展前景较好的住宿部，他们的办学也将向前迈一大步。如师附小也是一座百年老校，这次，他们得到政府的支持，买下了学校周边的黄金区域，办学规模进一步扩大。锡师附小的办学十分有内涵，整个校园环境给我们全体学员留下了较深的印象。再看苏州，市实小、常熟市实小、平江实小等教育集团的办学形式已经形成，沧浪实小也已在着手采用兼并的方式扩大办学优势，开办寄宿学校。这对我们来说，都是发展的威胁因素，我们只有不懈努力，时时高瞻远瞩，处处勤勤恳恳，才能在强大的竞争对手面前有一方空间，立于不败之地。

学校管理——从小事抓起

在东洲小学参观时，我们惊叹于学校一幢幢漂亮的教学楼。当学校领导带我们参观教师办公室时，正在嗑瓜子的教师对我们的突然到访毫无准备，于是教师赶紧想藏起手中的瓜子，但一大堆瓜子壳已无处遁形。当时的场面十分尴尬，领队的中文系主任和东洲学校的领导都一时语塞，我们就更不知如何才好，进也不是，退也不是。出办公室时，我们都遗憾地摇头，说学校是虚有其表，管理不上档次。

由此我想到了我们学校，我们也经常强调办学中的一些“小事”(例)。在学校时我也会想也许没有必要这样一遍又一遍的强调，而现在有了这样的经历，我才真正感受到，学校的管理还真必须从这些小事抓起，这才是管理的内涵，才是真正的档次。

落实课标——从课堂入手

这次培训中听了许多专家的讲座，也听了许多课改课，我明白了课改的真正意义，从大处说是为了国家在21世纪的发展，而从小处说则是为了每一个学生的成长和生活。所以，进行课改，落实课标，不是一句虚无缥缈的口号，而更应该具体地体现在每一堂课中，和教师的一言一行中。课堂中少一些做秀，多一些本真，(例)也许才是我们的努力方向。

提升自我——从现在开始

教师是一种专业，早在几年前就有这样的说法。这次我与来自全省各地的语文骨干教师一起学习，一起研讨，使我切身感受到自己的不足与稚嫩，所谓“山外有山，人外有人”，提升自我应是我永恒的追求。从现在开始，多读、多听、多感受、多反思、多实践，因为时不待我，我必须努力奋斗！

各位老师，让我们共同努力，一起进步吧！

快乐

快乐有时就是这样简单，一个试卷上的好分数，一次评比中的获胜，一页被展出的作业，一句随意的赞扬……有些是和学习、工作没有关系的，可以是一件崭新的衣服，一个自己感觉不错的发型，一场敞开心扉的交流，一阵彼此欣赏的目光……

人慢慢长大，快乐的记忆随着岁月累积，偶尔，也会被生活中的烦恼淹没，被一些难过的经历覆盖，而在另一个不经意间，快乐——就走到了我们的身旁。

那是一个休息日的清晨，我还慵懒地缩在被窝里，窗外是连绵的初冬的雨，这样的日子，我只想赖在床上。“叮铃铃”，不知趣的电话铃声打破了周遭的宁静，敲打着我的耳膜。“这么早!”我不情愿地伸出手，抓起话筒。“喂，是夏老师吗?”一个我不熟悉的女声从电话那头传来。“哦，你好，我是……”我一边回答，一边在搜索我记忆中的声音。不等我再说下去，那边又说：“夏老师，我是范杰的妈妈，范杰要去参军了，他来不及去看你，和你道别，一定要我打电话告诉你。”“谢谢他这么有心，想到我。”“夏老师，你带他六年，对他那么关心，他怎会忘记?”“这孩子，小时候就是调皮了些，其实，他很聪明，人也挺善良的。”“夏老师，你是他一直爱戴的老师，他不好意思，一定叫我感谢你。”“不用的，有他这份心，我已经很安慰了，请代我谢谢他。”……

挂了电话，脑海中出现了范杰读小学的模样。那时的他，全身上下总是没有办法干干净净，一双手，经常是“乌龟脚爪”黑乎乎。印象最深的是他的作业，有时因为马虎，要擦掉重新写清楚。为了这，我没少批评他。如今，这孩子也长大了，又是五六年没有见到他了，他一定是个高大帅气的小伙子了！已经想象不出他穿着军装的模样，孩子真的长大了!

初冬的雨连绵不绝，在我慢慢厌倦雨天的日子里，清晨的雨声中，我邂逅了一种快乐，她的名字叫欣慰。

快乐有时就是这样简单。

（2006年12月18日）

感受生命

前天办公室里来了一位美丽的小客人，它是一只翠绿色的娇凤，是一只十分可爱的小鸟。它的到来，让我们很是惊喜。当看到它的时候，我们都兴奋地询问它的来历。那一天，除了处理工作，我们谈论的都是它：它的名字，它的食物，它的居所……我们把它放在办公室最醒目的位置，我们提着它到教室和学生一起享受这份意外的喜悦，我们尽量为它创设良好的生活环境，给它吃喜欢的食物。而它，会在笼子里欢蹦乱跳，还时不时地以清脆的鸣叫应和我们的欢声笑语。它的到来，点缀着我们办公室的春天，它的出现，增添了我们生活中的生机。于我们而言，它就是精灵——美丽与灵动的精灵，激活了我们心灵深处对美的欣赏和对生命活力的感动。

今天，我们把它放到陈老师特意送来的粉色笼子里，看着它在里面愉快地啄食，偶尔配以明亮的叫唤，我们几乎放下了那颗不自信的养它的心。从教室上好课回来，看它靠在笼子的一角，很安详，就以为它开始睡懒觉了。事实上，它——香消玉殒了。我们惊讶！我们不敢相信这是真的！我们在惊呼后都沉默了！很惋惜！很无奈！一时间，我们都感受到了生命是如此脆弱，脆弱的不仅仅是一只小鸟，还有我们！

“活着和死去”，就这样纠缠着我们的感受。“生命诚可贵”，活着是多么美好！我们这样感慨。

小鸟不经意地来又匆匆地去，它留给我们的不只是那份伤感的记忆，而是我们对生命的再次印象深刻的认识。活着真好！可以尽情地展露自己的每一张笑脸，可以在需要的时候挥洒肆意的眼泪，生命在，生活才这样鲜活。

现在，我们在这小小的生命陨落的时候，我们看到了自己那颗跳动的心。那么具有活力，那么充满朝气，那么让我们深深感动！

现在，我们更珍惜生命！现在，我们更热爱生活！

（2006年6月26日）

那一刻的情绪，叫感动

在去年进一步加强校园安全管理，进一步加强人防、技防力度，保障学生在校安全的时候，我们学校发动、组织家长志愿者，成立了家长义工委员会，请这些家长志愿者来协助我们在上学、放学高峰期间管理学校校门口的秩序，保护学生的安全。那时候，只觉得这些家长很热心，能够主动支持和帮助学校。

第一次和家长义工一起在校门口执勤，让我难忘。学校规定行政值日人员7:20到岗，那天我比规定时间提前了五分钟。在门口一看，平时协助我们管理路面行驶车辆的交警协管还没有到，马路对面，头戴红帽，臂缠红袖章的两位家长义工已经分别站在了马路人行道的两头，见我到了校门口，原本站在校门口的那位家长义工便自动走到了对面，和另一位义工并排站着。看到送孩子上学的车辆停靠路边，就上前开门，孩子出来后，又帮孩子关上车门，沿人行横道护送到校门口，虽然也许是第一次上岗，动作还不是很熟练、连贯，但她们的仔细和用心，都包含在了她们专注的眼神中。看着她们，那些送孩子上学的家长投来惊异的目光，而孩子们则总是在被护送到校门口时说："谢谢阿姨!"时值五月，算不上夏季，但早晨的太阳还是十分耀眼，然而那天，让我觉得更加耀眼的是这两位家长义工的红帽和红袖章，这两片"红霞"深深地印在了我的记忆里，也一定印在了孩子和其他家长的心上。

因为工作关系，和一些家长义工熟悉了，在值勤的过程中，虽然只是点点头就算打招呼，平时的交流除了谢谢、辛苦，也没有更多话语，但我们因为在同一个岗位上，彼此也觉得有亲近感。国庆假期前一天，根据放假的情况，学校按规定调整了上课的时间，那天按照调换的日子算，我值岗。早晨下着雨，7:15分，路上的车辆虽不算多，但因为雨天，道路的畅通性便不如往常，随着时间的推移，门口的车流高峰提前到来。此时，家长义工没有一个在岗，正纳闷，才想起是因为换了时间，还来不及通知到位。看着来往的车流和越下越大的雨，关心着学生的安全，才感觉有家长义工的支持和帮助多好！正发愁的时候，身后传来一个熟悉的声音："今天这里怎么没有家长义工，一定是来不及通知他们换课吧，我来帮忙。”原来是家长义工委员会委员井爱民，话音未落，她便转身到传达室，熟练地拿出红袖套，穿越人行道到马路对面接孩子，护送到校门口。我的目光还来不及在井爱民的身影上停留，身旁又一个声音响起：“今天路上那么挤，义工又没有完全到位，我也来帮忙！”我扭头一看，原来又是一位家长义工，她也冒雨快步沿着人行道走到了马路对面……两分钟后，我趁接孩子入校的空隙往马路对面望了一眼，发现原来应该今天值岗的三位家长义工赫然在路边忙碌，后来才知道，虽然我们的通知没有及时送达，但她们不约而同地想到了。看着这些家长义工冒雨在马路两边来回忙碌的身影，心里的感动奔涌而起，这一幕，如果能够画下来，我想，最恰当的名称应该是“感动”。

最近的一次和家长义工的近距离接触是在车上听三位义工委员会主任聊天。周主任说：“我们群里的人现在已经有22个了，接下来，我们要进一步团结力量，凝聚起来，更好地发挥我们的作用，扩大我们的工作范围。”李主任说：“是呀，我也觉得大部分义工还是能主动克服困难的，这些义工，我们群里也要多关心，就是因为我们都要上班，有时时间会没法保证。”“是的，所以排值班有时很难，一张值班表刚排好，刚刚发下去，又要变了。”周主任说，“不过我们都彼此理解，不管多难，做好工作，安排好每个人最重要。”李主任说：“对了，××每次来都得提前下班，只能每次都和领导打招呼，我们觉得这样不太好，要想想办法，帮她把值班排开，不要让她影响工作。她说，能坚持多久就坚持多久，但是我们还是要为她想想。”“能为社会做点事，是我们的快乐，以我们的能力，用这样的方式来做些付出，很幸福，也更理解了责任、奉献的意义。”路程很短，对话不多，但是感受于义工的这份心思和心意，感动，已将我淹没。

这学期，母亲克服了家里的困难，也来学校做了义工，每周一傍晚在学校看护家长晚接的孩子，因为她是退休教师，又为人热心，所以看护的过程中，还要做些辅导的工作。虽然因此我自己的儿子也要五点才能随我母亲回家，但我为母亲自豪！

家长义工，虽然没有惊天动地的事迹，但每每看到他们的身影，我总觉得温润暖心，内心充满的是感动和敬意，但是，我们都只用一句“谢谢”来表达这种感受，“谢谢您”，话出口时，那一刻的情绪，叫做感动。

（2010年10月22日）

“老师，我可以上厕所吗？”

——关于教育细节的一点反思

在一个平常得不能再平常的工作日，由于我的两节语文课是连在一起的，所以两节课的间隙我没有回办公室，而是靠着沿窗的墙壁与班里的几个小朋友聊天。正当我们聊得不亦乐乎的时候，班中的一个韩国籍的小朋友郑昌珉从教室外的走廊跑进来，郑重其事地问我：“老师，我可以上厕所吗？”我微笑着朝他点了点头，他快乐地飞奔而去。

有一次，已经是放学时间，走读的学生都回家了，留下的住宿生有的在做值日，有的在看课外书，有的在做作业。我的一个朋友来看我，和我一起坐在讲台边说着一个又一个的话题。有一个学生走到我们跟前，我用询问的目光看着他，孩子看看我和我的朋友，轻轻地说：“老师，我可以上厕所吗？”我没有直接回答，说了句：“已经放学了。”孩子还站在原地，我只好说：“当然可以。”这时，孩子才安心地走出了教室。我的朋友惊讶异常：“学校里，上厕所也要经过老师的同意吗？”……

想起几乎在每一个课间，只要我还留在教室里，就会有学生走到我身边：“夏老师，我可以上厕所吗？”是孩子太幼稚？还是——想起每次带一年级班，总会在领着孩子们认过厕所后说：“下课的时候，小朋友就可以上厕所，然后准备上下一节课；上课的时候最好不要上厕所，如果实在憋不住，就要举手跟老师说。”想起有时上课正在关键处，请了一个举手的孩子回答或交流，可孩子站起来说的却是他（她）要上厕所，心里不免一个疙瘩，并会以一个“去”或一个“快”字表达自己的某种情绪。想起低年级班里，总会有学生因为上厕所不及而拉在裤子上。类似的事情很多。

透过这样的现象，我意识到自己在不经意中的权威过失。

其一，学生看老师常常是仰视，离开了父母，学生觉得在学校就应该听老师的话，这才是“乖”。有时在学生心中，老师比家长更具有权威，老师的一句“平常话”，会让学生接受某种心理暗示。“下课时才是上厕所的时间”便是一句，看到老师还在教室，学生对自己上厕所的行为反而有了顾虑，上前询问，是为了让老师再次肯定地作出答复，证明他的行为符合老师的要求，这让他觉得踏实。但这种踏实的代价是在一时间淡薄了学生的自信，这是一种悲哀。

其二，学生的感觉是敏锐的，对于老师转瞬即逝的情绪他们会用敏感的神经捕捉。对于曾经在上课时提出上厕所要求而遭教师不满甚至呵斥的学生来说，胆怯会油然而生；对于旁观了这一情况的其他学生来说，只要在上课时感觉到自己有上厕所的需要，一种犹豫就会浮出水面。同时，有些学生还会想到教室里的众目睽睽，害怕同学的嘲笑。在胆怯、犹豫、害怕之中，他们根本不会意识到自己的要求是正常不过的生理需要，是自己的权利，通常是选择在分分秒秒的坐立不安和心不在焉中等待下课……教师的权威，在无意中压抑了学生的权利。

我反思着自己的教育行为，也不安地想到在我的教育行为中，还存在着这样那样的过失，类似于这个"上厕所"的问题，也许有很多，也许经常在不经意间给了孩子某种暗示，使学生产生了心理压抑……

想到了教育家乌申斯基说过：作为认真的教师，应懂得教育无小事，事事为育人；教师无小节，节节皆楷模。想到了朱永新教授在《我的教育理想》一书中有这样一段文字："我心中的理想教师，应该是一个胸怀理想，充满激情和诗意的教师"；"我心中的理想教师。应该是一个自信、自强，不断挑战自我的教师"；"我心中的理想教师，应该是一个善于合作、具有人格魅力的教师"；"我心中的理想教师，应该是一个非常尊重他的同事，非常尊重他的领导，非常善于调动帮助他成长的各方面因素的教师"；"我心中的理想教师，应该是一个充满爱心、受学生尊敬的教师"；"我心中的理想教师，应该是一个追求卓越、富有创新精神的教师"；"我心中的理想教师，应该是一个勤于学习、不断充实自我的教师"；"我心中的理想教师，应该是一个关注人类命运，具有社会责任感的教师"；"我心中的理想教师，应该是一个坚韧、刚强、不向挫折弯腰的教师"。

孩子需要呵护，需要理解，需要宽容的空间，关注学生人文的需要，给予学生更多的"人文关怀"，在恰当的引导和细节关注中，我们的教育就会慢慢成长，我们自己也应该能够做一名与"理想教师"接近的教育工作者。

（本文发表于《大众心理学》2007 年 3 月）

“老师，你越来越漂亮了！”

今天上完语文课从教室走出来的时候，班级里一个叫松松的男孩追了出来，我好奇地看着他，以为有什么事，他说：“夏老师，我觉得你越来越漂亮了！”我愣了一下，继而问道：“为什么呀？”“我也说不清，就觉得你漂亮了！”作为女性，听到有人说自己漂亮当然会很高兴，这个男孩又是一个比较天真的孩子，这就更让我开心了！

是什么让我漂亮了呢？

是微笑！也许在这群孩子的眼里，我总是过于严肃。想起刚接班的日子，每次上课我总是拉长了脸，看他们什么都有些不顺眼：坐没有坐的样子，上课的时候懒洋洋，一到做作业就更加不堪设想，这个格式不对，那个错字连连，让我忍不住严厉地批评。对那些“屡教不改”又不肯好好听清要求的孩子，看到他们时我更是气不打一处来，所以，即时他们有了些许进步，我也懒得表扬他们，而把目光移到他们其他的不足处。苦恼的时候，想到一句话：生活是一面镜子，你对它笑，它也对你笑。于是，想想这些孩子与刚入校的时候相比，真的已经有了很大的进步：那个“红烧肉”已经不再只关心吃饭必须要红烧肉了，他也知道作业要及时完成，早读更是认真；那个逢上学必哭的女孩不仅没有了那时的蛮不讲理，而且每次写的字都那样令人赏心悦目，上课也爱动脑筋了；那个没有一分钟坐得住的女孩认真上课的时候，是那样充满了灵气……想着这些，我不由在看见他们的时候，自然地笑了起来，也渐渐喜欢在课余任他们围着我，和我快乐交谈。我笑着，孩子们也笑着，真挚的笑意中，我们都那么美丽！

是关怀！也许是因为自己也为人父母，所以对于孩子严格要求外，我也会付之于母性的关怀。班级有个小女孩，跟着父亲生活，所以换季的时候身上的衣着总显得紊乱，很多时候，早晨的头发也很凌乱。特别心疼她，也知道她的渴望。所以我们搭班的三个老师总是变着法子去关心她，帮助她，逗她开心。她喜欢粉红色，我们就给她买来粉色的头饰，还帮她扎好小辫子，看着她开朗地笑，我们也开心万分。虽然，她还是因为种种原因特别任性，但我们还是关注她的每一个进步，在不被她察觉的过程中给予她关爱。班级的孩子还小，活动热了不知道脱下衣服，凉了也没有穿衣服的意识，我就本能地会提醒他们注意这些生活中的小细节。一个学生的妈妈出了远门，每天我就会询问她回家后的学习、休息情况，并抓住一切可能的机会鼓励她，在妈妈不在家的时候，要更加勇敢，积极锻炼自己。更多的时候，是在饭后关照一声："刚吃好饭，别做剧烈运动。"在孩子有些发烧的时候，不忘去试探一下他们的体温，同时嘱咐一句："多喝些水，能够帮助退热的。"在孩子排队回家的时候，不忘叮咛："回家路上要注意安全。"从教这么多年，这似乎已经是一种教育的习惯，这些平常的关怀却被孩子记住，并透过这些，让他们看到了我的美丽。

也许还有许多理由吧。我知道，孩子是天真可爱的，他们是那么纯净，不会因为一次严厉的批评而憎恶你，也不会因为你一时的气恼而躲避你。当你真心为他们付出，他们能够感觉到你的温柔和你严肃背后的爱护。现在，终于明白，越来越漂亮是因为有你——我的天真可爱又让人操心的孩子们！

孩子，我应该怎样爱你？

今年开学，我又成为了一年级的语文教师。从教12年，教低年级的时间也不短，对于一年级的教学，我对自己充满了信心，同时，一遍又一遍地对自己说："记住，教育的全部技巧就是爱护学生。"

这学期的第一堂语文课，我和孩子们第一次见面。我特别注意了自己的穿着，期待着端庄又不失活泼的装束能够拉近自己与学生之间的距离，消除学生对教师的恐惧。开场白也在心里盘点了一次又一次，希望这一次的"相见"能够成为美好的开始。踏着上课的音乐，一路走向教室，在门口站定的时候，我看见的是"沙鸥惊飞"，听见的是"蛙声一片"，好一个沸腾的场面！

初次见面，孩子们总是给我这样的"惊喜"，我也习惯了在以后的教育生活中与他们慢慢磨合。于是，在表扬典型，全班孩子的纷纷效仿中，我走进了教室。刚刚站定，我发现有两个小朋友竟如我一般站着，还有更多的孩子懒洋洋地趴在桌子上。这样的场面倒是平身第一回遇上！在我的印象里，一年级的孩子，都有一种较强的表现欲望，特别是在新老师面前，都会表现得很积极。来不及细想，我就直接要求站着的孩子坐下，然后告诉所有小朋友：坐要抬起头，要挺直身子，要放平双脚；听要专心致志，认认真真……短短的40分钟，在交流气氛宽松时，竟有孩子兴奋得大声喊叫，在需要学生安静倾听的时候，孩子们竟一个个不知所为，各自主张着自己的时间——这样那样的状况，使课程教学走走停停，一堂课，就在提醒这个要认真，那个要专心中结束了。

写课堂作业，本子发到了每一个孩子的手上，把作业要求讲了一遍又一遍，并把作业的样子在黑板上示范出来，在背投上播放出来问明每一个孩子，等他们都明白之后，再让他们动手写。隔了5分钟，走到他们中间巡视：天哪！作业的样子五花八门，至于每一个字母的书写更是"惨不忍睹"。正在懊恼的时候，一个尖利的声音传来："老师，我的铅笔没有了，我不会写……"原来，这个孩子是住宿生，父母为她准备的铅笔中，只有一支是削好的，这一支断了，她就没有办法了，而她虽然坐在第一排，却连做什么作业也没有听明白，我又一次目瞪口呆。

带他们吃晚饭时，我有了新发现：有一个男孩呆呆地坐在饭桌前，不吃也不动。我坐过去，轻轻问他为什么，他什么话也不说。我以为他有陌生感，对父母过分依赖才这样，所以就对他说："这里的饭菜也一样可口的，我来喂你好吗？"他看了我一眼，仍然不说话。我便拿起勺子，当我把饭菜送到他嘴边时，他却仍是一动不动，任我"软硬兼施"，他就是"不为所动"。僵持了一会儿，旁边的生活老师道出了原由："夏老师，没有用的，他不是嫌饭菜不好吃，他是要吃红烧肉，没有这，他是怎么也不吃的。"原来如此！

第一次把作业做在纸上，我要求小朋友先把名字写在作业纸的最上面，作业完成，再批阅时却发现一个孩子不知写了什么。只能在作业发下去的时候，找到那个孩子，他说："我不会写。"我追问了一句："你的爸爸妈妈教过你吗？""没有，妈妈说，不会写没有关系的，老师会教的。"于是我想，难道我的想法错了，原来，不管是什么字，都应该由老师去教会孩子的？

……

到此时，每每想及这班孩子，心里的震撼仍是这样强烈，总是在想，孩子，我应该怎样爱你，你才会健康成长，孩子，今天的你需要什么样的关怀，才会茁壮？

（2006 年 9 月 1 日）

孩子，你不懂……

与孩子们相处快一年了，今天要召开一年级的家长会，我想着，我该向家长们汇报什么，又该和他们探讨什么呢？教育的问题，我们已经讨论甚至争论了很多，家校相互支持，互相理解，共同支撑，共同分享，这应该已经是共识，差距只存在于实施的方式，存在于一时的疏忽，也许还有懒惰、责任吧。

想着想着，又想到了孩子，一年了，我和他们朝夕相处，我又该对他们说些什么呢？想说的很多，就从这里开始——

孩子，其实你还不懂……

你很纯真，在老师的心里，你就像水晶一样透明，我们尽心地呵护你。所以，很多时候，当你犯了错，我们不忍狠狠地批评你，而总是先给你分析事情的前因后果，给你讲道理，从中启发你明白自己应该怎样对待发生在身边的事情，该怎样约束自己，养成良好的习惯。可是，你却不太懂老师的苦心，一次次地犯同样的错误，当老师和父母都严肃地批评你，耐心地教育你，静静地期待你时，你却仍然没有意识到自己应该改变自己的行为，我们都恨铁不成钢啊！快一年了，每次等到太阳下山，还没有等到你的作业；每次升旗仪式，看到你不愿举起敬队礼的手；每次翻开作业，看到马马虎虎的字迹……每次看到你还没有在某些方面取得明显的进步，我们心里真的很难过。但是，我们还是心存希望，我们还会为了你能养成好习惯继续努力，因为，你是我们心里永远灿烂的生命。

你很幼稚，在老师看来，你就是那样不懂事，需要我们尽量地蹲下来，靠近你。所以，有时，当你在课堂上不顾其他，随便大声说无关于课程的内容时，我们会告诉你，这些事情下课再讲，这样会影响大家学习的；当你不愿意参加集体活动时，我们会对你说，在集体活动中，你会体会到更多的快乐；当你在课堂上不愿和大家交流，站起来总是一言不发时，我们总是鼓励你，把想法说出来，我们相信你！可是，经过这么一年的时间，你好像还是没有理解老师的苦心，你还是幼稚得让老师无可奈何。一次、两次、三次，很多次之后，你真的没有感觉到老师的努力和真诚吗？看到你还是会我行我素地不管其他，我们很发愁，但我们还在努力，因为，你们的成长我们不能放弃。

你很无知，在老师眼里，你的自以为是真的是一种不懂事的表现，需要我们告诉你，什么是真正的了不起。所以，看到你对着同学伸出拳头，老师会制止你，对你说，这不是厉害，这是欺负人；看到你在书上、本子上随便涂画，老师会批评你，对你说，这不是美观，这是不爱护教科书，不珍惜你的学习用品；看到你们在宿舍里把浸湿的纸巾扔在天花板上，弄得墙壁、天花板一团糟，老师就请来了家长，一起处理你的过失，在训导中让你明白，好玩不等于可以玩，要想一想对错，要遵守规定！一天又一天，让你懂得认真学习，不断进步才是聪明的举动。可是，你还是不理会老师的苦心，看到你有时为自己无知的举动而无理地"辩护"时，老师真的很气恼，但我们还是耐下性子，履行教育的职责，盼望你的转变。

孩子，其实你真的不懂，老师对你的严格和对你的温柔是一样的，都是因为我们爱你，把你当作我们生活的一部分，把你放在心里。所以，我们还在继续着对事业的承诺和对你的责任。

孩子，其实你真的不懂，老师关心你胜过关心自己的孩子……我们期待你的茁壮成长，我们为你付出了很多。

（2007 年 6 月 18 日）

可贵的1角钱

开学第一天，学校一(2)班的颜丹晨小朋友在报到回家的路上，捡到了1角钱。快乐的孩子马上对身边的爷爷说："老师说过，捡到东西要交给老师或者警察叔叔。"此时的路口，正好有一位警察。孩子兴奋地跑到这位警察叔叔的身边，轻轻拉拉叔叔的衣角，这位年轻的叔叔转身看到了一张充满稚气的脸。孩子在叔叔面前摊开手，手心里是一枚闪亮的1角硬币。"叔叔，我捡到1角钱！""1角钱？不要！走开，别在这儿烦！"听到这样的答复，孩子眼中的自豪消失了，他慢慢地回到爷爷身边，低声说："爷爷，警察叔叔不要。"……

这是一件小事？1角钱虽然小，但这1角钱中却有孩子的纯净，美德的光芒。

拾金不昧是我们中华民族的传统美德，中华民族的文化是每一个中国人的根，根扎得牢，扎得深，才能屹立于世，中华民族的美德只有继承和发扬，才能显示中华的浩然气节！

可叹！一面是天真活泼的小学生，一面是让人信赖的警察叔叔，一个美好的开始却是这样无可奈何的结局。"叔叔不要……"伤害了孩子，也伤害了学校的教育，伤害了道德。

可悲！小学生尚知捡到东西要交公，一位执法的警察叔叔却因为怕麻烦而拒绝了孩子高尚的请求。这一大一小之间差距是多少？无法计算！

想起开学大会上的主题词，"小事不可小看"，对于一个孩子的良好行为，哪怕是一个鼓励的眼神，一个赞赏的举动，都会使孩子获得荣誉感，都会引导他在以后的生活中发扬这些优秀之处。"细微之处见精神"，这孩子手中的1角钱是可贵的，这孩子的举动是可贵的，对孩子的每一个闪光点的及时肯定和适时引导也是可贵的。反观这件小事，学校作为教育的专职机构，任重道远。教育本身就是长期的、复杂的、艰巨的任务，我想，怨天尤人，不是我们的风格，推卸责任，不是我们的作风，面对我们的责任，一如既往，勇往直前才是我们的本色！

以此为鉴，让我们在教育中关注每一个细节，呵护每一颗心灵，保护教育的每一份收获。

(2008年12月9日)

离别——在开学的第一天

尽管早就知道这学期我要和这些相处三年的孩子分别，尽管知道作为教师，今年带这个班，明年带那个班也是寻常事，尽管十二年的教学生涯中，说再见的孩子已成百上千，尽管在一次又一次的分别中，我也学会了默默凝望，学会了轻轻祝福。又是离别，但今天，在开学的第一天，一种不舍还是幽幽地爬上了心墙。

很早就计算着开学的日子，想起以往开学时他们看到我的那种欢喜里又带着些羞怯的表情，竟不由自主地笑了起来。这一次，他们又是怎样的神情呢？脑中浮现出一张张我熟悉的脸，却猜不出他们是兴奋还是惊奇，直到自己觉得有些幼稚可笑，才甩甩头想换个思考的主题。

终于到了今天，开学的第一天，整整一天，我没有走进那幢熟悉的教学楼，只是念着一个一个的名字：陈锦鹏、杨宇轩、许思怡、竺婕雯……38个名字，38个让我欢喜让我忧的孩子，38个曾经朝夕相处的一家人。

时间走到了傍晚，今天是星期五，孩子们都要回家，应该都被父母接走了吧，走神之间，往日孩子们离校与我道别的情景又一次闪现在脑际，还有家长那友好又亲切的眼神。一种冲动，决定去天虹看看，哪怕去感受一下这帮精灵留下的气息！

尽量平静自己，用惯用的速度走向熟悉的教学楼，心里在盘算着如果见到一两个孩子，会是怎样的场景。楼梯口，一个熟悉的身影——李劲澜！这个平时腼腆的小男孩竟让我紧张了起来，还来不及想，李劲澜就扑到我的面前，用又惊又喜的目光看着我，然后向我敬礼，响亮而快乐地说："夏老师！"忍不住摸摸他的头，对他说："小李，你好！"——一下子，从楼梯上下来了一拨孩子，啊！都是我的孩子：张泽玙、顾昊哲、张蓥石、王雨嫣……簇拥到我的周围，一声声"夏老师"，触碰在我心里最软弱的地方，分明感觉到自己的心里和眼里都有温热的洪流。一瞬间，我已经笨嘴拙舌，没有语言，只是一个个把他们揽在怀里，感受他们长高的身体，传递我对他们的情感——他们也许不同，但这样抱着他们，我却满足而安慰。

“夏老师，我真想你！”听到耳边传来这句呼唤，我无声地低头，擦去溢出眼眶的痕迹，怕孩子笑我！“我也想你们！”

“夏老师，你有空要来看我们！”

“一定会的！”

……

开学的第一天，孩子们，我和你们离别，为你们祝福，期盼你们在学习的每一天，都有进步，希望你们在生活的每一天，都拥有快乐！

没有什么相赠，只想告诉你们，我爱你们，每一个老师都爱你们，都由衷地为你们付出，为你们的幸福而快乐！

（2006 年 9 月）

我有一对长耳朵

今天的语文课上，我们学的课文是《吃水不忘挖井人》。虽然课文的内容和学生的生活实际距离遥远，但是因为学生的预习做得不错，所以在学习的过程中，大家对课文的内容还比较感兴趣。上这样的课文，有这样的课堂氛围，我已经比较满足。在初步学习课文，基本理解课文内容后，我请孩子们正确、流利地朗读课文。一转身，我发现聪明伶俐的小何突然之间有了一对长耳朵。定睛一看——呀！原来是他的两边耳朵里各塞了一支差不多长短的铅笔，左右对称着，很是好玩。

又好气又好笑之间，我把小何从座位上请了起来。读完课文，正认真学习的孩子们都不解地把目光投向了小何……哈哈哈哈……一时间，每个孩子都笑得前仰后合。小何也在笑着！是略带腼腆的笑，他的左手掌心向同学张开，上面有字，我却看不清。突然间，我觉得孩子们真可爱，而小何那长耳朵的样子更让人忍俊不禁，于是，我也笑了起来……

大概过了三分钟，我严肃了自己的表情，说道："小何，你真可爱，可是，这在上课时是不被允许的，如果你喜欢长这样的长耳朵，就一直让它长着吧！"我一开口，孩子们就停了笑声，教室里一片安静。"同学们，我们继续上课，你们准备好了吗？"上课继续，学生都比较认真，一堂课的教学目标预期达成。

下课了，当我宣布休息时，孩子们都不约而同地围到小何身边，一边叫着小何"长耳朵"，一边好奇地去拨弄那两支铅笔。小何又展开了他左手的掌心，掌心里有一行红色的字，我却因为距离较远，看不清。于是，我只是提醒了孩子们不要去碰耳朵里的铅笔，以免发生意外，就匆匆离开了教室。

放学后，我又想起了课上的这件事，也在反反复复地问自己，我这样处理是不是太简单了，也特别想知道小何的感受。心里突然有一种害怕，怕自己无意的举动伤害孩子的自尊心。于是，我迫不及待地找到了小何，与他在电话里聊起上课的事情。还好，小何没有任何排斥我的意思，知道是我打电话找他，他还显得很意外，很高兴。他根据我的询问告诉我，上课时，那么多同学的笑声中，他在掌心里写的是“上课”，下课后，再次面对同学的笑，他在掌心里写的是“声音放低”。我问他：“当你在耳朵里插上铅笔的时候，你知道你在上课吗？”他没有说话。我又问：“同学那么笑你，你的想法是什么？”“嗯……”我继续追着问，“你为什么把铅笔插在耳朵里呢？”没等他说，我告诉他，理一理自己的想法，第二天告诉我。

第二天一大早，我再次找到了他。当我又一次问起他三个问题的时候，他说，在耳朵里塞上铅笔是想试试这样能不能听到声音。当同学笑他的时候，他知道自己违反了课堂纪律，心里有些难为情。听他这样说，我暗自庆幸自己的草率没有给他带来伤害。面对这么聪明可爱又顽皮的孩子，我轻轻地对他说：“小何，你的长耳朵的确挺可爱的，但最可爱的是你的想法，只是，有些想法不能在上课的时候就马上表现出来，这样，要影响自己和其他同学学习的，你明白了吗？”他看着我点了点头。“还有一点，把铅笔塞进耳朵里，其实是一件很危险的事，万一不小心，铅笔塞得太深了，可能会戳破耳膜，导致耳聋的！”他有些震惊地看着我，也很不解。“其实，有些事我们是没法预料后果的，等不良的后果产生了，就来不及了，所以，不管做什么事情，对什么特别好奇，你还是要记住，安全第一，懂吗？”他听话地点了点头。

而我想着，关于这件事，要教育孩子们的，还有很多……

（2007 年 3 月 30 日）

与春风同行

拂面柔风，连绵细雨，又一个春天轻轻悄悄地来到身边。这个充满生机和活力的季节也让学生的生理、心理发生着微妙的变化。一开春，阳光普照，学生的身心似乎也随着变得特别活跃，有时情绪变化也很快。随之而来的，是思维更加活跃和具有跳跃性，行为更加趋于多动，对于周围的事物更加敏感，对于身边教师的一些说教和学生的一些评论产生较多的逆反。很多学生都出现了上课难以坚持端正的坐姿和专注地学习，在一定程度上影响了课堂教学的高效率和教育教学活动的达标进展。面对这样的状况，教师也往往会出现焦躁和不耐烦的情绪，并常常在教育教学过程中对学生更加严厉，使得教和学之间在某段时间内出现了关系紧张甚至是剑拔弩张的对立。

面对这样的情况，我们不妨来学学心理咨询师的方式：用和风细雨的柔顺化解学生的对立情绪；用循循善诱的热忱引导学生珍惜时间，努力学习；用不厌其烦的真挚等待学生的转变和进步。像春天一样细腻、柔和、温暖又保持教育的本色，或许会有柳暗花明的希望，或许会有满园春色的喜悦。

应和着季节，我们尝试开展“春风行动”。

班级里的小彦是个聪明又任性的小姑娘，这个春天一开学，她却总是不完成实践作业，还和家人说老师没有要求，同时，课堂作业也常常忘记交，还把一些本子的封面涂了个面目全非。这让老师和家长都倍加担心，经过老师和家长的几次批评和多次要求，她嘴上答应，行动却没有丝毫改观。她的母亲对她束手无策，再次与我们联系。针对这样的情况，我们进行了新的教育尝试。我们在布置作业的时候，不仅面向全体学生讲解清楚，让大家记录下来，还特意走到她身边，轻轻地对她说，今天的作业你记住了吗？不如把它们记到本子上吧，这样就不会忘记了。经过连续几天的提醒和查看，这孩子的作业再也没有遗忘的现象，作业也比以前更加认真，作业质量则更加好了。与此同时，我们也悄悄地告诉她，作业本上涂上了乱七八糟的线条和文字，作业本就不再整洁了，这样老师批作业时会难过的，作为一个爱学习的孩子，我们更加应该珍惜学习用品，要尽力保持这些物品的整洁和耐用，这样，我们写作业时也就更加心情舒畅，作业的质量就会更高。简简单单的话，却比声色俱厉的批评更具有教育效果，连续一个月了，她的作业总能让我们批得顺心和舒心。

小昂是一个与老师从不主动交谈的男孩子，在班级里，他的"特别"之处很多，经过一年多的教育和引导，他已经发生了很多变化，但他与老师之间的距离感仍然让他不和我们交流，不愿参与集体活动，在学习上也没有风生水起的意向。一个偶然的机会，他的一次作业字迹工整而美观，我在全班学生面前表扬了他。惊喜的是，再次收上来的作业，我看出了他的"用心"。于是，我再次表扬了他，并把他的名字写在了黑板上"作业认真"栏中。连续的鼓励中，他的作业不仅字写得端正，正确率也提高了。那个星期的周五，他开心地等待父母来接他回家，第一次蹦蹦跳跳地走到我面前，主动并快乐地对我说："夏老师再见！"我欣喜地回应他："这一周你的进步很大，好好努力！老师相信你！"在后一周中，为了鼓励他上课开口说话，我趁一次作业评讲的机会，告诉全班同学，有一个题目，小昂的回答很出色，于是，我就请他为大家读出他的答案。这一次，他竟然没有拒绝，而是响亮地读了两遍。这是他上学两年来，第一次在语文课堂上站起来与大家交流，他的表现，感动了我！现在，他不再避开我了，每次下课，总会和其他学生一起拥在我身边，还会问我问题，和我谈话，虽然话语不算多，却已经让我倍感欣慰。

写到此，也突然想到了春风化雨润心田这句话，也想到，教育的智慧，有时，就是这样轻轻悄悄地紧随左右呢！

幸福——一个神圣的命题

《开学第一课》已经连续四年，在全国中小学生进入新学年的第一天9月1日播出，为孩子们打开学习的第一页。今年的主题是：幸福！

幸福，一个多么令人向往的词语，一个多么令人激动的词语，一个多么令人感怀的词语。每个人都希望自己拥有幸福的人生，然而，幸福是什么？这是一个很难的命题，谁能一生幸福，恐怕很难有人胸有成竹。《开学第一课》就为我们解读了幸福，同时告诉我们，幸福就在身边。

在遥远的战争年代，幸福也许就是有安全的环境，有书读，有温饱的生活，有牵挂的家书。当女儿想念远在战场的父亲的时候，幸福，就是完整的生命、家人的平安和团聚。我们生活在一个和平的时代，和当年在延安保育院的孩子相比，我们拥有和平安定的生活，拥有良好的学习环境，我们拥有父亲的疼爱和母亲的呵护，所以，我们是幸福的。

在盲人琴童的演奏中，我们听到了激越昂扬的乐音。盲童才6岁，我们觉得他很不幸，但他脸上灿烂的笑容告诉我们，他很幸福。钢琴、音乐给了他快乐，母亲给了他爱和支持。他说，他虽然看不见钢琴黑白的琴键，但是他的耳朵能听见，能听清，只要和音乐在一起，他就觉得很幸福。他看不见彩色的世界，但在音乐的引领下，在妈妈的护佑下，他感受到了幸福。他说，他的梦想是考中国音乐学院附小。这个有梦想的孩子，谁能说他不幸福呢？再看看自己，我们拥有健全的躯体，我们有多彩的梦想，所以，我们是幸福的。

镜头中的女孩是一个孤儿。小时候，她被一个好心的阿姨收养，由此，她才有了家，有了依靠，有学可以上。她说，她是幸福的，因为她拥有一个世界上最伟大的母亲。我们拥有父母的宠爱，所以，我们是幸福的。

幸福是什么？幸福就是健全的身体，幸福就是完整的家庭，幸福就是衣食无忧，幸福就是拥有梦想，幸福就是获得成功，幸福就一直围绕在我们身边！

（2011年9月2日）

学术规范：道德和责任

拿到叶继元先生的《学术规范通论》（后简称《通论》），只是觉得这书有用，在陈局导读时，读着此书封底的那些“全面性、新颖性、实用性、简明性”的评价语，我不禁对此书有些期待。我在自读《通论》的过程中，虽由于种种原因没有细细地研读，但即使是粗枝大叶，仍不由“别有一番滋味在心头”。

在本书第1章关于学术规范概述中谈到规范和法律和道德之间的逻辑关系，在后几章中又谈到了关于学术平等的问题，读着这些章节，我觉得学术规范合自律与他律为一体，而就学者自身而言，应该具有学术道德，应该自觉地维护学术规范。违反学术道德，不仅为人不齿，阻碍学术的发展，自己也应该感到羞愧。所以，从自我约束的角度和个人修为的角度，无论是总结实践小经验还是呈现学术大研究，都应该遵守学术规范，促进学术平等和学术创新。

此书第1章谈到俞金吾教授关于学术规范的一个论点：“学术规范的灵魂是学术创新。换言之，只有把学术创新理解为学术规范的本质内涵，这样的学术规范才值得我们加以肯定。”作为学者，就是应该在自己的学术研究中生发新思考，创造新理论，发展新实践。虽然这样的学术研究是艰苦的活动，但是学术本身就是应该探索未知，推进认识，这也是我们在教育科研中一再强调的，要避免低层次的、无效的重复研究，要杜绝没有科学含量的研究。在教学一线的研究中，虽然多为应用性研究，也要不断生成新的成果，推进理论的发展。这应该是学者的责任！保护学术、推进学术研究、保护他人研究成果、保护自我研究成果是学术界包括我们应有的责任！

读此书，我还获得了一些实用的技能，也使自己在以后的学习交流和工作中能够更加规范地运用这些“规定动作”，使自己的专业发展在一定层面和一定程度上有所提升。

读得粗浅，学得肤浅，所以也没有深入的思考，草草数语，谈些粗略的感受而已。

（2007年3月9日）

现在，就是现在！

——谈谈我的《开学第一课》

从2008年至今，每一年秋季开学中央电视台播放的《开学第一课》已经成为了中小学生开学第一天的必修课。《开学第一课》的主题每年都紧扣时代脉搏，形式又丰富多样，既有名人亮相，也有寻常人的成长经历，感人至深又催人奋进，比起课堂里那些空洞的说教，鼓励效果和启迪作用更加突出和明显。电视中的《开学第一课》让刚刚入学的一年级学生在懵懂中有了榜样和憧憬，有了一个属于自己的或大或小的梦，对于其他年级的学生来说，则因为有了学习生活的经历、累积，就会和电视中播放的内容有交集，形成小小的共鸣，孩子们也会在此思考和找寻自己的方向，因此，作为教育工作者，我们感谢有这《开学第一课》。

其实，无论有没有电视节目，学生都会经历“开学第一课”，这一堂课一定是学生上得最认真的一堂课，这一堂课也是学生最期待的一堂课，这一堂课更应该是让学生最难忘的一堂课。这一堂课，是一个起点，指引学生最初的旅程；这一堂课，是一处驿站，帮助学生擦拭风尘抖擞精神；这一堂课，是一段标的，标注学生成功的足迹，照亮未来的无限可能。所以，“开学第一课”是以生命成长为主题的人生课堂。

今年，中央电视台的《开学第一课》主题是“梦想”，在这个充满色彩与激情的主题下，我想，我的“开学第一课”要传递给学生的关键词应该是“现在”。一个人没有梦想是苍白的，一个人如果不脚踏实地把握现在，珍惜现在的光阴，那就是愚蠢的。“现在”对于学生来说，是一种进取的态度，是一种努力的坚持，是一种成长的状态，是一种追梦的执着。不积跬步，无以至千里；不在当下努力奋发，无以谈未来。梦想再美，再多彩，还是要从现在做起！梦想在前，教育还应该指引教师和学生实现梦想的路，这条路就从“现在”开始走，对，现在，就是现在！

教育任重而道远，不仅要为学生的当下负责，更要为学生的未来奠基，因此，对于学生的教育和影响，应该从思想与行动两方面去引导。如果说“梦想”更多的是精神层面的东西，那么“现在”更多的则是强调现实行动。我们学校的校训是“至善”，这也是我们办学的一个梦想，在这条通往至善的道路上，我们希望师生能把握每一个“现在”，在行动中体验，在行动中感悟，去经历“至善”的过程，这也是实践教育理念，落实主题教育的基本方式。我们认为这样的教育应该更切合学习生活，更具有实际依托，这种做中学，做中悟的方式也更具效用。所以，围绕“现在”这个主题，我们首先要让学生了解“现在”，以“我们的现在”为话题，通过自己对照思考、相互访谈等方式，让学生（教师）对自己现在的身份，现在的情况，现在的想法有较为清晰的了解。第二个层次是以“现在的我们”为话题，通过才艺表演、能力展示及“我能做的事”的调查表达等方式，让学生在自己现在所拥有的能力（特长）和现在可以做的事情中获得自信，激发学生更好地做这些事情的决心和愿望。第三个层次是以“现在·我们”为话题，把学校的优秀毕业生的事迹进行展示，把在校学生中各具典型意义的成长故事进行讲述，把学生每天做的事情做成影集进行展览，让学生感悟在成长的每一天，我们都和“现在”相伴，而无数个认真的“现在”，就垒筑起了美好的未来，“现在”是实现梦想的基石，“现在”的选择，影响未来。认真地对待现在，才能让梦想闪光，才能体验梦想的多彩。小学教育姓小，就是在点点滴滴的小事中，蕴藏着教育本真，我们的至善之路，也就是从现在出发，从无数的小事开始，从做好无数的教育小事开始，引导学生走向更加广阔的天地，拥有更加美丽的风景。

新的学期已经开始，在这样一个可以回味，可以憧憬的时间节点上，无论是教师还是学生，都应该怀揣梦想，双脚在“现在”踩出坚实的每一步，用执着和坚持，在时间上刻下无悔；用激情和睿智，在生命中冲刺成功！

（本文发表于《教育》2013 年 9 月）

有一种幸福叫做成长

——“特后班”学习随感

在一个骄阳似火的夏日午后，我踩着高跟鞋，在苏大的校园里沿着问询到的方向，走了很长一段路，终于到达了“特后班”培训的主会场。坐在凉爽的会场里，心里的烦躁渐渐退去，翻开材料袋，了解培训的相关事宜。这一个场景我一直记忆犹新。这恰似一种隐喻，让我看到自己的生存状态。年近不惑，在教学一线摸爬滚打了近 20 年，积累了一些经验，也有一些心得，但是也免不了会把自己淹没在日常的教学事务中，有时候，也难免多了事情的累积，少了研究的思考。的确该静一静，停一停，看一看，想一想了，于是，此事、此刻，正好契合了这样的期待。

聆听：在大师的智慧中汲取营养

第一阶段连续一周的时间中，培训班为我们安排了多角度，宽领域，深层次，高水平的专家讲座。光是一个个印在安排表上的姓名，便足以让我们充满期待：周成平、严华银、姚卫伟……他们有的是我们的导师，有的是资深的学者，抑或还是我们崇敬的教育研究者。在接下来的聆听中，我们也愈发能感受到，这些专家、学者的学术魅力和行动魄力。

苏州市教育局副局长周春良先生说，要像叶圣陶那样做老师。在讲座中，他再次定义了“学习”，就学习的重要性作了深度剖析，同时也进一步解读了叶圣陶教育思想，阐释了教育的实质和归宿。省第二师范学院副院长周成平教授则从教师专业发展的角度，谈了特级教师后备人才培养的思考，并从评选的条件（资格）入手，对于教师专业发展的几个时期进行了归纳和分析。全国著名特级教师严华银先生则从教育的角度，就“善教育”、“美教育”、“真教育”三个方面来揭示教育的特质，并提出了教育中必须十分关注的 5 个问题。两位同叫蔡明的特级教师，一位为我们展示了自己的成长档案，一位则把自己做课程的经历与我们进行了分享。还有被我们称为“读书狂人”的陈国安老师和“写作导师”姚卫伟老师等，各有各的精彩。

值得单独说一说的，还有在整个专家讲座的安排中，有三个讲座是以有效教学为基本内容，一个是孔企平教授所作的《有效教学的实践与研究》，一个是余文森教授所作的《超越有效教学》，一个是胡敏教授所作的《基于学生发展的有效教学的研究》，这对于我们正在进行的当下的教学，有着现实的指导意义。

于是，再回味的此刻，就有了一种感慨，并发现听的过程，就是受教益的过程。他们用智慧启迪我们，用研究引导我们，用行动鼓舞我们，在他们的讲座中，我们开始审度现状，开始思索路径，开始规划愿景。在这些讲座的铺陈中，我们也汲取了继发的营养与突破的力量。

交流：在互动的碰撞中形成驱动

进入特后班，我们拥有的是一个专家团队的指导，身边是来自苏州市各区域教学一线的佼佼者，所处的也都是有着深厚文化底蕴的与丰富内涵的校园。这本身就是一个适合对话，充满交流的环境，因而，虽然学习时间不长，彼此的沟通却已经让我受益匪浅。

环境和我：行走在苏州大学的林荫道上，从现代化的大楼到民国的砖楼，在恍惚的穿越感中，我看到了历史的沉积，苏州大学，这座被列为文化遗产的大学，让我这个苏州人自豪。这里，有一种书卷的气质，吸引着我。在教师发展中心，古朴的苏式建筑温文尔雅，砖雕与花窗里掩映着一座“控保”建筑的厚重，它向我讲述着一个执着的读书人的故事。壁画上，莲与鱼的恬静与快乐，似乎在诉说着教育的象征。因为要借班上课，所以到了苏州市实小。走进校门，景观带中的石头上镌刻着校风、学风，酒红色的主体建筑与深绿的植物相得益彰，两幢教学楼之间的一汪水面更给校园增添了几分灵动。往里走，看到学生社团的介绍和活动照片，看到教室里学生的作品琳琅满目，看到教师与家长的亲切交谈，看到迎面而来的学生朝我敬礼。文化，就是这样真实；文化，就是自然与人的气质，洋溢在每一个角落，这一种力量，使我目之所及便内心震撼。

“同学”和我：在班里，我们吴中区籍的有 7 人，彼此之间本就相互熟悉，在一起学习，共同语言和可以讨论的话题就更加多了。每次听完讲座，我们就会聚在一起说几句，根据各自的实际情况，探讨自己的感悟、困惑，商量在各自的教学领域或管理领域，能够进一步提升的方法。虽然我们来自不同的学校，任教不同的学科，但是在区域政策相同，社会教育期望相似，各个教学群体抱团发展的当下，我们的共同语言颇多，相互之间的启发也较多。除此之外，就全班的范围来说，一个学科，一个研讨小组的老师交流相对较多。我所在的小学语文组一共8位老师，与他们的交流也是非常立体的。首先是语文教学中，我们在各自不同的教学年段，呈现不同的教学现场，并在观摩中进行研讨，相互吸取有效教学的优势。其次是语文教学管理方面，我们介绍各自学校的管理经验，同时在倾听和讨论中寻找更多有效管理的策略。再次还有学校管理的方方面面，特别是正值义务教育均衡创建过程中，我们通过讨论，也获得了很多值得借鉴的做法。“三人行必有我师焉”，每一次交流都会有收获，都是一次学习和积累，也为自己的实践方向和行动方式给出了指导。

实践：在自我的行动中指向发展

学以致用才是学的最高境界，知识能够应用了，才算是对知识已经理解和掌握。一直让我欣喜的是，在培训班学习的过程，也是自己在学习中不断吸收和进行实际应用的过程，这个过程也是一个发展的过程。

关于学习。听了陈国安教授和周春良局长的讲座，对于学习我有了更深层次的认识和理解。于是，在有意无意间，我也在改变自己的学习方式、阅读方式。进行多角度地阅读，多方位地了解，多层次地领悟，更多地触及学习资料的内涵和实质，并带动和引领教师走出“快餐式、技术型、功利化、流行风”阅读的误区，为教师营造更好的阅读环境，为教师提供更多的书籍，努力朝着精神成长的方向迈进。

关于教学。作为一名语文教师，在呼唤有效教学的今天，我也从专家的讲座中获得了启示。因此，在参加培训的日子里直至现在，我也在试着进行实践和研究，着眼于学生的发展，力求超越自己的语文教学，并在此过程中形成教学相长。在这段时间里，我就二年级的语文教学为例，进行了研究，并在学校进行教学研讨，执教《真想变成大大的荷叶》，与老师们一起解析、讨论。在特后班的最后展示课阶段，我也根据自己的研究和思考，执教了二年级的另一篇课文《美丽的丹顶鹤》。在教学中，努力在了解学情的基础上，以学定教，追求一种教学的“本真”，窃以为，在这个过程中，进步了，所以很快乐。

关于内心。工作20年，不算很长，更加不短，到现在，总在忙碌间有一种担忧，怕自己坐井观天，看不到更加高远的天空；更怕自己才疏学浅，失去了后续发展的动力。经过培训，我渐渐平心静气。我试着在繁杂的事务处理间隙，以一杯咖啡，一本好书的相伴来休息；我学会了在教学之前，想一想理念，读一读资料，理一理方法，并在教学之后，审一审效果，思一思得失；我也更加努力地在快节奏的工作中进行一种慢教育的生活，使自己内心明净而敞亮，是自己内心宁静而丰富。

回味培训的这段日子，似乎平平淡淡，点点滴滴之间，更加从从容容。突然间发现，与来时的不同，我想，我进步了，我在成长。这种感觉，真好。这种感觉，有淡淡的甜味。这种感觉也许就叫做幸福。

附录

印象夏静：水深流静　何必波纹

姚卫伟

夏静恰如她的名字，她总似一涧静静流淌着的溪水，虽然悄无声息却执着地奔向大海；她又像江河深处的涌流，虽然激情四射却又平静如常。夏静给所有人的印象是她植根于内心世界的修养使她具备了一名优秀教育工作者最显著的博雅气质和文化特质。

出生于1976年的夏静，1994年师范毕业分配至宝带实验小学，如今她在教育岗位上已整整奋斗了20年。20年风雨兼程，20年不懈奋斗，无论是做普通教师，还是任一校之长，夏静以进取诠释平常，又用平常证明进取，无论是进取心还是平常心，不变的是“因为热爱，所以精彩”。20年来，她从来无意个人的表现，只是在踏实的平凡工作中体味着人生的实现。

早在2000年，夏静就获得了苏州市优秀教育工作者的称号，2010年则成为中学高级教师，2011年又被评为苏州市名教师……

作为一名优秀的语文教师，夏静“清新淡雅”“激趣导思”的教学特点曾赢得了多少赞誉！在参加工作的第六个年头，她的课就以“新、实、活”而荣获吴县市评优课一等奖，以后她在语文课堂探索中一路走来，先后被命名为小学语文学科教改带头人，苏州市中青年学科带头人。语文学科专业是她的最爱，语文学科的文本内容和她的博雅气质最为吻合。19年语文课堂一线的经历，她践行了自身的理想，更见证了学生的成长。她所教的班级，语文成绩和综合质量总是名列前茅。她在课堂实践中认识到：平庸的教师只是灌输知识，优秀的教师一定会调动志趣，而一个教师的卓越与伟大就在于唤醒孩子的心灵和灵魂。对语文学科专业的深刻理解亦使她的课堂常常表现出邃密与易简共生的独特与不凡。邃密以注重积累，易简以寻求突破，聪慧机敏的课堂也许就是苏州市教育局当下所倡导的“苏式课堂教学”最本质的特征。2003年，夏静应江苏省电化教学馆邀请，并由省电教馆专门拍摄制作了由夏静执教的“新课程推进教学示范课例”，夏静的语文课堂教学艺术得以作为典型示范向全省推广。苏州教育电视台则以“来自一线的报告”为题跟踪介绍报道。

性格安静的夏静善于在静思中升华实践。古人说：静思则心明，心明则理清，理清则事成。作为科研型教师，夏静对于与理性思考相伴的教科研自然多一分情感、多一分努力。

江苏省“十五”省立项课题“小学校本课程的开发研究”，夏静是主持人；“‘三澈三知’程序导学法研究”被专家誉为语文学科课堂新模式的科学建构，夏静是主要设计者与参与者。她主持负责的多种校本教材则为学校的课程改革作出了特有的贡献……

2012年，夏静由宝带实验小学副校长岗位调任太湖国家旅游度假区中心小学校长。夏静以一名优秀语文教师的扎实基本功和在宝带实验小学的管理经验，又结合度假区中心小学的实际——她在调查研究的基础上迅速理清思路、认真做好规划、积极创造条件，力求在“合格＋特色”上寻求突破。她选准“基于校本的师资培训创新机制实践研究”课题研究项目，以着力打造一个高素质教师队伍，特别是着力打造一个高素质年轻教师队伍群体作为学校可持续发展的根本支撑。夏静相信，只要有一个好的教师队伍，学校发展就一定会越来越好。夏静在新的岗位上正以一种勇于担当的使命感继续默默又执着地走在教育路上。

（姚卫伟：江苏凤凰教育出版社编审，江苏省教育学会常务理事，江苏考试研究会副会长，江苏省教育学会校园文学专委会理事长，原《教师教育》、《新课改教育研究》、《全国优秀作文选》主编）

为了每一片绿叶

——记苏州市优秀教育工作者夏静老师

邹才根

绿色是生命的象征，绿叶是生命的希望。阳光和水属于每个生命，可是，只有绿色的生命才能够永远拥有它们。如果一棵萌芽在它的初始阶段就注入绿色的“基因”，那么阳光、空气、水就会滋润它的一生，使它在未来的风雨中扩展出金色的年轮，长成参天大树。一个启蒙老师的生命价值正在于此——给每一片幼芽注入绿色的“基因”，为每一片绿叶的生命奠定发展的基础。宝带实验小学教师夏静就是一个“为每一片绿叶”奠基的人。

——题记

在宝带实验小学只要你提起夏静老师，不管是学生还是家长，不管是领导还是教职工都会啧啧称赞，一位参加教育工作刚满十年的青年教师为何会引得如此赞誉呢？那就看看这里为她所记的二三事吧。

爱事业是所有成功的秘诀，爱孩子是所有教育的真谛。教育在本质上就是一项需要爱、充满爱的事业！

夏静老师刚从师范毕业分配到宝带小学时，正值学校初建创办阶段，条件十分艰苦，但她二话没说就和教职工一起投入了建校劳动。为了学校早日建成，她雨天一身水，晴天几身汗，手上磨破皮，没一句怨言。在教育工作中，只要有人求助，她总是毫不犹豫地提供帮助。前几年有一位教师休产假，那个班的语文课没老师上，她就承担了这个班的语文课，就这样她既是班主任，又是教研组长、年级组长，现又担任了两个班的语文教学工作，实在是忙得不可开交，但她还是出色地完成了学校交给她的教学任务。2002 年，她担任一年级班主任和语文教师，一年下来，班级管理已是得心应手，语文教学训练也是有板有眼。正当她设想这个班六年的教学计划时，学校领导要调她去带新一年级，离开自己刚带顺的班级，放弃自己刚刚进行的实验，她确实舍不得，但作为教学骨干和共产党员，她还是服从学校的安排。这个新班住宿生多，除了教学任务，还要负责他们的生活，还要值夜班为孩子们洗澡盖被子，真是一天到晚扎在孩子堆里。这时她自己的儿子还不到两岁，正需要妈妈的呵护，但为了许多个孩子，她只能一狠心把儿子扔给了母亲。她说，为了每一片“绿叶”绿得更可爱，我什么都肯干。

爱是教育之本，爱是成功之源，深深地爱着每个学生是教师生命的全部诠译。

有一年，她班里来了一位残疾女孩，父母怀着试试看的态度想先读一阵，待孩子长大些，懂事些，再送到培智学校去。一年后，父母说什么也不肯转学了，非要在夏老师班读下去不可。夏老师不厌其烦地帮助这女孩喂饭喂菜，甚至上厕所也要帮忙。还利用一切时间教她认字写字，发动班里的同学教她英语对话，和她一起做游戏。就这样，女孩直到小学毕业才依依不舍地离开了夏老师。而这几年中夏老师为了这残疾女孩，付出了多少心血，花了多少功夫，倾注了多少感情。夏老师常说：我们班就像一棵小树苗，一个学生就是一片绿叶，我们教师就是要给这棵小树苗浇水、施肥，给予充足的阳光和营养，让每一片绿叶得到滋润，得到充分的生长。夏老师就是这样，在教育教学工作中，全面贯彻国家教育方针，关心学生德、智、体、美、劳全面成长，注重学生思想品德，积极开展班队活动，她年年被评为优秀班主任。

老师不仅是蜡烛，更像手电筒，不停地充电，是为了更好地照亮孩子前进的路。

夏老师平时认真学习科学文化知识和教育理论，参加省普通话测试员培训，国家行政学院专修班培训，省语文骨干教师培训，省、市教科研等各种培训进修。大专毕业后，她继续参加本科进修，同时坚持英语大专班学习。平时一直坚持教育理论的学习，苏霍姆林斯基、卡・威特、陶行知、叶圣陶……她经常在书海中与大师们“零距离”接触，朱永新的《新教育之梦》《我的教育理想》她更是爱不释手。她到全国各地去听课学习取经，她像海绵吸水一样，汲取教育教学理论知识和别人的成功经验，自己也逐渐地羽翼丰满起来。在教学中她积极改革勇于探索，虚心好学，刻苦钻研教材，与教研组的老师一起备课，互相听课、评课。她根据心理学教育学原理，按照学生的年龄特点和认知规律，不断探索教法和学法，积极采用先进的教学手段，创设民主、宽松、和谐的课堂气氛，充分调动学生的学习积极性和自主性。她致力于提高课堂教学质量，追求“低耗高效”，在培育学生“积极主动学，有感情地读，无所顾忌地写”方面取得较好的成绩，在区青年教师评课选优活动中获一等奖，被评为区小学学科带头人、“教学能手”。她积极参与学校课题研究，承担市“九五”立项课题“三激三知程序导学法研究”、江苏省“十五”立项课题“小学校本课程的开发和研究”、“新教育实验”等课题的具体研究工作，营造“书香校园”，构建理想课堂。作为学校教科室主任、区学术带头人，她具体负责学校教科研的日常工作，经常对教师进行教科研培训，指导各课题组积极开展研究。同时她辛勤笔耕，撰写教科研论文，目前在省级以上报刊发表和获奖的论文已达十多篇。她经常告诫自己：要使学生有“一滴水”，教师必须有“一桶水”，更须注入“长流的活水”。问渠那得清如许？为有源头活水来。

彩虹之美，在于多色共存；人生之美，在于多人共策。

夏老师热爱学校，关注学校的发展，每次外出开会或培训回校总是向校领导汇报自己的学习所得，总是要根据自己的思考向校长提出发展的思路，做好校领导的参谋。对新老师她总是热情帮助，耐心指导，为了让新教师早日成才，她总是毫无保留，与他们逐字逐句地研究教材教学。虽然自己教龄刚满十年，但她已带过好几个青年教师。在她的指导下，他们都取得了明显的进步，有的还在各级青年教师评优课活动中获奖。她严于律己，勤恳工作，在青年教师中树立了良好的榜样，成为青年教师的一面旗帜。由于她的出色表现，她被评为区教育系统优秀党员、市优秀教育工作者。

绿叶之美，美在生命，教师是直面生命的人，是关注生命成长的人，是迷恋和研究生命成长的人，是以介入生命成长为业的人，是以体验生命成长幸福为终身追求的人，为了每一片绿叶，为了每一片绿叶的生命成长，夏静老师在平凡的岗位上阳光地追求着，辛勤地耕耘着，诗意地生活着。

（作者邹才根为宝带实验小学副校长。原文曾刊登于2000年9月27日《吴县日报》。修改稿于2006年6月获全国第四届师德征文一等奖，并收入获奖作品专辑。）

春风般的话语　会说话的眼神

程　序

我好久没有看到夏老师了。

我很想念她。

夏老师在我的印象里，一直是理想中语文老师的样子。我觉得她很温柔，但同时也很严厉；我觉得她上课的时候特别认真，认真得我都不好意思开小差，但她下了课，也会和我们一群小孩子说说话。

夏老师教了我两年语文，虽然一年四季都能见到她，但我印象最深的还是夏天的夏老师。那时的夏老师，夏天经常穿着裙子，再把黑色的长发披下来。我一向就喜欢老师的长发，它在我心里是特别美好的存在。因为之前的语文老师是一个貌似年近四旬的“大叔”级男老师。这个老师他的眼睛特别小，说话有口音，还老是罚我背课文。所以，你很容易就能想到，当我看到像一阵清风般飘进教室的夏老师时，我心里该有多么的激动和开心。我记得她声音不算特别大，但特别清楚，语音语调咬字都是那么让人舒服，像是教室里吹过一阵微风。可以毫不夸张地说，我在还没有记清夏老师长什么样子的时候，就很喜欢她了。

我也说过，夏老师有时也很严厉的。她刚刚教我的那一两个学期，我作为一个小孩子还是很想偷懒的。可只要我一偷懒，她就能发现。她批评我的时候，我就特别心虚，心跳得厉害，倒不是老师话重，有时老师话说得太重，我倒没有那么有愧疚感。夏老师是很讲道理的，她说的话，我都觉得很有道理，想反驳，都觉得自己理亏。虽然老师的眼神很特别，也不是像很多小朋友的作文里写的那样特别会说话。我的神经比较大条，感觉不到，我只觉得当夏老师看着我的时候，不管我是多么心虚，多么难受，我也只能看着她的眼睛，即使我不敢再看，也会情不自禁地被她的严肃和认真所感染。

如果夏老师只是这样一个认真教学的漂亮老师，我想，我也不至于这么想念她。我以前虽说不是最认真努力的，但也还算是乖的学生。我之前从未被叫去过校长办公室——也就是夏老师的办公室。有一天，我正在教室里上英语课，拉下的窗帘把周围衬得很暗。突然间，我就被叫到夏老师的办公室去。一开始我紧张又害怕，出了教室门，那刺眼的阳光把我照得晕晕的。我一路穿过长长的走廊，却走到一间不是办公室的地方。那里有夏老师和两个穿黑衣的人，一个男的，一个女的。我一看就不喜欢他们。夏老师让我坐到她的身边，一坐到她身边，闻到老师头发上散出的淡淡香气，我就没有那么心慌了，心里竟安定下来。

当我知道那一男一女是法院来的人时，心里的抵触感一下子塞满了身体，又冲上脑袋。我很讨厌他们。他们开始问我问题。事到如今，我已不记得他们到底说了什么，可能是我刻意遗忘，又或者当时就神情恍惚，我只记得我哭了，还有他们似有似无的恶意，和夏老师看着我的眼神。我的神经再大条也感觉得到夏老师眼神里的温柔、关心和安慰。在我被他们问得不知所措的时候，我的周围谁都没有，只有夏老师。坐得离她更近一点，我就能多感受到一种安全感。那两个人走了以后，我忍不住哭得嗡嗡作响。夏老师看着我，说了很多话，我不能都听清楚，但我知道，她在关心我，我可以在这个时间段依靠着她。夏老师的话，我耳朵没有全听清，但我的心里全部接受了她的意思。

我记得最深的一句话是："要坚强！"

从夏老师说这句话开始，到我走出办公室的门，走出我的小学，走出我的童年时代，我都忘不掉老师的话语和眼神。我想，我会一直记得的。

夏老师，我很想念她！

（作者程序系宝带实验小学2012届毕业生）

玉兰花开

——我心中的夏老师

黄 芳

阳春三月，玉兰花开。

一直以来，都很喜欢白玉兰。每年初春，未叶先花。大朵大朵的玉兰花绽放枝头，晶莹皎洁，宛如仙子一般的清新脱俗。待等到花期过后，灰褐色的枝桠开始慢慢滋长出叶子，绿意茵茵，更加亲近怡人。

在宝带实验小学的校园内，沿着操场边，栽种着一排秀美的白玉兰树。阳光温煦的春日午后，玉兰花含苞绽放，在绿格子围栏的映衬下，散发着水墨画般的清新意韵。每次走在学校围栏外的人行道上，我总是不由得想起夏老师，那一个如白玉兰花瓣般清丽温婉的身影。

记得，初次结识夏老师，也是在一个玉兰花盛开的季节。

夏老师是我女儿念宝带实验小学时的语文老师。起初，我们并不相识，仅有的印象也只是在某次新学期开始后，孩子放学回家时曾经和我提起过，这学期班里的新任语文老师是学校的夏副校长，漂亮又温和，小伙伴们都很喜欢她。我没见过夏老师，但知道她是有名的语文学科带头人，这次能调来孩子班级里任教，我们觉得很幸运，很开心。因为那时自己的工作和家务都非常忙碌，也就没有再多留意。直到有一天傍晚，我下班到家，看到往日安静乖巧的女儿，正在独自低声抽泣，我忍不住心疼地追问孩子，到底怎么回事。这才得知当天下午，孩子在学校里突然受到两位陌生人的问询，经受了她这个年龄所不能承受的恐惧和不安。一霎那，我的心里五味翻腾，又怒又惊又心疼，怒的是突然间让一个未满十岁的孩子在校园内进行一场与学习无关的询问和谈话，居然并没有预先征得我作为孩子监护人母亲的同意和许可，这件事情的发生，已出乎我的意料之外；惊的是家里曾经发生过的那一场变故，是否会再次牵涉到无辜的孩子；更心疼我那本不善言辞的女儿，因此会落下心理阴影，变得更加脆弱和内向。我赶忙放下手头所有的事情，急急地抱着孩子想问清楚她在学校里经历的每一个场景和细节……所幸在这场突发状况中，夏老师用她温婉和善的陪伴和安慰，最大限度地保护了孩子的自尊心，倾力帮助当时孤单无助的孩子去尽力化解那一场本不该发生的尴尬，教会孩子勇敢与坚强！

我为自己没能保护好女儿而自责愧疚！极度心疼孩子之余，不由得对素昧谋面的夏老师心生感激，也萌生了见一见夏老师的想法。刚好，隔了一段日子，学校组织家长会，那是一个满树玉兰花绽放的时节，在校园小径的转弯处，我第一次见到了那个温婉的身影，柔和光洁的脸庞上，带着自然的盈盈微笑，宛如玉兰花瓣似的素雅娴静。原来真人版的夏老师远比我想象中更柔美，也更善解人意。几句简单的交谈过后，夏老师用她坦诚的眼神和善意的话语，很快就打消了我心里堆积的拘谨和忐忑，我们的交流一下子顺畅起来。临别，夏老师叮嘱我，以后孩子有任何学习或生活上的需要，一定记得随时联系她。那一刻，忽然觉得夏老师如此温婉善良，好似玉兰花般洁白美丽……

生活慢慢地恢复了平静。转眼间，孩子小学毕业升入初中了。当我再次见到夏老师时，她已调离了宝带实验小学。此时，学校操场边的那排白玉兰树，花期已过，却长得更加挺拔秀丽，绿意葱茏，枝繁叶茂。隔着那排绿色的网格护栏，夏老师就静静地站在马路的对面，笑意盈盈地看着我们，轻声喊孩子的名字。她特意给孩子送来了自己从迪士尼精心挑选的纪念礼物——卡片上的米老鼠在蓝天白云下，冲着孩子调皮地笑！孩子见到夏老师时，露出久违的腼腆而又灿烂的笑容，我的眼眶瞬间红了。原来，孩子的心里始终装着自己最喜欢的夏老师，而夏老师的心里也一直惦记着孩子，如同妈妈惦记着自己的女儿！

初见白玉兰，花香瓣瓣，沁人心脾；再见白玉兰，绿叶盈盈，清新怡人，如同家人般的亲近自然！

我喜欢夏老师，正如喜欢白玉兰！

（作者黄芳系宝带实验小学学生家长）

主要学术成果一览表

1. 文章发表情况一览

序　号	文　　题	报刊名称与发表日期
1	《有机训练，效果渐显 ——谈小学语文课堂教学中的朗读指导》	《苏州教育》1995年第2期
2	《以趣为先，以趣促学》	《教育天地》1996年第4期
3	《在语文教学中培养学生说话能力的几点做法》	《吴中教学》1996年第3期
4	《学其文，品其美——〈日月潭〉教学一得》	《吴中教学》1997年第3期
5	《紧扣"情"字，学用结合——《海底世界》教学谈》	《继续教育》1998年第4期
6	《浅谈小学中年级语文学法指导》	《江苏教育研究》1998年增刊
7	《激发情趣，培养语感》	《教育天地》1999年第3期
8	《班主任——学生的领路人》	《吴中教育》1999年第2期
9	《引导实践活动，丰富创新体验》	《继续教育》2000年第2期
10	《在兴趣中学习，在情境中感悟，在思索中探求》	《教育天地》2000年第4期
11	《引导实践活动，丰富创新体验》（与人合作）	《继续教育》2000年第2期
12	《在兴趣中学习　在情感中感悟　在疑问中探求》	《教育天地》2000年第4期
13	《三激三知导学法新探》	《教育天地》2002年第3期
14	《实践　回归　发展》	《吴中教育》2003年第2期
15	《美丽的学校，成长的摇篮》（与人合作）	《小学语文教师》2003年第2期
16	《体验课改的快乐》	《教师教育》2003年第4期
17	《再谈"三激三知"导学》	《教育天地》2003年第4期
18	《努力建构学生"语言积累"的绿色通道》	《吴中教育》2004年第1期

续　表

序　号	文　　题	报刊名称与发表日期
19	《把握语文学科特点，合理运用信息技术》（与人合作）	《教学研究》2004 年第 4 期
20	《新课标下：语文教学新策略》	《吴中教育》2004 年第 4 期
21	《“教”和“不教”的思考与实践》	《吴中教育》2005 年第 3 期
22	《引导学生积累教材文本的语言》	《教师教育》2005 年第 3 期
23	《第三只眼睛看信息技术》	《教育现代化》2006 年第 2 期
24	《点点滴滴，循序渐进》	《教师教育》2006 年第 6 期
25	《反思教育的人文关怀》	《大众心理学》2007 年第 3 期
26	《充分展开互动，提高教学效益》	《新课改教育研究》2007 年第 6 期
27	《互补的智慧：让教育进入另一种境界》	《网络科技时代》2007 年第 11 期
28	《在“教”与“学”的和谐中实现“自主阅读”》	《长三角教育》2007 年第 12 期
29	《努力建构“语言积累”的绿色通道》	《江苏教育研究》2008 年第 5 期
30	《有效语文教学的尝试与体会》	《基础教育参考》2009 年第 9 期
31	《语文教学中实践新课标的几点体会》	《长三角教育》2009 年第 2 期
32	《奏响读写相融的和谐乐章》	《小学科学》教师版 2011 年第 5 期
33	《让信息技术为“读”提“味”》	《中国信息技术教育》2011 年第 6 期
34	《寻求充满智慧的朗读教学》	《小学科学（教师论坛）》2012 年第 7 期
35	《有效推进微型课题研究的学校教科研管理机制与策略探索》	《江苏教育研究》2012 年第 8 期 B 版
36	《在“教”与“学”的和谐中实现“自主阅读”》	《中国教师》2013 年 6 月下半月版
37	《也谈有效的语文教学达成之管理方略》	《语文建设》2013 年第 10 期
38	《低年级阅读教学须“较真”》	《基础教育参考》2014 年第 8 期
39	《语文教学中实践课程标准的几点体会》	《小学教学研究》2015 年第 4 期
40	《叶圣陶教育思想观照下的“苏式语文课堂”范式构想》	《写作与阅读教学研究》2015 年第 2 期
41	《走特色化艺术教育的文化育人之路》	《江苏教育研究》B 版 2015 年 11 期
42	《试说小学语文体验式阅读教学》	《小学教学研究》2015 年第 12 期

2. 竞赛获奖情况一览

序号	时间	文题	获奖情况	主办单位
1	1999.5		吴县市第五届小学青年教师“评课选优”一等奖	苏州市吴县市教委、教研室
2	1999.12	《红红梅花章》	获全国中小学教师“红烛杯”论文竞赛一等奖	小语研究会、“红烛杯”征文组
3	1999.5	《紧扣“情”字，学用结合》	获吴县市第四次教育教学论文评比二等奖	苏州市吴县市教研室
4	2000.5		苏州市小学语文学科青年教师演讲（基本功）比赛一等奖	苏州市教研室
5	2000.2	《语文教学中“三激三知程序导学法”研究》	获苏州市教育学会中青年教师优秀教育论文评选二等奖	苏州市教育学会
6	2000.9	《称象》	吴县市2000年多媒体课件一等奖（与胡向锋合作）	苏州市吴县市教委
7	2001.10	《语言教学中如何运用“三激三知”程序导学法》	获苏州市实验小学教育科研论文评比三等奖	苏州市教科室
8	2002.1	课题《新时期小学德育“四化”研究》（与人合作）	获苏州市吴中区“九五”教育科研成果一等奖	
9	2002.10	《“三激三知”导学法新探》	获苏州市实验小学教育科研优秀论文评比三等奖	苏州市教科室
10	2002.10	《问得巧　激得活　导得实》	吴中区2001～2002年度教育论文评比三等奖	苏州市吴中区教育学会
11	2003.5	《互动——使学生分享学习乐趣》	获苏州市论文教学案例评比二等奖	苏州市教研室

续 表

序 号	时 间	文 题	获奖情况	主办单位
12	2002.3	《小学校本课程的开发与研究方案》	获吴中区课题方案评比一等奖	苏州市吴中区教科室
13	2003.8	《宝带实验小学综合实践活动研究方案》	获江苏省综合实践活动方案评比一等奖	江苏省教育科学研究院
14	2003.12	《努力构建学生语言积累的绿色通道》	获苏州市论文评比一等奖	苏州市教研室
15	2004.2	《用好教科书，丰富学生的语言积累》	获吴中区论文评比一等奖	苏州市吴中区教研室
16	2005.4	《德育校本研究初探》(与人合作)	获江苏省“把德育工作做到孩子心里”征文一等奖	江苏省教育学会
17	2005.4	《整合校园资源，开展校本德育研究方案》	获江苏省“把德育工作做到孩子心里”征文二等奖	江苏省教育学会
18	2005.3	《第三只眼看信息技术》	获苏州市省实验小学教育科研优秀论文评比二等奖、区现代教育技术论文评比一等奖	苏州市教科院 吴中区教技室
19	2005.12	《互动——使学生分享学习乐趣》	获苏州市教学论文比赛二等奖	苏州市教研室
20	2006.4	《新课标下：语文教学新策略》	获全国教师论文大赛一等奖	中国教师报全国教师论文大赛组委会
21	2009.7	《桃李不言下自成蹊》	获全国教师论文比赛二等奖	中国教师发展基金会等
22	2011.6	《语文教学中实践课程标准的几点体会》	获全国教师论文比赛一等奖	中国教师发展基金会等

3. 学术交流情况一览

日期	题目	交流范围
1999.10	《科研是提升办学质量的阶梯》	苏州市教育科研先进单位交流会交流材料
1999.11	《营造创新氛围　实施创造教学　发展创造潜力》	江苏省实验小学教育科研协进会
2002.11	《正确定位，把握要义，稳步推进》	苏州市综合实践活动课程现场交流、展示、研讨会议交流材料
2003.4	《新课程改革中的语文教学》	吴中区语文教师教材教学培训
2003.8	《来自一线的报告》（小学语文）新课程实施	苏州市所有小学语文教师
2003.10	《让鲜活的语文充满色彩》	苏州市课程改革“来自一线的报告”专题电视讲座，苏州市吴中区小学语文教师
2005.3	《教育科研——我的认识和行动》	苏州市吴中区各校教科室主任会议
2006.12	《班级建设中如何进行美德教育》	中华民族传统美德教育实验总课题2006年会（全国）
2007.4	《做思想的草根》	苏州市吴中区全体学科学术带头人会议
2007.10	《语文教学中如何进行有效的设计和教学》——支教专题讲座	宿迁市宿城区教育局主办
2009.12	上海曹光彪小学-九亭小学交流讲座	上海教育集团联盟协会

4. 课题研究情况一览

序号	时间	研究课题名称及负责情况	立项单位
1	1995.12—1999.12	“‘三激三知’程序导学法研究”子课题负责人	苏州市教科所
2	1998.9—2000.12	“新时期小学德育‘四化’研究”主要参与者	苏州市教育科研规划领导小组
3	2001.2—2004.12	“校园文化环境建设与德育的研究”课题组主要成员	苏州市中小学德育学会

续 表

序号	时间	研究课题名称及负责情况	立项单位
4	2001.4—2006.7	“小学校本课程开发研究”课题组副组长	江苏省教科所
5	2004.9—2007.5	“信息化学习化背景下‘引导自学’的实验研究”课题核心组成员	苏州市教育学会
6	2005.9—2007.12	“整合校园资源,开展校本德育的研究”课题核心组成员	苏州市教育学会
7	2005.9—2009.7	“新教育理论的实践及推广研究”课题核心组成员及子课题负责人	全国教育科学“十五”规划重点课题
8	2005.9—2000.7	“中华民族传统美德教育实验研究”子课题“中华民族传统美德教育校本化研究”副组长	教育部“十五”重点课题——中华民族传统美德教育实验研究总课题组
9	2006.9—2010.12	“整合校本资源,加强新时代背景下小学生修身教育的实践研究”副领题人	苏州市教科院“十一五”重点课题
10	2012.12	“基于校本的师资培训创新机制实践研究”领题人	苏州市教科院规划办立项课题

5. 教材编写专著出版情况

序号	日期	教材专著名	承担工作情况
1	2007.05	校本教材《宝带絮语》(1—3册)(获吴中区中小学优秀校本课程一等奖)	副主编
2	2008.9	校本教材《古韵今咏》	副主编
3	2010.3	《小学生开放日记》(低年级版)江苏文艺出版社出版	编委之一
4	2010.10	《国家教育科研教师基金“十一五”优秀科研成果集——中国名校宝带实验小学卷》新华出版社出版	副主编

6. 辅导学生作品发表或获奖情况

1. 1998年,学生郭宇飞在《儿童时代》(吴县市)征文竞赛中获一等奖

2. 1999年，学生郭宇飞获苏州市“颂五十年辉煌　展新世纪蓝图”中小学国庆演讲赛二等奖，夏静老师获优秀辅导奖

3. 1999年，学生郭宇飞获吴县市首届艺术节“献给祖国的歌”中小学生读书演讲赛一等奖，夏静老师获优秀辅导奖

4. 2000年1月，学生朱鸿琴的习作《绿叶的梦》在江苏省第四届中小学读书活动征文比赛中获二等奖，夏静老师获优秀辅导奖

5. 1999年10月，学生袁燕丽的习作《捕蝉》发表于《吴中教育》7日

6. 1999年4月，学生郭宇飞的习作《登泰山》发表于《吴中教育》

7. 1999年9月，学生郭宇飞的习作《角直蒲鞋》发表于《吴中教育》

8. 2000年1月，在江苏省第四届中小学读书活动征文比赛中获优秀辅导教师奖

9. 2000年10月，学生袁燕丽在2000年度全省“红读”征文活动中荣获一等奖

10. 2000年，学生邹煜恺习作《大博士的灵感》、学生胡亚彩的习作《暖融融的童话》、学生戈黎斌的习作《乘飞机》、学生薛松的习作《思念》发表于《吴中教育报》

11. 2000年11月，学生郭宇飞获苏州市“红领巾”征文优秀奖

12. 2000年11月，学生薛松获吴县市“红读”征文一等奖

13. 2000年11月，学生薛松在第十二届国际科学与和平周中小学生（江苏地区）金钥匙科技竞赛个人一等奖

14. 2001年1月，在“吴中杯”首届小学生作文竞赛中获辅导二等奖

15. 2001年，学生郭宇飞的习作《新龟兔赛跑》发表于《作文报》

后 记

看着即将完成的论文专集，感慨颇多……

二十一年前，我师范毕业一步跨上了讲台。那时我还是一个懵懂的不满二十岁的黄毛丫头，一下子成了四十多位孩子的老师，怎样教育好这些孩子，心里一点底也没有。好在我所在的学校宝带实验小学是一所新建的富有现代化气息的小学，学校领导充满朝气和创新精神，学术氛围非常浓厚，在大家的帮助指导下，我走过了这二十年，虽然过程中充满了酸甜苦辣，但收获多多。现在大家看到的这本集子，就是我这二十年在教育这块园地耕耘的写照，是我从蹒跚学步开始走过的一串串足迹。更重要的是，它像一泓静静流向大海的泉水中的几滴水珠，包含了我对教育挚爱与深情。

当然，这一路走来，离不开许多人的关心、扶持和引导。

首先是宝带实验小学第一任校长郭瑞燕老师，她潜心培养，给了我锻炼的平台；还有我的启蒙师傅邹才根老师，他对我的请教有求必应，使我收获甚丰，深深感谢两位前辈对我的诸多教诲和宽容。其次要诚挚感谢姚卫伟先生在百忙中拨冗为我这本小集子写序，感谢他对我的指点；要感谢教育前辈周永沛先生和李和敏老师，这本集子凝聚了两位老师的智慧和心血；要感谢江苏凤凰教育出版社的编辑老师为本书出版所付出的努力。再次感谢宝小和度小两所学校的兄弟姐妹们，是他们无私的帮助和热心的指导，促使我自觉追求进步，不断教海探航，在此，一并致以深深的谢意。最后要感谢对我帮助过的所有朋友和一直默默给予我关心和支持的家人，太多感激无以言表，藏记于心。

这本集子收集的是我近二十年特别是近十年的笔耕粗浅之作，有的还十分幼稚，望各位方家斧正赐教。

谨以拙文，献给所有爱我的人和我爱的人。

夏　静

2016 年 9 月 6 日